Nach Jacques Derrida und Niklas Luhmann:
Zur (Un-) Möglichkeit einer Gesellschaftstheorie der Gerechtigkeit

デリダ、ルーマン後の正義論

Nach Jacques Derrida und Niklas Luhmann: Zur (Un-) Möglichkeit einer Gesellschaftstheorie der Gerechtigkeit

正義は〈不〉可能か

グンター・トイプナー 編著
土方 透 監訳

新泉社

ブックデザイン――堀渕伸治◎tee graphics

巻頭言

デリダとルーマンの遺産

グンター・トイプナー

ジャック・デリダとニクラス・ルーマンが、「法と社会」をテーマとする研究者たちに、多くの理論的財産を残してくれたことは間違いない。しかし、同時に多額の負債も残していった。[*1] その負債の正味の大きさが、今日ようやく判明しつつある。とりわけ、デリダとルーマンがそのパラドクス論によって法に課したものは、法の基礎づけに関する今日の議論にとって重荷となっている。もっとも、システム理論と脱構築が、法理論に対し、法解釈学の中核から法主体を排除することを強要したのではないのかという懸念は、それほど長くは続かなかった。同様に、ポスト構造主義的な法ニヒリズムが法学の外部で広がったが、これも長続きはしなかった。両理論とも、主体を破壊すべしと言っているのではなく、きわめて複雑な法主体の概念の構築をわれわれに迫っているのだということは、この間にほぼ明らかになったのではないだろうか。また、デリダとルーマンは、それぞれのやり方で、法のなかの非合理的なものや法的決定の狂気を暴いたのだとしても、それが意味するのは、法を、正義を実現する責任から解放したということではなく、逆に、法に対して正義が掲げる要求のレベルを、思いもよらぬほどの高さに引き上げたということである。

しかし、彼らが残した負債が重いのは、負債を弁済するために彼らが勧める方策が、極端に異なっているからである。たしかに脱構築の考え方もシステムの考え方も、法の妥当基盤が壮大なパラドクスであることを同じように暴露する。脱構築によれば、法は循環的に自己自身にもとづくものである。つまり、法の始原は暴力的な区別による恣意的なものであり、法は「権威の神秘的創設」にもとづいて成り立っていると見なされる。システム理論の見方によれば、法の諸規範のヒエラルヒーは「もつれたヒエラルヒー」となる。つまり、法が妥当するのは、法の制定と法の適用とが循環的関係にあるからだということになる。しかし、法の再構成について、両者はまったく逆の展望をもっている。ルーマンは、制度に内在しながら生産的な脱パラドクス化の達成を目指し、法の環境にある危機に対し「区別せよ」という推進力《インパルス》によって反応する、法システムの自己産出《オートポイエーシス》の世界を構成する。これに対してデリダは、再パラドクス化をもってかかる制度の超克をもくろみ、差延の対照世界を構想する。そこでは脱構築の二重の運動が、制度創設のアンチノミーとそれから生じる制度の機能麻痺を永続的に暴露すると同時に、法におけるルーティンワークによってなされる具体的決定がそのような状況を突破すること――「起こりつつある変化の最大限の強化」――をも要求する。ルーマンの法の世界とデリダの対照世界、もし両者が衝突するならば、そこから法の基礎概念である正義、法主体の問題、権利、法の生成、法的論証等を新たに定式化しなければならないという負債にとって何が生じるのであろうか。

こうした状況において、どのようにして負債の弁済をなすべきかということに関して、遺産相続人同士の間で論争になるのは必然である。以下の各論稿は、こうした理論的対立という遺産に関して熱い論争が、それも一部ではきわめて戦闘的でさえある論争がなされていることを証明するものである。正義の概念そのものが、相続争いの中心テーマになっていることは驚くにはいたらない。普遍主義か個のかけがえのなさかという対立で身動きがとれなくなった法哲学の論争は、法の偶発性定式というルーマンの考え方に従う場合と、脱構築の正義というデリダの考え方に従う場合とでは、まったく違う方向に導かれることになるからである。

正義とは、たんに破壊的であるだけでなく、自己破壊的でもある法の実践である。グンター・トイプナーは、法システムのルーティンワークに及ぼす正義の破壊的な影響を、そのように特徴づけている。今日、もはや正義を裁判の判定基準である、あるいは法の最上位の原則であるなどということはできず、法に固有の偶発性を自己観察することにすぎないとするならば、法システム内部の首尾一貫性を保とうとする努力や、法の環境にある重要事項を法内部に取り込むことによって、正義の挑戦に応えることはできない。その場合、正義は必然的に、法に（非宗教的な）自己超越を強いるような自己記述というかたちをとり、しかもこのこと自体、法システムの諸制約に服することとなる。こうすることで、正義は、自己を責めつづけるように振幅を永続的に繰り返し、それによって不正をもつぎつぎと生み出すような新たなダイナミズムを引き起こすことになる。「正義の探求は、法のたんなる常習癖となる。ただし、破壊的であると同時に創造的でもある常習癖である」

ジャン・クラムとアントン・シュッツは、強調点は違うものの、このような非宗教的な超越を法に義務づける法固有の正義に異議を唱える。ジャン・クラムは、正義の問題の核心をなす領域が、法の超越ではなく宗教的超越だけが関与しうるような領域であると主張する。またクラムは、法環境の再参入とするルーマン流のやり方には満足できず、正義には破壊的力があると見る。彼もまた、正義が法を刺激しつづけ、実際に法に自己超越を迫り、排除の犠牲となった者たちをあらためて包摂するよう何度も促すことを認める。しかし、「辱めを受けて醜く歪んだ顔」をした犠牲者に応答することは、たとえ自己超越を行っても、法には荷が重すぎると言う。クラムによれば、第二次世界大戦とホロコーストの経験を経て作られた憲法秩序には、たしかにこうした犠牲者に対応しようとした痕跡がはっきりと見て取れるものの、そうした努力も例外的な短期間のことであったとされる。神秘的な形像（犠牲者や他者）を介して法がわれわれの社会に浸透していくことを、今日の法と社会的コミュニケーションが求めるなら、それは過大な要求だというのである。

これに対してアントン・シュッツは、ルーマンが法と正義を密接不可分な関係とまではいかないにせよ、親密な関係にあるものとして論じたことに、激しく反論する。法が何者にも制御されることなく自らを強化する方向に向かうというのが法システムの優越的なダイナミズムであるとされる見解に対して、自己打破と自己超越の傾向が今日はっきりと感じ取れると主張する。しかし、シュッツによれば、そうした傾向自体が、またしても法の自己強化をもたらすシステムの再生産過程の一環として作用するにすぎず、そうした傾向は幻想的であると言う。デリダの法を超越する正義への転向でさえ、またしても法の運用における計算や予測といった議論に巻き込まれてしまい、結局はシステムを維持する含意をもつにすぎない。したがって、法固有の正義は、たとえ法システムの超越を目指すものであったとしても、いや、それを目指すからこそ、「正義に適っている」のではなく、せいぜい「オートポイエシースに適っている」にすぎず、自己の勢力拡大を目指すシステムという正義の官僚的ヴァージョンにほかならないと言う。シュッツの議論は、「正義と、それと同名のシステムの代理品とは、どこまでも別々のままなのだ」という異議に尽きる。

法の主体と権利という法の二つの基礎概念に関する議論も、似たような論争状況にある。デリダとルーマンによれば、この二つの概念もまったく新しく考え直さなければならない。しかし、いったいどのように考えればよいのだろうか。クリストフ・メンケは、まずはルーマンの考え方を受容する。それによれば、社会的人格vs.個別具体的個人という二側面形式との構成的な結びつきをともなう古典的な権利は、過渡的なゼマンティクにすぎず、そのゼマンティクに守られて法の完全な自律化は達成される。法の政治的な道具化も、個人の全社会的な標準化も、こうした機能的分化に適応したことの現われであり、つまりは権利の脱主体化であり脱個人化である。しかし、メンケはこうした議論を展開したうえで、明らかにルーマンとは反対の立場を表明する。すなわち、古典的な権利には法と個人の関係を反省すべしという規範的要請が含まれていると主張するのである。彼は、福祉国家のための権利の道具化やサブシステムに応じた権利の標準化といった傾向に対抗して、今日的諸条件のもとでも、この規範的要請に応えることを求める。メンケは、他者をただ政治的にのみ道具化するかわりに、政治的に他者のことを反省することが、実際には何を意味しうるのかを示す。法のパラドクスを考えることは、そのパラドクスの規範的意味合いを考えることを要求するとメンケは言う。法のパラドクスはつぎのようにのみ存在するというのが、メンケの結論である。すなわち、パラドクスは、法の内部でパラドクスの規範的力を法に向け、またパラドクスは、法の内部で法に反抗して法を妨げる行為を通じてもたらされる、という仕方でのみ、パラドクスは存在するというのである。

カール＝ハインツ・ラデーアは、異議を申し立てる。彼は、権利をそのように政治化することには致命的な傾向があると見る。すなわち、主体を超えた「象徴的秩序」が社会における繋がりを構成しているにもかかわらず、それを、個々人の特殊な「欲求」を一般的法律に格上げしようとする「想像的な共同体主義」に転換する傾向である。しかしながら、権利の第一の機能は新たに法を生み出すことであり――これが彼の中心テーゼである――、それは諸個人とさまざまな組織との協働過程を通じて発揮され、そのつど法が用意していた可能性よりも多くの可能性をもたらす。他者の政治的反省ではなく、規則、予期と行動のパターン、協働形態、知のシステム、これらの社会における自己組織化こそが権利の本来の働きと見なされる。正義についてのラデーアの考えも、こうしたテーゼをもとに展開される。「理性的根拠」というときの理性をわれわれが期待しうるのは、つねに法システムに固有の合理性の境界内においてのみだとラデーアは言う。このシステム固有の合理性は、実際、永続的に自己超越を行うように定められている。しかし、法の自己組織化に向けてシステム内部のゆらぎが生じるのは、普遍的原則や個別事例の正義といったものを呪文のように唱えることによってではなく、権利によってなのである。

マルク・アムシュトゥッツとファティマ・カストナーは、規範的秩序の生成に関する異なったイメージを展開するために、ゆらぎをもたらす「過渡的正義」のパラドクスを利用する。全体主義的あるいは独裁的体制から民主的体制への移行に際して、暗い過去との「正しい」関わり方というのは可能なのであろうか。マルク・アムシュトゥッツは、ルーマンの予期概念やデリダの代補に関する考えを批判的に検討しながら、新しい法がたんなる権力にもとづく政治の産物にすぎないものとして通用するのではなく、社会の潜在的予期によって支えられているならば、そのような法は正義を保証するものだと見なす。彼は代補物を備える過渡的法と備えないそれとを区別する。「遡及力をもつ」法の代補として働く潜在的予期が、破壊された社会に広く存在するならば、それは、法から刺激を受ける予期が明示的に存在するのと同じ効果を有する。これに対して社会が崩壊してアノーミー状況にあり、潜在的予期が存在しないのであれば、代補を欠いた過渡的法は、もっぱら政治として、あるいは（軍事的な）力として、機能するだけである。一九四五年以前のドイツ社会にもそれなりに存在した潜在的構造に照らせば、過去に「遡って」人道に対する罪があったと見なすニュルンベルク裁判は、真正の法であったと思われる。

これに対して、ファティマ・カストナーが新たな規範的秩序の構築に向けて期待を寄せるのは、法ではなく政治である。彼女は、血で塗られた過去と向きあう社会は世界中にあり、しかも各国の刑事裁判制度と国際刑事裁判制度が現存するにもかかわらず、ほとんどの社会がそうした厳格な機構を用いず、真相究明委員会と宥和委員会などといった委員会を設立して対処しているのはなぜかという問いを究明する。そして、デリダの赦しの考えやルーマンの記憶理論を批判的に検討しながら、委員会方式を用いることは、純然たる裁判形式で不正に対処することに対する「軟弱な」代替策なのではなく、可能な正義の名における法の効力停止であり、いずれにしても新たな社会的アイデンティティを生み出す政治的コミュニケーションであるとの解釈を示す。

本巻の最後を飾るのは、総括的文章ではなく、ライナー・マリア・キーゾウのミュオポス的論稿[*2]である。彼はジョーク、風刺、アイロニーを駆使して、デリダ－ルーマン－以後－解釈に深遠な意味などないことを示そうとする。すなわち、もっぱら自己言及のパラドクスをめぐって、ああだ、こうだと言っているだけの議論に、深い意味などあるわけがないという。そうした議論の意味それ自体が議論に付されるのである。遺産相続をめぐる争い自体が、告訴される。しかし、誰が裁くのだろうか（Quis iudicabit?）。

注

*1——デリダとルーマンの正義の概念にとりわけ注目したのは、「規範的秩序の形成」（www.normativeorders.net）に関するフランクフルトの研究集団である。本書に掲載された各論稿が論じている問題、すなわち正義の社会理論は（不）可能かという問題が提起されるようになったのも、この研究集団においてであった。明らかにデリダもルーマンも（！）外面的な機能主義的説明だけを提示しているのではない。両者とも、正義の探究における内的パースペクティヴをも、あるいはそれこそを究明しようとしている。しかし、フランクフルトの研究プログラム内部における〔両者の〕「弁証法的な」緊張関係が顕在化したのは、別の場所においてであった。なぜなら、システム理論の見方においても脱構築の見方にお

いても、正義は正当化の物語として役立つのではなく、合理的論証が限界に達したときにこそ問題になるからである。つまり、こうした見方によれば、正義は、根拠づけの合理性を越える契機として規範的実践において作用する。このことをもって、手続的な正当化概念と実体的な善の観念との二項対立に対して、正義の第三の立場が明確になるのである。

＊2――― Myops〈mī'ŏps〉、ギリシャ語に由来。1．（医学用語）近視の。2．（生物学用語）サシバエ（刺蠅）亜科のハエ、アブ。3．（隠喩）弁明のなかでソクラテスが自身を（一匹の「ハエ」だと）称した。4．（法律用語）二〇〇七年に創刊されたクリティカルな法学雑誌 *Myops. Berichte aus der Welt des Rechts*. C.H.Beck, Muenchen のタイトル。

正義の実定性

第1章

グンター・トイプナー

自己破壊的正義

法の偶発性定式あるいは超越形式

本論文は、ルーマンとデリダの法理論を通して、法社会学が今日的に、そしてまた社会的に受容可能な正義概念を定式化することができるかどうかを問おうとするものである。本論文の主要なテーゼは、複雑なコンテクストの下での正義とは、たんに法の偶発性定式としてだけでなく、法を超越する形式としても理解されなければならないということである。つまり、今日では、正義は、もはや法的決定の判断基準ないし上位の法原理ではなく、それ自身が法的な自己記述の過程だということである。そしてこの過程では、法システムが法内在的な作動を続けるだけでなく、自らを超越することが強制される。法システムは、決定、標準化、基礎づけを避けることができないために、必然的に不正義を生み出す。したがって、正義は、つねにそうした不正義に抵抗しつづけなければならないが、つねに法システムが課す強制にさらされる。

正義なき「法と社会」

法社会学は経験的にはいかなる正義も知ることはない。それにもかかわらず、多くの経験的な研究によって、人びとがさまざまなコンフリクト状況のなかで正しいとか公平だと考える局所的正義を知ることはできる。実際、法規範や制裁、法曹や裁判に関する社会学理論はたくさんある。だが、法社会学的な正義の理論は存在していない。[*1] 法や文化についての批判的研究は、男女関係や人種差別、財の配分、文化的生存状況などに関する法の不正義についても触れているが、法的正義が積極的な意味で何を意味しているのかについての問いを回避している。一般的に言えば、正義の規範性が問題になるのは、法的プロジェクトではなく政治的なプロジェクトがなされた後である。法に対して人間が期待するものの基本にある正義それ自身は、法と社会という区別の盲点ではないか。

この盲点を明らかにし、つぎのような問いを立てるためには、ジャック・デリダとニクラス・ルーマンによる法の外部的な観察が必要である。すなわち、道徳哲学、政治哲学、法哲学に対して、法の社会学が今日ありうる正義概念に関する寄与をなしうるかという問いである。オートポイエシースと脱構築は、ここ十年来の「法と社会」をめぐる錯綜した理論状況のなかでもっとも生産的なものと思われるのだが、実際この二つは異なる方向に向けてそうした寄与をなしうる可能性をもっている。そのひとつは正義の系譜学を再構成することであり、もうひとつは近代法における決定のパラドクスを観察することである。[*2] ルーマンはこの二つの「スタイル」を肯定的に扱っているし、デリダもまたこれについてつぎのように述べている。「(一般に脱構築は二つのスタイルによって実行されるが) ひとつは、論証的な、そして非‐歴史的に見える行き方をとって、さまざまな論理的=形式的パラドクスに立ち向かう。もうひとつはそれよりも歴史的または想起的であり、テキスト読解、綿密な解釈、および

系譜学によって進行するように思われる」(1991: 44)

系譜学的な脱構築においては、正義はもはや哲学的な論議にもとづく構成物として優位に立つものではなく、そのつどの具体的な社会的実践とつねに変化する法の自己構成にもとづいて再構成される。それによって開かれるのは、正義の歴史的変容とそれらが社会構造の基本的な方向性の変化に対してそのつどもっている親和性を明らかにすることを目標としてなされる詳細な社会史的分析のパースペクティヴである。[*3] そうした正義の歴史化は、実際、時間空間的に普遍的に妥当する正義という法哲学的要請を放棄させるが、けっして何でもありの相対主義を帰結するものではない。むしろそれは、正義のゼマンティクと社会構造の隠された結びつきを追求する。そしてそこには、理論に導かれた経験的研究によって正義と社会構造の相関的な変化を分析する法社会学に特別の強みがある(Corsten et al. 2005)。この方法で最終的に開かれるのは、今日的状況の下で可能な正義概念を再定式化するチャンスである。社会理論的パースペクティヴからして、分節化され、階層化されていた社会の社会構造が配分的正義ならびに交換的正義のゼマンティクと結びついていたのは、階層化された社会構造がそのゼマンティクを分節化されたものの等しさと社会階層の段階秩序に合わせたいからだったとすれば(Luhmann 1993: 224, 226ff., 233ff.)、今日の全体社会の構造と正義のゼマンティクとの関係はどのように規定されうるであろうか。理論と経験に対する指示のほかに、変化した現代法の正義を理解しようとする規範的衝動が生じる。そうした社会学的分析が法に取り込まれること(再参入)によって、正義の規範性に対して、自然法と法実証主義の彼岸に「想像的な空間」が開かれてきた。[*4] 手短かなテーゼで言えば、法の構造と決定の間にある懸隔が法のパラドクスを生み出すとともに、より深い正義理解をもたらしてくれる。すなわち、正義とは、支配的な法理論と法解釈学ではほとんど顧みられることのない法の自己超越という破壊的実践だということである。[*5] そこから出てくる最終的結論は、正義とはその実現過程においてつねに不正義を作り出すことによって自らを阻害する法的自己記述だということであり、それはまた、〔一八一〇年に出版された〕ミヒャエル・コールハースという小説で、その作者ハインリヒ・フォン・クライストが一足先に経験したことである。

互酬性に代わる法的正義の非対称性

その時々に優勢な哲学的正義論は歴史的、社会学的に不十分なものであることが法の社会理論によって批判される。ジョン・ロールズやユルゲン・ハーバーマスはカント的正義概念を現代的条件に合わせて新たに定式化し直そうとした。ロールズ（1975）は近代経済理論の要素を取り込み、ハーバーマス（1992）は規範構造のもつ相互主観性と進化を取り込もうとしたが、正義に関する彼らの観念はなお古いヨーロッパの構造－ゼマンティク－関係に止まっている。つまり、互酬性、合意の調達、合理性を普遍化するものである。[*6] こうした正義のアスペクトは、非対称性、環境への定位、非合理的な正義の他者といったデリダとルーマンの新しい用語によって置き換えられる必要がある。

ロールズとハーバーマスの行ったことは、個々の行為者間の互酬性という道徳原理を正しい社会の基礎をなすはずの一般的で抽象的な規範へと普遍化することである。ロールズの場合、個々の合理的行為者の規範的投企が無知のヴェールによって、そうした行為が生まれる具体的な状況から抽象化され、公正な政治制度に一致するように仕組まれる。ハーバーマスの理想的発話状況においては、形式的な手続きによって個々人の利害をそのまま表現すると同時に、それが道徳的に正当化される規範の下での討議によって普遍化されうることが期待されている。しかし、現代においてもっとも紛糾する経験のひとつである多文脈性は、カント的な正義のヴァージョンであるこれらの考え方が時代に合っていないのではないかという根本的な疑問を呼び起こす。[*7] 多文脈性、すなわち高度に分断化され何重にも媒介された社会構造の出現、諸々の相互行為システムや形式的な組織、全体社会システムの流動的な相互干渉を前にして、全体社会を相互行為として捉えることはもはやできないのではないか。同様に、正義の拠り所を個々の行為者間の互酬性原理の普遍化に求めることができるかどうかについても検証することはできない。[*8]

こうした議論はルーマンのシステム理論だけにもとづいているのではない。多文脈性と正義との間の問題のある関係については、多くの社会理論がさまざまな観点から主題化している。全体社会が断片化していることについての分析は、討議の複数性に関する今日の理論家によってはじめてなされたのではなく、有機的連帯というエミール・デュルケムの概念（1977: 152ff.）やマックス・ヴェーバーのいう複数の形式的合理性からなる新しい多神教（1968: 603ff.）、言語ゲームの多様性を説いたヴィトゲンシュタイン（1989: 225ff., 572）、カント的道徳に関する社会学的批判を行ったテオドール・アドルノ（1973: 294, 1996: 147, 175）にまで遡るものである。なかでもヴェーバーはもっとも明確に、近代はさまざまな価値領域と生活秩序を独特の仕方で合理化し、そうした合理化によって脱人格化された諸々の信仰集団の間に解きがたいコンフリクトが生み出されたことを分析した。このような状況の下では、互酬性と普遍化といったある種の理性基盤に関係づけることで正義を基礎づけることはできない。ヴィトゲンシュタインのいう言語ゲームの多様性の下では、それぞれの言語ゲームの規則がもつ特異な構造は、理性原理と抽象的な価値によって正当化されるものではなく、ただ現実の生活形式の遂行に引き戻されるだけである。アドルノによれば、カント的な意味での普遍的正義と近代社会との間には構造的矛盾があり、カント的な普遍的正義は縦にも横にも分化した社会と両立しないために、正義のもつ道徳的推進力が正反対のものに変化したのである。

今日われわれは、フランソワ・リオタールによる完全に閉じられた議論の間の紛争（litige）と衝突（differend）

の区別、ミッシェル・フーコーによる両立不可能なエピステーメ間の破れ、そしてニクラス・ルーマンのいう自己言及的で閉じたシステムの複数性に直面している。[*9] これに近いほかの理論としては、マイケル・ウォルツァーの『正義の諸領域』（1992）、ネルソン・グッドマンの『世界制作の方法』（1990: 134ff.）がある。とくに、法の複数性に関する理論と新唯物論が示しているのは、社会全体の断片化とそれぞれの領域における正義原理にもとづくさまざまな法秩序の間の克服しがたい差異との関係である。[*10] 諸々の社会的実践はそのつど独自の合理性とつねに独自の規範性を生み出し、それによって相互に傷つけあう可能性が大きくなり、相互に両立しがたくなっている。ゴットハルト・ギュンターは、より抽象的なレベルで、はるかに脅威的な多極性という概念、つまりは二項的区別によって構成される相互に排他的なパースペクティヴの複数性へと多文脈性の形式を徹底化している。この相互排他的なパースペクティヴは互いに両立不可能であり、棄却値によってのみ克服されうるが、この棄却値それ自身、新たな二項区分以外の何ものをももたらさない（Günther 1976a, 1976b）。ここで取り上げた諸理論は、さまざまな点で大きな違いがあるにしても、ある一点で共通している。それは、今日のそれぞれ特異な意味世界の間の衝突は、共通の合理性によって和解することができず、まして全体社会を覆うような正義によって調停することが不可能だという点である。

全体社会にふさわしい正義概念にとって、このことはドラスティックな帰結をもたらす。すなわち、今日的状況では、正しい社会についてのアリストテレス的あるいはカント的な考え方がそのもっともらしさを失っているとしたら、正義の性格を認めるのは社会の諸断片についてだけだということである。たとえロールズやハーバーマスの議論を現代の社会構造に当てはめようとして行為者間の互酬性を普遍化したとしても、断片化した相互関係からはじめるしかなく、行き着く先は断片化された諸々の正義であって、ひとつの包括的正義ではない。たとえば、理想的な市場内部にいる二人の合理的行為者の間で行われる効率性原理に支配された経済的交換に無知のヴェールや理想的発話状況を適用し、ひとつの普遍化された正義を得ようとしても、それは経済的な面では正鵠を得ているかもしれないが、われわれの共同生活のうちの道徳的あるいは法的、政治的な側面を正しく評価するものではなく、ましてエコロジーの問題については何も語っていない。ロールズが正義を政治領域に限定したことは偶然ではない。彼は制度化された政治を見る視点から配分過程に関する正義のモデルを展開したが、社会的構造全体にまでは広げていない。したがって、政治制度の外側にあるより広い社会構造をも扱おうとすると、「諸々の社会的結合体の社会的結合」という彼の全体社会モデルは社会学的見地からは維持できないことがすぐわかる。[*11]

正義を全体社会の一部に限定しようとしても、多文脈性という現代的条件の下では、正義の出発点を個々の行為者の互酬関係に見ることはできない。断片化された諸々の制度がもたらす不正義は、たんにそうした制度の構成員に対してなされるだけではない。かつてはそうした構成員たちが彼らの間で支配的な対称性原理の下で保証されていた互酬性を期待できることでそうした不正を修正することができたかもしれないが、断片化されたひとつの制度の正／不正は、むしろ非対称的な関係であって、再帰的な作動の連鎖のなかで歴史的に生まれ、制度化されてきた部分的合理性と全体社会的な広がりをもつ公共性との関係である。したがって、正義は、そうした非対称的な関係の枠内で、高度に発展した部分的合理性が全体社会的公共性との関係で展開すべき超規範であるというべきであろう。だが、それはその制度の構成員の相互行為から生まれる対称的な互酬関係ではない。システム理論の言葉を使えば、正義が社会的な諸システムの再帰性に依存するとするならば、互酬性をその中核とする相互行為の再帰性は、形式的な組織にとっても大きな機能システムにとってもモデルとして適切ではない。そこで求められるのは、自分自身の内的な論理にもとづくと同時にその内的な論理を超え出るような別の形式である。正義を目指す再帰性は、相互的な関係を普遍化するような力ではなく、諸々の組織と機能システムがそれらの特殊な合理性の限界をテーマ化し、それぞれがもつ拡張主義的な行為の仕方との関係で自らに制限を課す能力である（この点については、Teubner 2006: 175ff. 参照）。

したがって、社会学的な観点は、ひとつの良き社会の理想として正義を考える近代のパラダイムの喪失に気づかせることになる。だが、これは、ハンス・ケルゼン（1960）がかつて提唱したように、法／権利は正義の理念を完全に放棄すべきだということを意味するものではない。むしろ、新しい条件の下で古い理念を再構成することが必要であるのだが、その際、道徳的正義、政治的正義、経済的正義、そしてとくに法的正義などに分化した正義のさまざまな文脈を慎重に考慮しなければならない。ひとつの正しい社会を求めることは、以前と同様重要であるが、社会的正義を生み出すものとして近代社会は、いかなるフォーラムも手続きも基準も用意していない。正しい社会を求める試みに王道はなく、すでにその初めから異なる道に分岐している。特殊社会的実践のなかで非常に異なる正義の構想が展開されてきたが、それらはそれぞれの合理性と規範性をもっていた。マイケル・ウォルツァーは、その『正義の諸領域』（1992: 27）で、所有権に関して、配分される財の違いと社会的文脈の違いによってどれほど異なる正義の原理がもたらされるかを示している。[*12] こうした見方は一般化することができる。政治的正義が扱うのは権力の集積であり、集合的決定についての合意の調達であり、それが形成するのは、権力の妥協、利害の統合、政策の評価と全体社会の〔政治〕外的な要求との間の難しい関係としての政治体制の基礎的な制度である。ロールズとハーバーマスは、たしかにこうした政治的正義について重要な貢献をしている。だが、彼らは、驚いたことに、特殊法的正義についてはほとんど何も述べていない。法的正義は、中立的で第三者的な審廷において規範にもとづいて個々人の紛争を解決すること、裁判手続きを整え、一般的な規範を具体的な事件に適用し、一回的な事件とその関係者に取り組むものである。ロールズの公正としての正義は政治的な文脈では大きな影響力をもったが、法の適用領域ではほんの少ししか顧みられていないことは不思議なことではない。一般的な規範を特異な個別事例や特殊な党派的関心、基礎にある社会的コンフリクトの特殊性、具体的に無限の多様性をもつ当事者に適用すべき裁判官の法手続き的正義が求められる場合、ロールズの無知のヴェールは結局生産的なものではない。*13 法社会学も正義概念を展開しなければならないが、それは法に固有の合理性と規範性、すなわち法的正義でなければならない。これは、法が正義を独占するという意味ではない。むしろ、社会的文脈よって異なる正義概念が併存するのであって、それらは統一的な原理に従うものではない。

ハーバーマスとロールズが正義概念の基盤においた平等は、法と政治では基本的に異なる意味をもっている。政治的平等とは市民を集合的に等しく扱うという要求を一般化したものであるが、これに対して法的平等は、新しい事例が古い事例と等しいかどうかが問われる個別化の過程から生まれてくる。法的な平等という脱中心化された秩序形式が倫理的一般化や政治的統合化と区別されるのはどの点においてであろうか。

まず最初の手がかりとして、一連の裁判手続きにおける法的作動の結果に対して、法的作動を再帰的に適用できることに法の優位さを見ることができる。その優位さから、法は法規範や教義学的諸概念、諸原理からなる人為的なネットワークを脱中心化しながら生み出し、そうした「局所的」な見方から法的な正義の概念が作り出されていく。個々の事例を等しいとか等しくないとしてつねに区別する働きこそ、拘束的な集合的決定を目指す政治的平等から区別されるメカニズムである。個々の事例を等しきは等しく、不等なものは不等に扱うことが、繰り返し区別を起動させる。フォン・フェルスター（1993: 350ff., 356ff.）であれば「歴史的機械」と呼ぶであろう、この生成メカニズムが絶えず法的構築物の複雑性を高める。その際、「判決を凝視する」とか等しい事例は等しく扱うといった法以前の拘束にはあまり関心が示されない。むしろそこにあるのは、伝統からの逸脱であり、「区別すること」「却下すること」、つまり、異なるものを異なる仕方で扱うことであり、そのことが新しい法の構成と特殊な法的正義の探求を不可避なものにする。

もちろん、法的正義を裁判手続き、すなわち過去の判決や規則を新しい状況に自己言及的に適用することだけに関連づけるとすれば、それは問題の半分しか捉えたことにならない。残りの半分は、法がつねに受けつづける刺激に関するものである。そうした刺激は法外部の社会的プロセスから生み出され、法的な正義のゼマンティクをほかの軌道に導く。そこで生じるのが、法規範や教義学と個々の紛争との不一致であるが、個々の紛争は小さな社会構造の変化に応じて変化することから生じる。*14 外的刺激に反応する法的作動のネットワークは、裁判所に訴えられる個々の紛争による刺激として別のコンテクストで形成される。こうした外的刺激はそれ固有の運動を引き起こし、それがまた個々の紛争と法との間に不可避的な不一致を引き起こす。それを解決するために、法は法的基準や正義の原理を作り出すことになる。社会規範を生み出すメカニズムは、社会規範を法規範に変換することによって、法の周辺から法の中心に迫ってくる。もっとも生産的な法外的規範生成メカニズムは、公式の組織、非公式のネットワーク、標準化と通常化のプロセスに制度化されているが、今日ではそれらが立法機構および契約的交換のメカニズムと競合している（Teubner 1996a: 200ff.）。法的正義を追求することで、こうした法の外で生み出される規範を直ちに斥けることはできない。その理由のひとつは、法的正義がこれら個々の紛争の固有なあり方を扱うのに十分ではないからである。それとは逆に、法的正義の追求はまた、それ自身の法的再構成を通じて、個々の紛争の解決を期待しうるような基準を抽出し、それを法的な公的秩序という光のもとで吟味する。そこから徐々に、新しい実体的な正義の側面が生まれてくる。

このようにして、法的正義の諸原理は、個々の紛争の判定と社会規範の受容という二つの運動との間に恒常的に生じる再帰的対決領域のなかで発展してくる。そのため法的正義のゼマンティクは、それぞれ特異な普遍化作用から生まれる政治的正義、道徳的正義、経済的正義とは別の局面におかれる。近代とは、こうした分化が起こっただけではなく、それらの間の矛盾が経験された時代でもある。政治的正義を考慮することを要求される立法は、裁判手続きにおける法的正義に対して徐々にダメージを与えている。同じことは逆についても言える。相互的な尊重を基盤として展開され哲学的倫理によって体系化された道徳的正義の諸原理もまた、法的正義の要求を批判し、それに反論するといった関係にある。

こうした対立は、従来の議論の一貫性を脅かしている。というのも、こうした対立は、法的正義の厳密な孤立を促すと同時に、それを脅かしてもいるからである。この対立によって、政治的正義や道徳的正義と区別されることで法的正義固有の価値が確認されるとともに、道徳や政治からのさまざまな挑発にさらされることによって厳格な法的正義は徐々にダメージを受ける。

合意理論に代わるエコロジカルな正義

こうした複数コンテクストという〔近代的〕条件の下で、ルーマンは「正義とは法システムの偶発性定式である」(Luhmann 1993: 218ff.) という社会学的な構想を提案している (Dreier 2002: 315)。この概念は難しく、よく誤解もされる。このテーゼが意味しているのは、正義をテーマ化することが法システム内のいたるところで刺激的な社会的運動を引き起こし、その運動が法の偶発性、つまり正しい法は別様でもありうるし、あるに違いないということをドラスティックに示すということである。正義の探求が刺激されるのは社会的コンフリクトが表面化するときであり、そのコンフリクトを人工的な法的言語に翻訳する際、法の適用、役人の行為、解釈上の論争、裁判上の判決、法の貫徹、規則に従う場合などにもその刺激は続き、それが終焉するのは、法規範や法的決定が従われなくなり、法の不正義に対して人びとが抗議し、反抗する場合である。こうした実践活動において正義はどのように働くのだろうか。正義は、規則や原理、価値、あるいは法的決定の基準として働くのではない。しかしまた、法的決定を評価するための法外の基準や道徳的美徳、政治的目標、規制理念として働くわけでもない。これらはすべて、法以外の内的規則や原理、価値や基準に照らして、あるいは法以外の美徳や目標、理念に照らして吟味されうる。しかし、法内部では、正義はけっしてそうした吟味の対象とならない。つまり、ほかのコンテクストでは正義はほかの価値と並ぶひとつの価値であり、法内部では偶発性の定式なのである。法的正義は争い得ない中核的な定式として要請され、けっして法内、法外の原理と衝突することがない。法の偶発性定式としての法的正義は、ほかの領域でほかの偶発性定式がもつのと同様の地位をもっている。たとえば、政治における正統性、宗教における神、経済における財の希少性、教育における陶冶、科学における限定性などである（Luhmann 1997: 469f.）。偶発性定式とは、否定の禁止、規律化、不可疑性のことである。この定式がもたらす運動がひとつのパラドクスをあらわにする。すなわち、疑い得ないものを求める必然的な探求は、それが探求として観察されうるかぎりつねに新たな偶発性を生み出す。つまり、必然的な偶発性であり、偶発的な必然性〔というパラドクス〕である。

したがって、法の偶発性定式である正義が必然的なものとして現われるのは、「プログラムという形式においてのみ法的妥当性を獲得することのできる根拠や価値を探求する際の図式」（Luhmann 1993: 223）としてである。その際問題なのは、法内在的あるいは法外在的な原理ではなく、法のプログラムという基盤の下で法の統一性を自己観察することであり、等しい扱いと等しくない扱いという無限の実践における上述の「歴史的機械」によってなされる法的自己制御である。ルーマンはそれを正義の定義に用いている。すなわち、正義とは「一貫した決定の適切な複雑性」（Luhmann 1981d: 388ff., 1993: 225f.）であると。

その後の法社会学的議論のなかで、もっとも大きな疑問をもたれたのがこの定義であった。[*15] もしも正義が個々の決定に関する実体的基準を用意することができないとすれば、また法的な価値や原理を同定することができず、倫理的ないし政治的など法外部の格率を提供することができないとすれば、正義は概念的な一貫性を追求することを目指す純粋に形式的な正義ということになる。その場合、正義は、決定の一貫性を目指す先例拘束の論理や法教義学的体系性の論理と区別できない。だが、こうした批判は性急である。偶発性定式は、諸々の決定の内的一貫性よりもはるかに多くのものを含んでいる。偶発性とは、他様でも-ありうる-存在であると同時に、何か-ほかのもの-に-依存しているということでもある。正義の要請、これが偶発性定式の核心であるが、それは、法が法のエコロジー、すなわち社会的、人間的、自然的な法の環境に依存していることから帰結を導き出すことを要請している。したがって、形式的な一貫性の彼方で諸々の実質的な定位点が働いていることになる。「一貫した決定の適切な複雑性」という定義において決定的な側面は、内的な一貫性との関係における社会的適切性なのである。正義が目指すのは教義学的一貫性を最大化することではなく、外からなされる非常に多様な要求に対して感受性をもって対応することであり、できるだけ高次の一貫性を得ようと努めることである。偶発性定式が目指すのは、法内在的な正義ではなく、法を超える正義である。内的一貫性プラスエコロジー的要請に対する応答性、これが法的正義の二重の定式である。*16

合意と普遍化についての要求を形式的、手続き的につねに洗練させてきた新カント派の正義論に対して、こうした社会学的な正義概念は、法とそのエコロジーとの関係の実質的な側面に注目している。法は、等しいものと等しくないものとを法的に吟味することでコンテクストが複数に分かれた今日の社会を適切に捉えることができるだろうか。また、自然的環境を適切に捉えることができるだろうか。法がもっとも広い意味でのエコロジー的構えをとることは、正義に関する議論のなかで法と環境の差異を粘り強く強調することでシステム理論が果たしたもっとも重要な貢献と言えるであろう。正義は、実定法がその外部世界に対して適切であるかどうかという問題の多い問いに注意を向けさせる。

だが、そのためにはある種の資格が必要である。というのも、システム理論は法の自己言及的な閉鎖性を主張することによって、エコロジー的な正義の基本的な矛盾を明らかにするからである。社会や人間、自然との関係で法が適切であるという意味での正義が要求されるということ、つまりは異なるものに対する法の共感的関わりは、法が外部世界に手を伸ばすことでは獲得できず、もっぱら法の内部でのみ獲得できる。法は、個々の事例における等／不等について判定する自己言及的な作用の連鎖のうちにある。こうした矛盾のなかに、今の時代において正義が有効であるかどうかの核心がある。正義が法システムの自己言及的な閉鎖性のなかに囚われていることが不可避であるとすると、法の限界を自己超越する正義はどのようにして可能になるのであろうか。正義とは、法的閉鎖性を自己超越することである。それが不可避でありながら不可能でもあるとすれば、正義は対立するものの法的な一致（coincidentia oppsitorum）としてのみ思考可能であるように思われる。

法／不法という二項コードを基盤とする妥当性が裁判所の判決と立法行為、契約行為の再帰的連鎖のなかだけで見られるとすると、正義が法の閉鎖性を超えることができるのはどのようにしてであろうか。正義はここで、法的行為の原初的閉鎖性、すなわち法的行為－法構造－法的行為という連鎖による作動上の閉鎖性と対立するように思われる。非生産的な自己関係と社会的環境からの徹底した分離（Teubner 1989: 21ff., Luhmann 1988a, 1993: 38ff.）によって、作動上の閉鎖性自身が法における不正義の重要な源泉となる。したがって、実定法の限界を打破し、形式的な法を社会のなかに再統合して、「共同体的正義」のための新たな場と手続き、基準を確立するためにラディカルな変革を主張する共同体論者の批判にはもっともな理由がある。[*17] もっとも、近代法における正義の実践はほかの方向に向けられたことを認めなければならないであろう。法的正義は、原初的な法的作動をふたたび社会に埋め込みなおすことによって作動上の閉鎖性を打破するものではない。むしろ、正義が法を「超える」ということは、法の第二の閉鎖性、法的な自己観察のレベルではじめてなされる。[*18] 裁判手続きや立法、契約の締結における法的な議論をそのつどの個人の利益だけを目指した議論に限定し、特殊化された法的な素材（先例、ルール、原理など）にのみ訴えはじめたことで法が決定的に変わってからは、正義に関する議論は、法の限界に目を向け、そこで法の限界を超えることを試みる法の自己観察の一部となった。法的作動の閉鎖性が法の自己観察の閉鎖性によって補完されるときにはいつでも、正義の探求はつねに、法がその環境に適合しているかどうかに集中されてきた。

しかし、法内部での自己観察としての正義が、いかにして法の原初的閉鎖性を克服することができるのだろうか。それは、法のなかに法外のものが「再参入」することによってである。法的作動が繰り返されることで法と非法、法的コミュニケーションとそれ以外の社会的コミュニケーションとの間の境界線が作られる一方で、法の自己観察は法／非-法という区別を利用するが、それは法というシンボル的な世界の内部においてである（Luhmann 1993: 66ff., 338ff.）。法と非法（これは「法の外部」という意味であって「法に反する」という意味ではない）の区別が法的作動のシークエンスにふたたび取り込まれ、法的議論が規範と事実、内的な法的行為と外的な社会的行為、権利概念と社会的利益や法的プロセスと社会的プロセスそれぞれの内部的な現実構造を区別できることが要請される場合には、正義をめぐる議論がこれらの区別についてある決定を行い、法的決定が外部世界のアスペクトを法の内部で再構成された通りに正当化されるかどうかという問いを投げかける瞬間がつねにやってくる。[*19] この開放性は、作動と観察という二重の閉鎖性のパラドキシカルな働きである。規範を生み出す法的行為も規範と規範を結びつける議論も閉鎖的な内的連鎖関係のなかにあるが、法と非法との区別にもとづく法の自己観察としての正義は、自己言及と他者言及とを内的に区別することによって法をその社会的環境と関係させ、そのエコロジカルな適切性を問題にする。

討議的実践としての正義は、法外なものが法の内に取り込まれる再参入から諸々の帰結を引き出す。この正義は、法の他者言及的観察の現実的地位に関して認知的混乱をもたらす（マグリットの「これはひとつのパイプではない」）。再参入の成果は、すでに述べた法内部の「想像空間」であるが、その空間は自らを現実として理解している（Spencer Brown 1997）。正義が法のエコロジカルな妥当性について判断する際、正義が働くのは外部世界に関するフィクションでしかありえない。それにもかかわらず、正義はそれを現実として扱うしかない。したがって、正義は法における想像空間内部でしか作用しないのだが、その空間は全体社会、人間、自然といった法の外からなされる要求を法内部で再構成すること、エコロジーが法のなかに再参入することで生まれるものである。

　このことは、法的創造性の大きなパースペクティヴを開き、法による現実の構成、人間像や自然像、社会像の構成にまで及ぶ。しかし、また同時に、「再参入」の欠陥も明らかになる。法にできることはつねに、「像の適切性」に意を用いることだけであり、法内部で環境世界を評価しようとすることだけである。法が真に「環境への適合性」をもつことはけっしてできない。自然や社会、人間を評価するのも、法独自の作用の「内にある外部」においてである。「再参入」という裏技にともなう不可避の欠陥はドラスティックな結果をもたらすが、それについては後に検討することにする。

　いずれにしても、偶発性定式としての正義が全体社会に依存していることは、社会的分化の歴史的諸原理との親和性のうちに現われている。この点で、正義の理論はそれ自身社会理論によって補完されなければならない。冒頭で述べたように、正義の基準は歴史的な変化にさらされているだけでなく、社会的分化の諸原理とともに変化する。階層社会では、相争う当事者たちの社会的地位全体を考慮することが自然かつ必要な正義の前提である。正義は盲目ではないのである。各人に彼のものをという有名な定式も、今日から見ると内容空疎な形式に見えるが、社会階層の合法的ヒエラルヒーのなかに生きる人びとにとっては具体的な意味をもっていた。正義の人間学に関する経験的研究においてローレンス・ローゼン（1989: 58ff.）は、伝統的なイスラム法についてこのことを論じているが、そこでの正義が要求するのは、当事者の社会的地位と訴訟におけるネットワークを正しく反映し、判決においてそれが正確に考慮されることであった。マックス・ヴェーバー(1976: 564ff.)がこれを過小評価して「カーディ裁判」と呼んだのは誤りである。というのは、イスラム法の正義は彼が理解する普遍的正義の基本的要求とは一致しないからである。古いヨーロッパ社会においても、裁判において貴族や長老たち(partes maiores)が都市や農民とのあやしい論争において勝訴することは合法的法規範であった。ミヒャエル・コールハースが放火殺人という暴力に訴えて、馬泥棒を行った貴族を馬商人と対等に扱わない法に抵抗した時、すでに近代に近づいていた。[*20] 中世のミネルヴァの正義(justitia mediatrix)が神および自然の法と人間の法とを垂直的なヒエラルヒーによって調停していた(Placentinus 1192)のに対して、近代の正義は法独自の規範性と社会や人間、自然といった法の環境独自の規範とを水平的な仕方で調停する。今日、法がその正義の基準を求めるのは、法の環境、つまりさまざまな社会的議論や教育学的、科学的、医学的、政治的、経済的な議論であって、そうした議論が法的に再構成されることで法的妥当性をもつようになる。憲法の厳密な平等要求にもかかわらず、それが教育学的、科学的、医学的等、「理性的」基準に適合する不平等な扱いを憲法自身が正当化する。

神や自然、理性を社会的分化の原理によって置き換える新しいこの自然法は、いわば社会学的自然法とでも呼ぶべきものなのであろうか。この点について、この正義構想は、法実証主義と自然法論との差異を無意味にする。つまり、この二つの立場をともに正しくかつ誤りだとする。この正義構想が自然法論と共有するのは、法の外部から生まれるものに正義を求める点であり、法実証主義と共通するのは、法が神や自然、自然的理性といった外部にある権威によってではなく、法内部においてのみ仕上げられうるとする点である。

自然法論と対立するのは、外的な権威は実体的な正義の基準を提供できないという点である。他方、法実証主義と対立するのは、たんに法的決定の循環によって正義が生み出されるのではないとする点である。自然法論も実証主義も正義が法的決定を阻害するとは考えない。決定が下されることの保障を求める法の圧力に対して、ある種の討議実践としての法的正義は、法の全体的未決定性という新たな空間を開く。正義は、過去の法的決定に訴えるというルーティン化した行為を妨げ、法に対する外部からの要求という形で、ある係争はそれまでとは別様に決定されるべきではないのかという問いを粘り強く問いつづける。正義は、法内部では法がそれによって自らに抵抗する破壊力として働く。正義は、先例、定型、確実性、安定性、権威、伝統などに拘束されやすい法の自然的傾向に対抗する。きちんと整理された仕方で自己を一貫させようとする法に埋め込まれた傾向に対抗して、正義は無秩序、改革、逸脱、多様性、変化に対して好意的に作用する。正義は、社会や人間、自然の名において法に抵抗するが、法の内にある秘密の力にもとづいてそうするのではない。破壊的正義は〔法という〕肉にささったとげのようなものである。バウンティ号の反乱、それが法的正義に関する社会学のメッセージである。

合理性に代わるもの——法の自己超越における非合理なもの

それにしても、なぜ反乱なのか。正義はなぜ社会の名によって法の外からなされる干渉ではないのか。法に希望を託した人間が訴訟に負けると、法が間違っているとして批判することが考えられる。だが、法の内部にある秘密の力によって対立が生まれるというのは、スキャンダルである。こうした内側からの反乱、正義の名によって法が自己破壊を起こす原因は法が否定されるということであって、その影響は非常に大きい。法は法自身の約束、理性的根拠にもとづいて法的決定を裏づけるという約束を果たすことができない。専門的に行われる法的基礎づけは、法的決定を正当化しない。一回限りの事例について法的決定をした者もすべて、こうした目が覚める経験をしたことになる。言い換えると、もっとも憂慮される法の欠陥とは、規範によって方向づけられた決定と理性にもとづいた議論という合理的な世界に非合理的なものが入り込むことを法が阻止できないということである。それゆえ、法の実務家は、ロールズやハーバーマスの合理的な正義論が実際に機能しうるかどうか、つねに懐疑的であった。正義論を説く哲学者達も法的決定のなかに非合理な要素があることを意識しているが、それを悪魔払いのやり方で追い出そうとする。法的決定を維持するために法内部の合理的議論の役割を無限に延長することによって、彼らは自己言及のパラドクスという悪魔を追い払おうとする。[*21] もちろん、それは無駄な試みである。

これに対して、法が否定される事態に関してジャック・デリダ（1991: 46ff.）やニクラス・ルーマン（1993: 307ff.）が行った大変刺激的で現実的な分析は、正義のアポリアと法的決定のパラドクスを考察の中心にすえている。よく見ると、彼らが分析し直しているのは法における古い経験であり、それは、法的決定における理性の限界を生きるために、法がおごそかな自己記述によって有名かつ評判のよくない二重定式、すなわち理性と意志ならびに理性と命令に逃げ込んでいるという経験である。[*22] 脱構築やオートポイエーシスとは異なり、非合理主義の嫌疑をかけられていない分析法学でさえ、法における理性的議論の限界に気づき、規範を事象に論理的に適用するということは、裁判官が補足的な前提を三段論法に持ち込む場合だけしか機能しないことを認めざるをえない。さらに、規範をその基礎にある規範や原理によって正当化することはミュンヒハウゼン・トリレンマ、すなわち、無限退行か恣意的中断、または循環に陥ることを認めざるをえない。[*23] 理性によって法的決定を基礎づけることができないことが、批判的法学研究に対して法の偶発性に対する強迫観念をもたせた。これはまた、カール・シュミットが決断主義に取り憑かれた原因でもある。今や、法の「病」をそれぞれ特殊な手段を使って治すために多くの学際的分析がなされていることは驚くに価しない。その手段として、心理学は感情的な要素を、精神分析は法的決定における無意識を、政治経済学は政策評価や社会的対立、純粋な権力意志などを用いている。

だが、法自身は今日、その基本的な無力さに対してどのような反応を示しているのだろうか。

法的正義とは、法自身の無力さに対する法自身の反応として理解できる。法的正義は、すでに述べたように、法哲学的構築物でも法的な判断基準でもなく、法の内部で構造化される社会的運動であるように見える。したがって、以下の考察をあらかじめひとつの定式にまとめておくならば、法的正義とはつぎのような独特のプロセスであると言えよう。すなわち、それは法の自己記述のプロセスであり、法的作動の定型化した反復を中断させ、妨害し、阻止し、破壊する。そうすることによってあらゆる意味を超えた自己超越を法に強制するが、直ちにふたたび自らをさらなる法的作動を生み出しつづける圧力の下におき、まさにそれによって新しい不正義を生み出すことを自ら阻止する。というのも、このプロセスは、「非合理な」超越経験を通過し、「荒れ野を通過」した後で、この経験を、決定の強制、標準化の強制、基礎づけの強制といった、法システムの抑制的な条件の下で再構成することが必要だからである。継続的にこうした法的作動を生み出しつづけることを強制されるということから、新たな法基準のなかに自分を移し替えるべく自己記述する「正義」によって自らを挑発した後もなお法のプロセスがつねに新たな不正義を生み出すという厳しい帰結が導かれるのだが、正義はまたふたたび法システムの強制に服するためにその不正義に対して新たに抵抗していかなければならない。これは、ある種自虐的な継続的運動である。

こうした討議実践としての正義は、したがって法の環境による実定法の破壊ではなく、自己自身を高める循環的な自己破壊の運動であり、そのなかで、実定的な法的決定が法に固有の正義の反抗によって破壊され、また逆に法的決定が正義を破壊する。こうした正義の実践は、新しく作り出されるのでもなく、すでに存在する不十分な正義を完全なものにするとか、正義の理想に少しずつ近づいていくということでもない。そうではなく、正義のプロセスは、積極的な法的決定と正義による反抗という二つの立場をともにふたたび破壊するために、この二つの立場を繰り返し新しく作り出すのである。この実践は、法内在から法超越へ、そしてまた内在へもどるという永続的な変容において、正義を実現しつつ不可能にする。結局、正義の実践は、そうすることで、法内部の不安さ、法手続きの神経質さ、この両者の間の継続的な攪乱、つねに新たなものに向かう必然的偶発性をあおるのである。

強調しておくべきことは、この現象が合理的な法の進行をつねに妨げ、より良い法を生み出させようとする、正義への「漠然とした衝動」に還元されうるものではないということである。[*24] そうではなくて、法的正義とは、まったく特殊に構造化され、理論的に記述可能な、また経験的に同定可能な法的出来事内部の運動である。注意してみると、ここでいう法的出来事とは、組織された専門的な法実務ではなく、法について真面目になされるコミュニケーションであり、まさに「国内の外部」にいる市民の法的抵抗のことである。正義がつねにさまざまな変化を見せ、入れ替わり、つねにその意味を変化させ、けっして完結しないありさまは、デリダ風に「法延(justiciance)」と呼ぶことができるかもしれない。これは、法的な決定のパラドクスに注目した自己破壊の運動を表わすもので、つねに法的手続きのなかにある正義の追求であるが、一般的な正義への憧れとは明確に区別され、厳しい制約条件の下にある。しかも、この手続きを導く探求様式は、高い未規定性と構造化されたあり方との注目すべき組み合わせによって特徴づけられる。注目すべきことは、未規定性と構造化されたあり方との関係が両者の調停とか妥協、あるいは「相対的に構造化された未規定性」といった中立的なものではなく、両者双方の相互的徹底化として理解されるということ、「カオスに秩序をもたらす」ということである。アドルノによる有名な定式化(2003: 103)の二重の意味が近代における正義定式の徹底性を明らかにしている。すなわち、その二つの意味とは、法の進展をカオス化するとともに、カオスを法的進展の秩序にむりやり押し込むことである。[*25]

法内部の正義の運動は、法システムによって課せられる初期条件によって呼び起こされ、同時に、その運動が起こる可能性は法システムによって指示される制約にさらされる。それによって、法的正義は、社会的な広がりと歴史的な普遍性を主張することが禁じられる。法的正義はシステムと時間に制約されるのである。その具体的な制約を全体として詳細に分析することは、法社会学的な正義論の課題である。それに先立って、法的正義の実践と正義に対する「漠然とした衝動」との違いをつぎのように概観することができる。

初期条件

こうした法内部でなされる正義探求の運動のもつ特殊性は、この運動が正しい世界に対する定義不可能な欲求によって促されるのではなく、法的な手続きと議論が継続する法のプロセスを不可避的に停止させる間隙(Hiatus)が法の進行の内部に正確に位置づけられる場合にはいつでも起こるということである。システム理論的に言えば、そうした間隙が生じるのは作動–構造–作動(法的行為–法規範–法的行為)という結びつきのなかである。オートポイエーシスを自動的に機能するメカニズムとして理解する予断(Rottleuthner 1988: 117)に対して、システム理論が繰り返し明らかにしてきたのは、構造が作動に転換される個々の事例における自己再生産の連鎖(コミュニケーションが続くことへの期待)は必然的にひとつの破れを示すということである。諸々の作動の積み重ねから構造が形成されるが、その構造はつぎの作動を生み出すのではなく、新しい作動が「起こる」可能性の濃い空間を作り出すことができるだけである。どんなに緻密な構造の場合であっても、この新しい作動は基本的な偶発性の契機を克服しなければならない(Luhmann 1984: 382ff.)。「構造が形成されるとそれに必要な程度の不確かさも必ず生じるのであり、官僚機構や法秩序のような確実性に執着した構造が形成される場合にそのことを確認することができる。それは官僚制化と法化が進むことによって不確かさが増すのと同様であるが、そこで人は意地悪な喜びを感じることだろう」(Luhmann 1984: 391)。法について見ると、あらゆる法的行為(法律、契約、裁判官の判決など)はすべて、新しい法規範を生み出すことによって法状態を変化させる。だが、こうした法規範は自ら新しい法的行為を自動的に生み出すわけではなく、可能性としての新しい法的行為を多かれ少なかれ濃厚に示唆するにすぎないのである(Luhmann 1993: 49f.)。

この不整合を乗り越えるために法的な論証が絶え間ない作業をはじめるのがまさにこの地点であるが、それは有効であると同時に無駄でもある。法的論証は決定に影響を与えるが、紛争を解決することはできないし、討議理論家たちの議論に反して、構造と作動、規範と法的行為の破れを繕うことはできない。法的論証にできることは、ただ差異を変換し、それを新しい決定のための選択肢とすることだけである。それは、すでにある決定の選択肢をほかの選択肢に変える。その選択肢は、もしもうまくいけば、基礎づけのない選択肢としてその法的紛争にとって適切なものとなる。法的論証は何も決定しないし、何も正当化しない。また、けっして何かを隠すことでもなく、決定の選択肢を変容させるだけであるが、それはドラスティックなものである。決定は相変わらず必要なものであるが、法的論証の後は提示された選択肢が別のものになっているだけである(Teubner & Zumbasen 2000: 195ff., Luhmann 1993: 338ff.)。

だが、最終的にいかなる法的行為が新たに結びつけられるかは暗闇のなかにある。合理的な基礎づけによっても架橋できない規範と決定の間で間隙が生じるのは、構造と作動、法規範と法的行為、論証と法的行為との差異においてである。法的決定のアポリアは、それ自身合理的討議にはのらないし、基礎づけ可能でも正当化可能でもなく、正しいわけでも不正なわけでもない。だが、正義が求められる場合、このことが意味するのは、こうした間隙が決定的に乗り越えられることはないということ、あるいはつねにさらなる法内または法外の合理化を通して疲れ果てるまで先延ばしされるということである。正義の議論は、決断主義か合理化かという二者択一を棄却する価値を選択し、自己記述という反省行為によってはじめて法的決定のアポリア（周知のように流れを横切るときには前進しない）を意識する。だが、そのアポリアを避けようとか単純に否定しようとするのではなく、合理的基礎づけの可能性の限界としてアポリアを明確に分節化するのであって、痛みをもって経験し、耐え難いものに高める（Derrida 1991: 46ff., Luhmann 1993: 307ff., Fögen 2007a: 110ff.）。法的反省を高めることによって法の進行のアポリアを法の自己超越にまでもたらそうとする試みは、法内部で正義への訴えが起こるための必然的初期条件である。そこでは、たとえば全体社会や社会理論など法の外部にある審級がその規範的な尺度を法に命じることはなく、法自身が正義への訴えを行うのである。*26

自己超越

もっとも困難な問題が生じるのはもちろん、法規範と法的行為との間隙に直面して、法が自己を超越するということが正義をめぐる議論のなかで何を意味するかを理解しようとするときである。すでにわれわれはルーマンとともに、エコロジカルな正義概念を概観するための第一歩を企てた。その概念とは、法の作動上の閉鎖性から導き出されたものだが、そこからそれを「再参入」現象と規定した。それによれば、正義の基準は法の外部に見出されるのではなく、法はつぎのような仕方でのみ自らを超越することができる。すなわち、法は「成立したエコロジー」との関係で環境に適合的な基準を確立するために、法外なものを自己生産的に自らに取り込む際に法的紛争が生じる環境（全体社会や自然、人間）と法自身を区別するという方法である。そうすることで、法がそうした基準を外部世界から輸入できるということがあらかじめ排除される。法はむしろ、そうした基準を世界に関する自らの知によって自ら構成しなければならない。法の外にあるものが決定という法実践のなかにふたたび取り込まれること（再参入）が法的正義の特殊性を形成し、正しい社会や政治的な集合的決定の正義、道徳哲学的相互尊重の正義といった法の外部にある観念と法的正義を区別する。こうした試みは法的正義の基準を外部化し、民主主義や道徳、経済に望みをかけるのではなく、区別の試みが自分自身に投げ返される。法は法的正義の基準についての責任を自ら負わなければならないのである。

このようなエコロジカルな正義の構想を超えるより包括的な三つの思想的進展がデリダによってなされている。それによって彼は現実の正義論に対して非常に強いインパクトを与えた。その第一は、彼が法のパラドクスに対する新しい扱い方を示したことである。ルーマンは法における決定のパラドクスを指摘しているが、決定することによってそのパラドクスを隠し、否定し、排除し、できるだけ早急に脱パラドクス化する区別を導入することを要求した。これに対して、デリダは、パラドクスの体験に立ち向かい、そのことによって、ルーマンが麻痺と驚愕だけがあると推測した世界に法的思考を導くことを求める。そこでは、正義は一貫性定式以上のものであると同時に、偶発性定式以上のものでもあり、超越の定式、「法内部における呼びかけ、深淵、混乱、矛盾の体験、カオス」（Derrida 1991）となる。[*27] これは、法の認識および法的決定に対してまったく実践的な結果をもたらす。それは、たんに社会性の相の下にではなく、永遠の相の下における決定という状況の変化である。[*28]

第二に、デリダは、法の自己超越ということがもちうる意味を徹底化する。ルーマンの正義は、法に対して法が自らを投企する環境の方向に自己超越することを求めるが、同時にそこに止まらせる。それによって法外のものをそのまま法の内に取り込むことが不可能であるために、法外の環境への超越は断念される。外部のものを内部に取り込むことがつねに内部における外部の再構成、環境の「立法化」にすぎないとすれば、それはつねに包摂であると同時に排除でもある。だが、法によって排除されたものは、それでも正義に参入することを要求する。法が誘発する攪乱や混乱、動揺は、ルーマンの分析ではめったに出てこない。システム理論はここで、そのシステムと環境という中心的区別によって自らの盲点を生み出している。その盲点とは、攪乱的出来事における「間」をくわしく分析することを許容しないことである。[*29] ルーマンが見ていること、見ることのできることは法の限界内で起こることだけであり、彼が注目しているのは、攪乱の後に妥当する区別だけである。これに対してデリダは、そうした限界を超えることを要求し、混乱と動揺に身をさらし、あらゆる意味の彼方にある超越、「荒れ野を通ること」を経験するような正義の議論を要求する。これは実際、現在の学問のスタイルでは考えられないことである。つまり、あらゆる意味を超越し、神秘的な暴力を示唆し、レヴィナス的な他者の哲学における他者との出会い、「純粋な」正義、贈与、友情、赦しによって近代的な合理性を挑発するということを意味している。

第三の進展は、宗教的超越と特殊法的な超越との関係を変化させたことである。ルーマンが超越の経験については宗教システムにのみ注目し、ほかのシステム、とくに法システムについては考えていないのに対して、デリダの脱構築的思惟は、超越の意識を宗教に限定する近代的な考え方から、経済や科学、政治や法という高度に合理的な世界に再度超越をもち込む。それによってまさにルーマンも扱った現象からデリダが引き出す結論は、あらゆる社会的分業にもかかわらず、知は科学のみに集中することはできないということ、国家的な暴力の独占にもかかわらず、権力の働きは政治の外部にも見出されること、法と不法の区別は、法システムによって広く定式化されているにもかかわらず、法の外部でも行われるということである。

したがって、宗教のエネルギーが集中される超越経験もまた、宗教の場にのみ限定することはできないのである。超越経験は、高度に特殊化された近代の意味世界においても、またそこでこそ、宗教的超越からは明白に区別される働きを生み出す。マックス・ヴェーバーが奇妙な感じを引き起こす「多神教」という定式を用いたことも、本来、高度化された部分的合理性のそれぞれに固有の超越関係においてはじめて意味をもつ。それがたんなる合理性の多様性や多中心性に還元されてしまえば、その意味は失われてしまう。さまざまな超越への接近の仕方の多様性が問題なのである。ヴェーバーをそのように読むことができよう。というのも、超越のあり方の差異から内在的なものにおける差異を、とくに社会的な役割や能力、機能における差異を正統化するというのは、古い多神教が行ったことだからである。

デリダ（1993: 49ff., 2000a: 200, 1991:44ff.）はこのように読まれるべきであろう。つまり、デリダはここで、近代の諸制度はそれぞれに異なるパラドキシカルな作用をもつ特殊な自己超越をそなえているという驚くべきテーゼを掲げているのである。彼は、利益を目指す経済の自己超越を「純粋な贈与」の作用（Wirkung）と呼び、専門化された政治の自己超越を「友情」の作用、世俗化された道徳の自己超越を「赦し」の作用、高度に技術化された法の自己超越を「正義」の作用と呼んでいる。これらはすべて、それぞれの制度に固有の論理から溢れ出たものであり、宗教とはまったく別の空間にあるユートピア的なエネルギーを再活性化する。

このことを法についてさらに考えてみると、正義とは宗教的な超越とは異なるひとつの超越の経験だと理解することができる。だが、その固有の特徴とは何であろうか。その答えは、法が終わるところ、規範と決定の間隙が生じるところ、法のパラドクスが登場するところで正義の議論がはじまるということから得られるであろう。正義の議論は、まさに特殊な法のパラドクスという混乱した経験に繋がり、そこで法の意味の限界を超えていく。法と不法の区別を世界に適用するのは法だろうか。[*30] これこそが正義の問いである。法がそのパラドクスにぶつかるやいなや、必然的に法は正義の問題にさらされる。それは、気前のよさや友情、赦し、魂の救いの問題ではない。したがって、法の自己超越においては、法と不法という法の特殊なパラドクスがなお有効なのである。法の自己超越は、法に特殊な限界を超越することとして必然的なことであるが、そのために合理的な法の言語では表現できず、矛盾した言葉、非現実的な理想、比喩や象徴、文学や夢想、譫妄、ユートピアによってのみ語りうる。[*31]

ミヒャエル・コールハースのなかで、多様に批判されながらもロマン主義化される破壊が起こったことも驚くべきことではない。その破壊とともに突然、真相を語ることのできるジプシー女が正義の要求との関係で優位に立つ。彼女は彼に向かってささやく。「お守り札だよ、馬喰のコールハース、大事にしまっておき、いつかお前さんの命を救ってくれるよ」と（Kleist 1963: 163ff.）。

そうした正義の探求は、法それ自体のなか、あるいは全体社会や宗教のなかに正義の基準を見出すことに望みを託すことはできない。そうではなくて、あらゆる意味を超えて法を乗り越え、法に特殊な超越の経験をし、その痕跡の下でふたたび永遠の相の下にある法を語るために法の内部に回帰しなければならない。ニーチェが「神は死んだ」と言ったときに明確に述べられた超越の経験としての正義とは何であろうか。それは、神も理性も前提としない自然法なのだろうか。そしてまた、ヨハネに見られるつぎのような謎めいた正義の規定はなお意味をもつのだろうか。「義について言ったのは、私が父のみもとに行き、あなたがたは、もはや私を見なくなるからである」[*32]

神なしで超越が考えられる状況、否、考えるべき状況において正義を新たに解釈することが求められる。レヴィナス（1992: 342ff., 1987b: 125ff.）とデリダが「哲学的超越」を積極的に規定しはじめたのがまさにこの点である。哲学的超越は、意味の全体とそれを超越する外部を対立させるが、その外部では、正義は多くの他者との衝突のうちで他者が発する無限の要求として現われる。ここで、レヴィナスとデリダのラディカルさを正当に評価しなければならない。異他性ということで考えられているのは、たんに他者を思いやるという倫理的原理や個人のパースペクティヴの単一性を考慮することではなく[*33]、まさに非‐言語的に媒介された、非‐現象学的な他者経験であり、「他者の顔」における超越経験である。正義の基礎づけ可能性、公的な語りの合理性に依拠することを超えて、基礎づけることのできない正義、正義の非合理的他者が要請されるのである。したがって、正義は法の内部と法の超越との境界に移行させられる。正義とは、結局、内在性の破れを超越によって克服する試みであり、「父のみもとに行くこと」である。その意味するところは、内在するものにとっては理解できない意味へと内在を変容させる超越の要求を意味する。したがって、正義とは「欠陥のない理想」の尺度ではなく、「不法が法に転化するプロセス」(Folkers 2000: 71ff.) である。

しかし、ヨハネ本来のメッセージは、それ以上のものである。受肉、それは超越と内在との区別が内在に再参入することであるが、超越を正しく評価するものではなく、基本的な不正義の経験、「父のみもとに行くこと」がはじめて正義を可能にする。正義は、不正義や苦痛を実際に通過することではじめて現実化されるのであって、苦しみの変容であり、内在と超越の分離を止揚できる自己犠牲である。自分が処刑される前に秘密のお守り札の内容をザクセン選帝侯に明かすことを拒否したミヒャエル・コールハースは、「彼を救うはずの力」を犠牲にしたが、その代わりに、彼が正義のために戦う心構えをもっていたとして国民的尊敬を得た。この意味で、「父のみもとに行く」ということは、不正の転換による内在と超越の分離を止揚することを意味する。正義を求めること自体が苦しみをもたらす。正義は、法の内部では「緊急秩序」として実現されなければならないがゆえに、正義を求めて苦しむことが無駄な試みであり、不正な帰結をともなうということである。ヨハネが論争に付け加えたものは、正義が法の転換プロセスとして理解されなければならないということであり、そのプロセスは不正義の経験があってはじめて可能となるのである。デュルケムの「大衆の怒り」(1992: 118ff.) には、こうした思想のかすかな残滓を見ることができる。それは、規範が破られることのうちに規範形成の原因を見るものであり、「不正感覚」を規範形成過程の起動力とする正義理論である (Cahn 1949)。

「人間には見えないもの」? それは超越に近づけないことを意味するだけではなく、最終的にすべての個々人の権利が「あらゆる種類の人間的権利保障の有限な条件から解放されているということ」(Folker 2000: 76f.) である。神のいる世界においてのみ、正義による救済の望みがある。しかし、神なき超越が考えられるとすれば、正義による救済は不可能である。そこにあるのは、疑わしい正義探求の過程だけであり、その過程は、永久的に法への不安を生み出し、繰り返し異なる不正義体験にさらされ、平等に関する新たな基準を構成し、つねに新たな決定の基礎づけを見出し、まさにそのことによって新たなものに向けて正義を破壊する、そうした過程である。正義の探求は、破壊的でありながら同時に創造的なものであろうとする法の欲求にすぎないことになる。

接続強制

特殊な法的正義と正義に対する「漠然とした衝動」との違いが明らかになるのは、近代的法システムがそれに固有の偶発性定式をその自己超越の後に押しつけてくるドラスティックな制約を考えるときである。法的正義は、全体を捉えて法の不正を世界と同一視することはできない。法的正義はすでに述べたような法的決定の否定しえない欠陥に目を向けさせるが、それは法的決定の構造と作動、法規範と決定との間の誤った結びつき方を意識させるためばかりでなく、正義自身のやり方でいつも不満足なものながら事実上その欠陥を修復するためでもある。法的正義がラディカルな自由法論の「法への敬虔主義」から区別されるのはまさにこの点である。自由法論は、「等しいものを等しく扱い、そうすることで具体的で典型的な義務が一般化される可能性」を否定する（Wieacker 1967: 580, Fn. 57)。というのは、法システム内の特殊な接続強制が無限の正義に対して三つの異なる作用をともなうドラスティックな制約を課すからである。

無限の正義は、たとえ正義固有の考慮と矛盾したとしても、法と不法というコードとそのプログラムによって厳しく制限された法的決定の可能性空間の内部で構造と決定との結びつきを回復しなければならない。それが決定の強制である（Luhmann 1993: 307ff.）。たとえ裁判官が長く苦しい熟慮と討議の後で訴訟当事者の双方が「権利をもっている」ことを知ったとしても、また、自分の判決によって一方の当事者に不法を行うことになることを知っていたとしても、正義の要請にもとづいて訴えを受理するか棄却しなければならない[*34]。第三の道は与えられていないのである。

同時に、法システムは正義の探求に対して強力な認知的強制をしない。正義の探求は、不正という非合理的な感情や正義に対する漠然とした焦がれのなかに消失してしまうことを許さない。そうではなく、正義の探求は、右に述べた法が進行するうえでの特殊構造的なアポリアによって、非合理性、法感情、異他性、苦痛、超越の空虚さと充実といった経験に集中することを強制する。そして、そうした経験の後に、合理的な根拠と法技術的な議論、以前のものに接続できる法ドグマティークを提供しなければならない。これが基礎づけの強制である。したがって、ここに、ルーマンが執拗に記述した困難が表わされている。すなわち、合理的な議論によって法の外の強い要求に応えながら同時に一貫した決定という内的な要求を満たすことの困難さである。

最後に、法的正義の活動領域は、ひとつの正しい世界を作り上げることができるほどの力と影響力をこの世界に対してもっておらず、限界をもっている。なぜなら、法的正義は比較的高度に特殊化されていると同時に法や法的行為、法規範の作動と構造に多少の影響を与えることができるだけだからである。法的正義は、それによる解決可能性に関して強い制約を受けている。法的正義はそうした制約を、権力をもったものの恣意的行為や曖昧な神託、神秘的な啓示から区別する。そして、その圧倒的な異他性の経験、個々の人間の内的な無限性の経験、人間の議論に固有の合理性と規範性の経験、非合理性の経験を、まさにばかげた単純化の形式、つまりは要求を法的紛争として適切な要求として規範の定式に縮減しなければならない。これが標準化の強制である（Fikentscher 1977: Kap.31-33）。

だが、法的正義に対するこうした三つの強制から生じる帰結を過大評価することはできない。決定の強制によって、法的正義は一方が正しく他方が不法だというように決定を下さなければならず、紛争をそのまま保留することができない。基礎づけの強制によって、決定は基礎づけられなければならないが、その基礎づけは不可能な企てであり、一貫性と責任性をもっともらしく結びつけるものである。標準化によって、決定は複雑な事例の問題を非常に単純な規範に縮減する決定をしなければならない。そうした厳しい制約の下で、間隙を克服して「飛躍」を可能にするような新しい構造が作り出されるのであろうか。無限な正義の要求を前に、まさにささやかな「緊急の秩序」が作られるにすぎないのが現実である。

これらの強制は最小限のものではなく、もっとも敏感なものであるが、正義論がこうした制約から目をそらそうとすると、自らその信用を失ってしまう。正義論は、正義を法のラディカルな超越としてまじめに捉えるが、偏在性という名の下で法の内部で正義を実現するという逆向きの法超越要求を隠してしまう。[*35] 正義論は、その参加者に法の自己超越を敢行するだけでなく、法規範や論議、法的決定を「発見する」ことを強制する法学的正義論議から自らを区別する。このような強制を受けない理論は、哲学的正義論として広い影響を与え、肉にささったトゲとして法に大きな痛みを与える。だが、そのトゲの痛みは徐々に弱まり、一定時間後にはその痛みはまったく残らない。重要さが徐々に小さくなるというこの運命は、とくに法の「批判」理論に当てはまる。この理論が挫折するのは、対抗提案のない批判は意味がないという冷酷な法則によってである。[*36] まさに「法消極主義」は自分自身を移行期の現象としてしか定義できず、ある付帯条項のついた法的禁止を自由に公布せざるをえない条件をいつか定式化しなければならず、結局のところそう定式化することになる。[*37] アドルノ（1996: 20f.）が道徳哲学のためにそれを定式化し、それに応じて彼の好みを表明したとき、以前の法に接続しなければならないという法の強制が正義の探求に別の選択肢を提供した。すなわち「非人間的なことに対する具体的告発」に賛同し、

「拘束力のない抽象的な人間存在の位置づけ」に反対するという好みである。批判的法学研究による活発な法批判は、才能豊かで高い動機づけをもって法を拒否する裁判官のあり方を調べるための法社会学的－経験的事例研究として価値があるかもしれない。そして、ずっと以前から行われてきたことだが、「法の正体を暴露すること」によって「政策的多様性、強力だが断片的な公共性形成力、法的多元性を受容する法秩序のために働く者」として、法のがれきの山に関わる法の専門家が増えてきたことは落胆すべきことではない。[*38] ジョルジュ・アガンベンの新たな共同体への希望（2002: 197ff., 2004: 83ff.）であれ、フィリップ・ノネの「忍耐強い……の待望」（2007: 322ff.）であれ、法的な「ここがロドスだ」という言い方に対抗する（左派、右派の）ハイデッガー的日和見主義は成立しえない。ルーマンもデリダも、それぞれの方法でこのことを明確に述べている。デリダ（1991: 124f.）は、そのベンヤミン論において、法的計算の内部に帰ることを拒否し、その代わりに人間にはその区別の基準がわからないはずの神話的暴力と神秘的暴力の区別に満足する正義論に対して、それはもっともたちの悪い錯綜性をもっているとして批判している。[*39]

しかしながら、法的な規律強制のもつ積極的な側面を忘れることはできない。その側面とは、法を否定する正義論者たちに対して、自分たちが法を異常な革新の圧力にさらしていることに気づかせることができるということである。「カオスに秩序を」という二重の命法の前では、いかなる法律規範も裁判官の行為も教義学の構成もありえず、すべては正義という試験台の前に立たされる。だが、同時に提起された要求を満たすことと代替案を定式化することがもつ難しさは異なる。法的正義はつねに、古いものを不正なものとして切り離す要求に耐えるような法規範、裁判官の行為、法概念を見つけなければならない。それによって、正義に関してより高い次元とより低い次元とを区別することを容認する。というよりむしろ、そうした区別を必要とする比較視点が法のなかにもち込まれる。こうして、ほかのものよりも正しい法秩序とされるものは、ほかのものよりもよりラディカルに法秩序の自己超越を多様な異他性の次元にもち込み、またそれを要請し、ほかの法秩序よりもより正しいものであることを示すような決定や議論、規範を生み出すことになる。変革への圧力とは、変革のチャンスでもある。われわれが右に述べた法的正義定式の注目すべき特徴とは、すなわち、より高い未規定性（自己超越）とより高い規定性（法的な形式の強制）との組み合わせが創造的なエネルギーの展開をもたらすということである。「ソロンは脱構築せず、創作する」[*40]。再参入の「想像的な空間」のうちに、法的構成のファンタジーは大きなチャンスを見出す。法人格や合意にもとづく契約、国家の構成などが、法と社会にとっての第一段階的な文明的特徴であるのは偶然ではない。繰り返し語り継がれる「十二番目のラクダ」の話は、芸術的創造と法的創造の隠れた共通性を示している。[*41]

逆効果

しかし、注目すべきことに、正義の探求のもとで法を拒否する者は最終的には正しいのである。彼らは、正義のために、正義をめぐる議論の三重の制約を犠牲にする用意はない。というのも、正義の経験は無限なものであるが、それを二項的にコード化された決定と、責任をもってまた一貫してそれを基礎づけ、ある条件の下でそれを標準化することに還元するために払われる犠牲は高くつくし、それはまた新たな不正でもあるからである。とくに法的形式化の要請がもつみじめさ、哲学的普遍化要請に対する感受性の低さのために、法的な正義の探求は必然的に新たな不正を生み出し、その不正はまた新たな自己超越と規律化をもたらす。レヴィナス（1982: 98）によれば、「普遍的で大仰な諸原理はそれが適用される段階で逆転する。大仰な思想はそれ自身のスターリニズムによって脅かされる」[*42]。正義は自らを掘り崩すと見る循環的な見方と、合理的な根拠にもとづいた決定によって正義が高められると期待する階層的な見方との違いが感じられるのはこの点である。というのもレヴィナスの立場は、法が合理的決定や基礎づけ、標準化を頼りにすることがまさに人間に起こる不正のうちもっとも厄介な原因のひとつであるという事実に厳格に目を向けているからである。

法的正義のもっとも暗い側面は、それ自身を普遍化しようとする抑えがたい衝動である。「正義化すること」、この奇妙な表現は、法が正義のもつ二重の論理、すなわち法の自己超越とそれを再度法的規律にするということを社会全体に広げようとするわかりやすい試みを表現している。[*43] 政治的な分配の正義や道徳的な尊敬の正義といったまったく別の要求を掲げる代わりに、法的正義は「急性の正義病[*44]」の下で、法的正義を手段として正しい社会を実現しようとする。それによれば、世界の諸問題を法／不法という二項コードにしたがって決定することが正しいのである。これが、機能的に分化した社会の正義と不正義の総体である。法的正義はほかの偶発性定式とこの衝動を分けもっている。すなわち、経済は経済的手段で、政治はその正統性の定式を用いて、科学はその限定性によって、それぞれ解決できる問題として世界全体を記述しようとする。これらはみな、たとえそれぞれの領域について限られた部分的責任しかないにしても、その手段を使って良い社会を作ることができると主張する。社会の「正義化」は、全体社会の経済化、政治化、科学化、道徳化、医療化といった近代の不吉な合理性帝国主義のひとつである。それはまた、政治的な危険性に対抗するために必要な法的正義の一方的成長過程でもある。このような部分的な合理性しかもたない帝国主義が危険であるのは、近代においては全体社会的な正義を求め、誤った救済を約束する法的正義によってはその欲求は原理的に満たすことができないことはわかっていても、分割できない正義に対する人間の欲求に今日の社会も好意的だからである。この両者は、答えられない問いと偽りの答えからなる危険な安酒を生み出す。「正しい社会の理念としての人権」、これは解放された現代の法的正義が拡張する帝国主義の表現であるが、それは全体主義的な正義の探求者を生み出している。それは近代後期のミヒャエル・コールハースであり、彼は自分の権利が失われたことから限定的な法の正義を全体社会に投影する者であって、「当時話題にされた者のうちでも、もっとも誠実味が感じられると同時にもっとも慄然たる恐怖に陥れた人物*45」でもあった。

＊本稿は、二〇〇五年 Rudolf Wiethölter とともに企画したセミナー「他者を評価する——新しい正義論における異他性対普遍性」から生まれたものである。これに対して批判的コメントを寄せていただいた Sonja Buckel, Eva Buddeberg, Abdreas Fischer-Lescano, Rainer Forst, Malte Gruber, Vaios Karavas, Fatima Kastner, Soo-Hyum Oh, Anton Schütz, Thomas Vesting の各氏に御礼を言いたい。

注

＊1——規範的な法の社会理論によってこのテーマと近い Cotterell (2006: 2, 60) は、「社会理論は正義を促進する仕事には直接関わっていない」と、まさに慎重に述べている。

＊2——正義というテーマに関する彼らの重要なテキストとしては、Derrida 1999a, 1991, 1995, Luhmann 1974, 1981b, 199: 214ff. がある。

＊3——そうした「時代に応じた」法の微妙な違いについては、Koselleck 2006: 365ff., Derrida 1991: 19ff., Luhmann 1981d: 48ff. 参照。

＊4——「再参入」と「想像的空間」との関係については、Spencer Brown 1997 を参照。

＊5——法のパラドクスについてくわしくは、Teubner 2003a: 28ff. 参照。

＊6——彼らの正義概念に関する有益な比較については、Forst 1999 を参照。

＊7——多文脈性に関する抽象的な定式化については、Günther 1976a, 1976b を参照。

＊8——全体社会を行為と行為の互酬関係全体と見ることへの批判として、Luhmann 1997: 823ff. 参照。多文脈性という条件の下での法的互酬性に関する一貫した新しい定式化については、Wiethölter 1994: 119 参照。

＊9——これらの点については、Lyotard 1989: 17ff., Foucault

2002: Kap.2,3,7、科学の諸原理についてはFoucault 1976, 法についてはLuhmann 1997: 595ff. 参照。

＊10——たとえば、Ladeur 1992, Petersen & Zahle 1995, Teubner 1996a を参照。注目すべき新唯物論としてはBuckel 2007: 226ff. がある。

＊11——全体社会に対するロールズの前社会学的な見方は、Rawls 1971: 570ff. にとくに顕著である。

＊12——平等概念についてこれと似た文脈化を行っているのがPauer-Studer 2000: 25 である。Forst 1994: 388ff., 412 は、正義の文脈を四つ（倫理、法、民主主義、道徳）に区別しているが、正義の「諸原理」の統合は可能だと考えている。

＊13——政治的平等と個人的正義との間のコンフリクトについての繊細な分析として、Menke 2004: 203ff. を参照。

＊14——法に対する外部刺激については、Teubner: 1989: 61ff., 81ff., Luhmann 1993: 550ff. 参照。

＊15——たとえば、Esser 1972: 202ff., Raiser 2007: 139ff., Röhl 2001: S53 など。

＊16——広い意味でのこうした環境問題に関わる正義概念については、Teubner 1989: 123ff., 147ff., 1996a: 218, Teubner & Zumbansen 2000, Teubner 2005: 201ff., 2006: 185ff. 参照。

＊17——たとえばCotterrell 2006: 65ff., 91ff., 315ff. などがある。また、法の作動的閉鎖性に関する批判としては、Kerchove & Ost 1992: 101ff. 参照。

＊18——自己組織化一般の必要条件としての二重の閉鎖性については、Foerster 1993: 25ff., 46 参照。

＊19——組織化と環境との関係については、Weick 1985 参照。「表象」に代わる「立法」についてはVarela 1992: 235ff. 参照。

＊20——Kleist 1963. これについての社会学的考察としてはKauppert 2005 を参照。

＊21——ハーバーマスの典型的な戦略としては、Habermas 1971: 123ff., 1973: 255ff. 参照。

＊22——法的決定のパラドクスという観点でなされたアイスキュロスのエウメニス解釈をFögen 2007b が行っている。

＊23——Albert 1991:9-34, Anhänge I, とくにS. 220-242, Anhänge II und III 参照。

＊24——ハーバーマス（1985）に寄せて言えば、これは制度化された政治に対する抵抗運動によってもたらされる継続的な刺激と理解できる。

＊25——Wiethölter 1994: 107 は、アドルノからの引用を、とくに諸々の法的決定の間の関係に用いている。

＊26——Wiethölter 2003: 19f. 初期のテキストを拡張した著者のテキストとしては、たとえばWiethölter 1989 がある。

＊27——この点についてくわしくはBarjiji-Kastner 2007（とくに第三章の二）を参照。

＊28——この点ではFögen 2007b: 106 との違いが指摘できる。彼によれば、「脱構築的装いの下での正義を用いることはできない」

＊29――システム理論の盲点について、およびそれを照らし出す可能性については、Teubner 1997 を参照。

＊30――ルーマンとともに、ルーマンに反して、Rainer Maria Kiesow 2004: 39, 44 は、法のパラドクスのうちに隠された正義への問いを立てることを否定している。それは、(もはや「法的」ではない)問題を「政治的」に回帰させるためにであって、「問題はいつも政治的に回帰する」。しかし、Kiesow は「政治的なもの」を制度化された政治ではなく、有効な迷いと考えているようだ。

＊31――このことによって、ベンジャミンやデリダ、Wiethölter が法に関する彼らの思想に謎をかける言葉の不可解性が理解可能となる。その謎を解こうとする試みはすべて無駄なのである。

＊32――ヨハネの福音書第一六章第一〇節。これについての詳細な解釈については、Folkers 2000: 68ff. 参照。

＊33――Honneth 2000: 154ff., 165ff. 参照。

＊34――有名なラビのパラドクスは Atlan 1986: 1ff. によって再現されている。あるいは、アイスキュロスのエウメニスにおけるアテナのパラドクスは、Fögen 2007b によって時代に即した解釈がなされている。

＊35――この点についてくわしくは Folkers 2000: 78 参照。

＊36――これに対する議論としては、Roellecke 2006 くらいである。

＊37――法的消極主義については Wiethölter 1969: 158, 条件付きの自由については Wiethölter 2003: 20f. 参照。

＊38――長い間の判決拒否の後に出たのが Kennedy 2007: 659 である。

＊39――Viesmann 1992: 262 は、このような「驚くべきベンヤミン解釈」や、その結果として正面から批判するのではなく、「循環的に法の限界を超える」ことを目指すデリダの「肯定的な脱構築」に対する激しい批判を行っている。

＊40――Fögen 2007a: 128 は、正義の探求の虚しさを知った後、法のパラドクスを芸術の領域へと外部化する彼女の議論をこのように定式化している。

＊41――これについては Teubner (Hrsg.) 2000 を参照。

＊42――これは、哲学的、法学的な正義の合理化に対するレヴィナスの「懐疑主義」の出発点があるが、彼はそうした合理化が必要であることも認めている Lévinas 1992: 354. この点についてくわしくは Schlüter 2000: 196ff., Gondek 1994 参照。

＊43――この点について注目すべきなのは、Schlink 2004 である。

＊44――これは、イプセンの『野鴨』(1994: 67) で、正義を求めるグレーゲルスをレリング医師が揶揄する言葉である。

＊45――Kleist 1963: 81. これについての刺激的な解釈として Ogorek 1988: 121ff. 参照。

第2章

ジャン・クラム

犠牲者はどれほど濃密なのか

今日の社会における超越の場所に関する問題を解決するために

本論文は、厳密に思考をめぐらすことにより、トイプナーによって提起された、今日の社会における超越の場所に関する問題に応答しようとするものである。本論文はトイプナーの問題提起を要約し、ルーマンにおける、そして同様にデリダにおける最終パラドクスとしての法／正義のパラドクスの場所を掘り起こし、ポストモダンな諸社会の文化を特殊的に示すコミュニケーションとして欲求充足的コミュニケーションの概念を展開し、犠牲者の像に関する、このようなコミュニケーションの継続が挫折することを示す。その場合、包摂された犠牲者と排除された犠牲者との間にひとつの区別が生じるのだが、両者は最終的にはコミュニケーションの特徴的な形式において何ら変わりはない。犠牲者たちの像をその十分な重みをもって視野に入れるために、社会学的な包摂・排除の問題とは異なる思想の源へと遡及しなければならない。本論文は、シモーヌ・ヴェイユが発展させたような「不幸」の概念へと遡ることを提案する。それにより、今日の社会的意味構築の一貫した内在性を打ち破る唯一の場所へのひとつの観点が生じるのであり、そして、その観点は超越を特殊宗教的なそれとして――つまり法的なそれとしてではなく――示すのである。

トイプナーの問題提起

私は以下において、グンター・トイプナーが法のパラドクスの問題に関する新たな理論的構想のなかで展開している論証方針を再構成し、その基本テーゼと取り組みたい。[*1] トイプナーは、その問題点について極度に簡潔な叙述を提示しており、この叙述は、それ自体、決定的な明瞭さを有している。このことは、その問題の改訂的把握によって成立している。この把握は、法の意味秩序をめぐる理論的集成に存する二次的かつ副次的なものすべてを単純に無視し、単刀直入に、すべてを引き受ける思想を目指すのである。

トイプナーの叙述は二重の導きの糸に依拠して、すなわちシステムのオートポイエーシスというルーマンの理論および残遺の哲学というデリダの実践に依拠して行われている。この二つの糸口は、パラドクスという事態をめぐる思考のとくに鋭い方法である。この両者は記述を展開し、それ自体がパラドキシカルな、パラドクスに関するこれらの記述のなかで生じていることについて高度に再帰的な観察を展開している。両者は大きな説得力をもって思考過程と実践過程の結びつきを描いているのであり、両者はそのような諸過程がパラドクス圏の近くに行きついたときに生じたのである。

トイプナーは、社会的サブシステムとして法が分出する時代に法をパラドクスとしたもの、それは正義であることを示した。正義は、ルーマンが名付けたように、法というサブシステムの偶発性定式として意義をもつ。ルーマンが法システムの脱パラドクス化ポイエーシスの構成要素として記述した訴訟および訴訟的な迂回路は、正義定式が法という価値システムに対してもつ破壊的作用を捉えるには不十分であるという、この事実をトイプナーは力強く強調している。

法システムは、自らに一貫性を付与するその定式に対する極度の脆さによって、まさしく原理的に特徴づけられる。たとえ脱パラドクス化の持続的な言語運用のなかで実施される、内在的な法学的一貫性の復活がどれほど実り多いものであろうと、トイプナーにとっては正義の挑発への適切でシステム内的な解答はありえない。あらゆる種類の「生態学的」刺激のシステムのなかへの、システムによる連続的統合は——システムが厳格な閉鎖のなかで作動するのに対して——、正義に法システムにおける確固たる足がかりを与えるには最終的に不十分である。

トイプナーはまさにこの点に、ルーマン的な構想をひとつのデリダ的思考によって補足する必要性を指示する。実際、デリダはこの理論的結節点において、ルーマンの拒否に対して刺激的な代替案を提供しており、宗教システムの外部に超越を構築する社会的な場所を承認しているように見える。デリダは超越という根本的なモメントを法それ自身の内部に位置づけようとしており、そのモメントにまさしくルーマン的な法の偶発性定式、つまり正義と同じ名前を与えている。しかしながら、ルーマンとは異なり、デリダは法のこのような超越の源と現象を、法が近代社会において機能的に分出し、閉鎖し、自らの閉鎖を脱パラドクス化するシステム上のプロセスの全体に属しないと見ている。むしろ、かの源と現象は、デリダにとっては法およびその近辺に位置づけられるべきである贈呈、友情、もてなし、または赦しと同様にシステム上の態度とは見なされえない。

トイプナーの論拠をこのように急いで想起した後で、われわれはその論拠を今度はルーマンおよびデリダのテーゼの全意味と射程に関する問いとともに取り上げることにしたい。われわれは両著者の立場と法のパラドクスに関する彼らの基本的見解について、相違よりもむしろ構造的類似性を強調する。これによって、われわれのやり方はここではかのトイプナーのやり方とも異なるものとなっている。ルーマンもデリダも法のパラドクスを古典的な社会学および法理論とはラディカルに異なるひとつの共通の視覚から知覚し、新たにデザインしているということを確認するためには、実際に両者の立場を今度はその非存在論化ダイナミズムと脱構築的肯定性との関連で観察する必要がある。

差異とパラドクスの肯定

ルーマンおよびデリダの問題は、すべての意味秩序を空洞化する多文脈性（Polykontexturalität）、散種（Disseminierung）または差延（différance）の問題なのではない。彼らの問題は、これら諸秩序の間の分裂の発生でもなければ、諸秩序を致命的な状態――つまり、他者の要求と妥当性を抑圧することに成功したときにはじめて妥当性を獲得するという状態――へと推移させる「神々の争い」の発生でもない。

その分裂はむしろ彼らのテーマであり、彼らの深化の次元、彼らの理論的かつ哲学的渡航の手段なのである。彼らが測量しようとしているのは動く風景である。一方で、彼らはその風景とともに滑り、その風景の地面を交差させ、それらの差異による変形のそれ自身への再参入に対応する思考パターンを想像する。

両思想家は、ありそうもなさ、発明の才および意味をそのアイデンティティをなす単一文脈性から切断することによるハッとするような潜在能力、そして結合されず、ヒエラルヒー的でない、奇妙でパラドクス的なトポロジーを通した意味の散乱に満ち満ちている。

まさしく彼らの思想の視角に必要でないものは、意味および行為に持続性、普遍性、そして信頼性を付与するような大規模で重要で軸性の内容を統一し同定しようとする何らかの衝動である。根底にあり、今や安定かつ堅牢なものがその上に築かれねばならない基礎となるのは流れ《フルッス》である。より正確に言えば、安定かつ堅牢なものが進化によって発生することができ、同様に安定かつ堅牢なものが進化によって後戻りすることができるのは、底《グルント》なのである。

上述の思想の視覚のなかでは、社会的行為の単一文脈の破壊やその格下げ、つまり政治的に拘束力をもち大量に動員を行う、良き共同体的生活のプロジェクトから、つねに流動のなかにある諸々の行為計画の選択への格下げには、何も悲劇的なものはない。つまり、これら行動計画はヘテラルヒー的に散乱された諸機能にのみ集まるのであって、全的に組織化する、どういうわけか定まっている、たしかな目的を統合するデザインを自ら生み出すことはけっしてできない。悲劇的な選択による決定は議事日程にはない。つまり、諸々の代替案は致命的ではなく、諸々の決定は最終決定される必要もなければインスパイアされる必要もないし、歴史的瞬間における適切な行為とはプログラムではない。

ルーマンの思考もデリダの思考も、切断された意味を散種することの積極性の肯定をその同一性ある文脈から導くのであり、このような計り知れない文化的生起のチャンスを個別的かつ集合的な存在のこれまでに知られていないフォーラムを実現するために、リベラルで欲求充足的な、だがリスキーで挑発的でさえあるものと見なすのである。この肯定の決定的モメントを私は刺激と名付ける。

その場合、問いはつぎのようなものとなる。それほど根本的にポスト存在論的であり、それほど厳格に、かつ言語運用上で差異に定位し、それほどパラドクスの生産性の肯定において積極的である、そんな思考がなぜ、どのような方途で、とくにひとつのパラドクスにおいて危機に遭遇するのか？　そのようなパラドクスが、自らの背後に残されながらも全事態の重大性が集中するようなものを探して、危機を通して自らの肯定を排除し最終的には逆転を引き起こすように見えるのはなぜなのか？

両思想家は、意味構築のあらゆるパラドクス的側面を克服することを可能にする一連の理論的資源を利用している。差延はそれ自体、意味反復の冗長な小道からのパラドクス自体の飛躍以外の何物でもない。システムの作動と差延、この両者は、意味の内包がどのように発生し、それが他文脈的構造のなかでどのように進行するのか、そのやり方の正確な記述を可能にする基本概念である。

そのような背景のもとで、かの問いはさらなる頑固さをもってつぎのように提起される。すなわち、なぜ法のパラドクスは諸々の書かれた思考様式を爆破する力をもつのか？

かの問いへの解答を定式化する前に、最後のひとつを想起しなければならない。つまり、（システム的で脱構築主義的な）理論だけが、きわめて容易かつ軽々と新しい可動的な風景を行くひとつの道を見つけるのではない。現実――われらの現代――も、そのような道を見つけるのである。

ポストモダンとグローバルな欲求充足の継続への強制

西洋文化のポストモダン的な変容によってもたらされた社会的現実は、無限に生産的な流れ《フルッス》と流れのなかの非常な容易さによって特徴づけられる。この現実は、われわれの時代の前にはいかなる時代も知ることがなかった、著しく高度な欲求充足レベルの現実である。つまり、西洋世界の政治的アンサンブルが内的にも外的にもどれほど深く安全であるか。欲求充足、裕福、健康、そのような充足の消耗の形成における快楽主義的な洗練と遊び心がどの程度か。それらの道徳主義的な秩序や行動秩序が、どれほど柔軟で、どれほど習得可能で、しなやかで、自由主義的で、寛容で、悲観的で、実験的で、差異探究的であるか。これらのことはすべて、茫然とさせるばかりで、これまでは思考不可能なままとなっていた。

それが歴史の終わりという理念を登場させた――この場合、歴史がヘーゲル的に、すべての歴史的社会的布置状況が生み出される弁証法的な闘争として考えられている。その理念にともなって、別の時代へと立ち入ったのだという強固な意識が現われる。

このことを観察し、指し示すためには、理論的な再帰性が必要とされたが、この再帰性は自分自身をテーマ化するポストモダンの文化記述的な言説にはしばしば欠けていた。このレベルで人は一連の困難な諸々の名称に遭遇するのであり、他方で事態をその理論的分節化へともたらす概念が構想されることは、めったになかった。たいてい古いものとの相違が強調されたが、文化が古いものを自らの背後に押しやる運動も、新しいものがしつらえられねばならぬ構造的基盤も強調されなかった。

ルーマンが構想したような社会の理論は、その変容を機能的分化の成熟と徹底における新段階として、つまり十分にダイナミックであり多くのシステムからなるグローバルな社会構造を安定化させる新段階として把握したのである。その理論は分化のグローバル化の進展に対応したのであり、このグローバル化は今や地球の形をした環境なき世界社会をあらゆる交渉結果で飽和させ、かつ普遍的な諸基準によって世界社会のなかに内部構築された。このグローバルな整備によって、新しい世界（社会）は古いヨーロッパの存在論とゼマンティクの全体に別れを告げる。

ルーマンは、新しい構造の欲求充足的側面を強調することをしなかった。それにもかかわらず、彼の全理論には現在の構造からの後戻りはありえないのだという原則が定理的に維持されたままである。つまり、われわれは、構造の殻のなかに囚われているのであり、望むと望まざると、その欲求充足的な潜勢力に参加する――それがどれほどリスキーであろうと。

すなわち、脱パラドクス化は後《ポスト》存在論的、後《ポスト》歴史的、後《ポスト》論争的、後《ポスト》強迫的な世界の継続を保証する。社会的コミュニケーションの絶え間ないプロセスはすべて、諸物を外から変化させ、諸システムをその「存在論的」境界から変容させ、諸システムのリスキーさ、機能不全、そして失敗を未然に防止または吸収するようなひとつの方法で諸システムのなかへ浸透しようとするあらゆる傾向を周辺に追いやる。

社会はそのままで、つまり社会的コミュニケーションの作動のなかにあるプロセスの全体として、あらゆる主意主義を中立化し、政治を、そして影響と変遷の（システム横断的な）直接性のあらゆる形式を二次的なものにする。そのような社会は、原則的に欲求充足的な諸作動の継続のなかで安定化しているのであり、そして欲求充足的な諸作動の促進は社会それ自身の改善説的な論理の構成要素である。この論理はそれを作動させる諸システムに委ねられるのであり、諸システムが自己を脱パラドクス化する、システムに持続的に保証されたパフォーマンスに委ねられるのである。

このことは、われわれにとって包括的な意義を有する問題の一側面である。ヴェーバーは、近代社会が囚われている「鉄の檻」に言及した。近代が自分自身によって観察された方法のゆえに、すべての選択的決定は巧みな被拘束性によって狭められているように見えた。選択的諸決定は運命的な被決定性へと変化した。

それとは逆に、ポストモダンな社会は原則的に改善論的な、欲求充足的な、まったく非悲劇的な未決定のプロセスおよびプロセス様式の継続性と継続化のなかにしつらえられている。この社会が知っている唯一の硬直性は、暴力的な、外から生じる、自然災害・宇宙的な因果関係等によってもたらされた崩壊を除けば、そのプロセス自体の非‐硬直性から逃れられないことである。

われわれの記述はわれわれが生きる現代の後《ポスト》論争的・後《ポスト》歴史的な安全性の幻想的な性格を強調する信頼できる論証によって異議を唱えられることがない。このことを力説することが今や重要である。同様に、政治的、経済的および生態学的「明証」は、新しい世界社会的構造の設立に対抗して、それの強制的継続や存在の欲求充足的な側面への原理的入植によって争いえない。政治的不安定および社会的紛争、国際的カルチャーショック、テロリズム的暴力、経済的不均衡等々の持続や強化の明証のような、いわゆる事実的明証が、どれほどひんぱんに引き合いにだされようとも、構造の設立に関してはほとんど何の変更ももたらしえない。

これとは逆に目に見えないものは、あらゆる発展を世界社会の新たなグローバルな存続という水路へと無理に押し込む構造的な枠組みそれ自体の強化であり、世界社会のダイナミズムはシステムの脱パラドクス化および継続のダイナミズム以外の何ものでもありえない。ある意味では、現代の世界社会のなかの差し迫った事実上の危機は今や、あらゆる発展の経路を一義的かつ最終的にグローバルなリスクのグローバルな規制というひとつの小道へと限定することへ通じている。

分割可能であって、地域的《リージョナル》または地方的《ローカル》な範囲に限定しうる発展は、そのような限定から逃れることのできる唯一の発展である。現代世界の諸関係を一瞥すれば、そのような分割可能な傾向は周辺的なものにとどまるということを容易に納得できよう。そのような一連の傾向がたとえ数多く列挙されうるとしても、そうした傾向の付随現象は、総合的に判断すれば非常に限定されている。それとは逆にまったく明白に確認しうるのは、継続的な解決の創意的追求のなかで不断に新しい処理経路を開くプロセスの多くが内部からグローバル化を求める、ということだ。

グローバル化する能力とグローバル化された性格は、たいていのプロセスが批判的射程を達成しようとするタイトルであり、この批判的射程をともなって諸プロセスは増強され限定された解決の強制へと至るのである。このことは、安全で快楽主義化された存在の形式が脱中心的に、ヘテラルヒー的に、騒がしく、リスキーに継続するという、かの対案なきプロセスとして、世界社会の閉じの引き締めに貢献する。

犠牲者の像における継続の挫折

ある特定の意味秩序の特殊なパラドクスがすべてのシステムに関わる唯一の強制、すなわち自己継続への強制に向けられた挑戦であるという事実は、人がパラドクスをとくに注意深く究明することに役立つ。法のパラドクスは、すでに見たように、進展する脱パラドクス化の停止をつねに要求する。なぜか？

われわれが見てきたのは、多文脈的でシステム内的な指示から発生する諸々の刺激をポストモダンに、流動的に安定化することが基本的に欲求充足的な性格をもつということ、これである。法のパラドクスを通じて継続のダイナミズムの維持に関する問いは、このことを背景として特別な爆発力を獲得する。この問いはまた、返答するのがより困難となる。

実際、新しい過程的様式の――つまり、流れ《フルッス》および散種の――長所は、その機能不全から発生するすべての短所よりもまったく単純にも優位に立っている。これが法システムに関して意味することは、つぎのことである。すなわち、その過程的様式の長所は、法の継続的ポイエーシスが偶然、誤謬または不足によってだけではなく、システム内在的な現実によっても、法と同様に不法をも生み出すのだ、という事実に優るものである。

システムのパラドクスの作用がそれ自身の中心から内容充足的でない効果の生産を、対立する通常の効果の生産の背後へと追いやる、という事実とは無関係に、システムの進行は、それが継続のなかで個人的および社会的存在の欲求充足的ではない側面よりもむしろ欲求充足的な側面を生産するというやり方で構造的に歪められている。このことが生み出すのは、一方の他方に対する、かの構造的で内在的な優位である。したがって、さらに生み出されるのは非継続、中断および停止に対する継続の優位である。

なお超越的審級への方向転換を要求するシステムを停止へともたらすためには、システムの進行それ自体を破壊する何かが発生しなければならない。私はこのとき発生するものを、犠牲者(の像)と呼んでいる。

この像の創発なしには、そもそも何らシステムの進行の挫折を引き起こすことはできない。すべてのシステムは、自分自身の内在的パラドクスを負わされており、しかしながら、パラドクスは、それを特徴づける創意性、可変性、システム特有の不断の作動的内在として特徴づけることのできる不変の継続強制をともないつつ、システムの作動それ自体の発生炉として機能する。政治、経済、教育、学術、芸術……すべては恒常的に作動する。他方で、それらは、自らの基本的パラドクスによって発生させられもするし、掘り崩されもする。

法システムにおける犠牲者像の着地点

法のパラドクスは、ほかの諸システムにおいては凝縮から守られている、あるものを凝縮させる。ほかの諸システムは、そのような凝縮を防ぐがゆえに、自らの恒常的で継続的な進行を維持することができる。私はさらに一歩を進めて、法システムはほかの諸システムにおいて創発するすべての凝縮しないパラドキシカルな像と効果のための貯水池の役割を果たす、と主張してもよいだろう。法システムはそれらを集め、そしてそれらを法学的な領域へと導く——そこでそれらはほかのすべての散種する意味地平から消えた所与の不変性と密度の構成を促進する。

法のパラドクスは最終的には、刺激的な散種に対する抵抗という根本現象へと帰せられるべきだろう。それは通常のシステムの進行の障害から発生する――確たるゼマンティク上の鎖の間接的・婉曲的な分割・分解・分散、それらの手続き的シンタクスへの新編成、ゼマンティク上の回折の一貫性を保証する再帰的でふたたび手続き的なシンタクスのその後の展開を通して。

したがって、パラドクスは凝縮の、ゼマンティク的な新しい濃縮の、そして婉曲性という戦略の取消しの問題である。これにより私が暗示するのは、その凝縮が実際に法システムにおいて行われているということ、しかしそれは別の諸システムのパラドクスによって生み出されたほかのすべての非-凝縮の潜勢力を自らのなかに集め、そしてそれらを刺激的な散種に対する濃化された抵抗という形式で――活発なゼマンティク的回折の形式で――濾《こ》し器へともたらすかの特別な、ただ一種類の凝縮をなすということ、これである。そうして濃化されるのは、源泉の多様性に由来し、そのさまざまな層と構成要素をさまざまなシステム・パラドクスから借用するひとつの像である。

システムとパラドクスは、圧倒的な機能的長所およびそれらの作用と意味についてのひとつの恒常的な・随伴する倒錯を生み出す。厳密に言えば、システムとパラドクスは犠牲者を生み出さない。しかし、今日の言語慣習および社会的かつ政治的知覚様式によれば、システムとパラドクスは犠牲者を四六時中、生み出すのである。そう、システムとパラドクスは、四六時中、犠牲者を生み出す以外に何もしないのである。

正確であるためには、つぎのように言うべきだろう。すなわち、システムとパラドクスは、倒錯した意味総合のさまざまな層が法システムにおいて集められて凝縮される瞬間に犠牲者を生み出しはじめる、と。それゆえ、われわれは、このシステムのパラドクスを脱凝縮化に対する抵抗のもっとも危険な潜勢力《ポテンシャル》として叙述する。

犠牲者の像は、その創発が分配されたシステムの進行と刺激された意味散種のポストモダンな枠組みにおいて予期されていないところの、あるものである。犠牲者の像がほかのすべての過剰に凝縮する意味連鎖のようにシステムの諸ポイエーシスの作動によって、あるいは社会的コミュニケーションにおいて生み出された刺激的で文化的な囚われのなさによって薄められ、分解されるということは、実際に可能なはずである。

システムの自分自身への進行――これこそがシステム自身のパラドクスを意味する――の構造的抵抗は、法システムの中心に、犠牲者の像に凝縮する。そのような構造的抵抗は、犠牲者の像をありそうもない方法で、ある程度、無計画で見さかいなく生産する。その抵抗はいわば犠牲者の像に引っかかるのである。

包摂、排除そして犠牲者

犠牲者は、多様性のなかに――つまり諸々の観点によって、諸々の観察方法によって――分解または拡散されえない例の意味の像である。それはアナーキーな堅牢さと象徴性を有している。それは、意味の享受に属するのであり、この意味の享受は、その石様の（石造りの）かつ投げかける力のある諸要素を失うことなく、あらゆる可能な超感性空間およびあらゆる可能な解釈の時期を通過するのである。それは、レヴィナス風に言うとすれば、意味の顔である。

しかし、なぜそのような物がわれわれの法システムの中央にふたたび姿を現わすことになっているのか？ルーマンはわれわれに、その問いにあえて回答するためのヒントを与えてくれている。

ルーマンの専門家の間ではよく知られていることだが、ルーマンの著作のなかでシステムの調節の最終的挫折に関する問いは特殊なタイトル、すなわち排除によって表わされている。パーソンズ的な基礎の上に――包摂理論の基礎の上に――ルーマンは、排除メカニズムと呼ばれるネガティヴな包摂過程のメカニズムを叙述した。それは、特定の個人が社会的サブシステムの機能的出力の享受へ参入するのをあるやり方で困難にし、そしてシステムからシステムへの立ち入り拒否を、その連続と反復によって強化する累積的な立ち入り拒否の過程である。しかしながら、分化は決定的な進化の成果だと考えられるのであり、それはシステムからシステムへと移送される、ネガティヴであると同時にポジティブな諸々のアスクリプションのかの外挿の恒常的な遮断機として機能することによって、平等を付与する包摂という近代化のダイナミズムを保証するのである。分化は、包摂チャンスの当座の新たな配分者の役割を演じる。

排除が後期資本主義的な近代化の過程で後退せず、むしろ酷くなったという事実は、構造的に包摂を促進する分化の理論の諸前提に疑問を呈し、ルーマンを一種の排除理論の簡潔な定式へと導く。それによると排除は累積的な立ち入り拒否を濃化する、そのようなシステム内在的な抵抗である。

こうした事情で、排除の問題が法システムおよびそのパラドクスへと移行することは驚くにあたらない。つまり、問いは今や以下の通りである。すなわち、われわれはこの点に停止して、機能的分化およびその印象深い包摂のダイナミズムにもかかわらず、全体として見ればたいていの人間がわれわれの社会のなかでシステム進行の多様さによって生み出される世界計画の欲求充足的な側面に依拠しているという事実にもかかわらず、システムのダイナミズムによって克服されることのない同化不可能な事態のごとき排除が残ることを、単純に確認すべきなのか？

そのような仮定は一種の解決へと、おそらく問いの落着へと至る。実際、それが意味するのは、システムの脱パラドクス化には代替案がない、ということだ。それは同時に、そのような脱パラドクス化の射程が言語島によって制限されており、その立ち入りは遮断されている、ということを認識させる。それによると、排除は法システムの完全な脱パラドクス化に対する一種の征服しがたい抵抗の場所である。法システムは、この箇所では貯水池として、すべてのほかのシステムの代表者として、とくにそれらの絶え間なく生み出される排除のすべてとして機能する。

包摂された犠牲者

デリダはさらに一歩を進めて、排除の像にその十分な象徴的エネルギーを与える。彼は排除の像をひとつの超越的対象（Ob-jekt）に凝縮し、その際、レヴィナス的な他者の概念にきわめて強く依拠する。脱構築の軽薄さと不真面目さのすべては、この像の前で停止する。「正義としての脱構築」という定式は、実存的で哲学的な真面目さそれ自体の側に肩入れせよという脱構築の要求を明らかにする。

私のテーゼは、犠牲者の像のこのような創発が象徴的で考えられぬほど古くゼマンティク上の諸要素の凝縮として、むしろ犠牲者の像にベールをかぶせて遮蔽するように見える何かと、すなわち犠牲者の像の「減衰《フェーディング》(fading)」の過程と関係がある、ということだ。結局、その像の「減衰《フェーディング》」こそが、その緊張した想起をもたらすのである。実際に、ある思考方法——それはほかのすべて以上にその希薄化と解消に親和性のある——におけるその像の再出現はたいていもっとも驚くべきことである。

ポストモダンで、後《ポスト》歴史的な諸条件のもとでは、犠牲者たちはけっして排除されず、きわめて強烈に包摂されている。犠牲者は、諸システムの強烈で刺激的な進行をもたらす刺激の像である。犠牲者は、冗長性とルーティンを見放し、そして観察、自己主題化および自己責任、自己解釈する諸教義の概念、諸システムの作動の一貫性確保の新しい手続きの突き止めといった新しい道を開くため、諸システムを動機づける。犠牲者は諸システムのなかに、それらの機能不全とそれらのパラドクスを同時に生み出すよう、はめ込まれている。

それらの犠牲者がなければ、諸々のシステムはその緊張の大部分を失う。諸々のシステム——それらの作動は構造的に内容充足的であり、圧倒的多数の勝者を生み出す――が敗者をも生み出すということは、それらのシステムが自己を継続するためのもっとも強力な推進力である。敗者は、まさにより一貫したシステムの進行の促進によってのみ救済されうる。

包摂された犠牲者とは、諸々のシステムにそれらの諸区別の内側におけるよりよい状態を期待するような犠牲者である。つまり、彼らが病気であれば医学的配慮を得る。それも、医療システムにおける正しい状態によってそうするのである。すなわち医者が可能なら彼らに少し多めに耳を貸し、もう少し親身になって自らの心痛を表明し、処方された治療の副作用の可能性についてなおざりにせず、侵襲の成功チャンスを最大化し、その副作用を最小化する、等々。

そのような状態改善の何百という例を、さまざまなシステムの包摂の側にもち出すことができよう。肝要なことは、包摂自体がシステムの、すなわちシンタクス化する進行自体の所与の要素においてけっして最適ではありえないことを洞察するということだ。すなわち包摂は、つねに二つの要素、すなわち機能不全的誤りとパラドキシカルな自己空洞化によって掘り崩される。このことが意味するのは、あらゆる包摂状態が最適以下であってつねに改善されうるという単純な理由で諸システムがつねに包摂された犠牲者を生み出す、ということである。

諸システムは世界中にライバルも代替物もない基本的に内容充足的な存在形式を生産する一方、諸システムはあらゆる者を犠牲者の地位に立たせる。各個人は、そのまま多様なシステムに配置され、そこで各個人の存在はありうべき、あらゆる可能な種類の障害に抗する継続され確証された宿として織り込まれるがゆえに、恒常的で多重的な犠牲者なのである。各個人は、その社会的存在生産のさまざまな計画におけるその犠牲者の群れのなかに配置されている。

諸システムは、自らのなかに生み出された諸々の刺激の協同的かつ非協同的な加工に際して不十分な包摂状態の単一であるとともに累積的でもある諸効果の削減に努力することによって、継続的にそれらの犠牲者の包摂状態の改善に配慮する以外に何もしない。システムの進行の空間に配置された諸個人の群れとしての社会は、その「配慮」の名宛人である。このような配慮の動機づけの核心に属するのは（包摂された）犠牲者の像である。

排除された犠牲者

犠牲者のこの像が完成へと至るためには、この像に対して補足的な対立物がもち出されなければならない。それは、排除された犠牲者の像、これである。排除されているのは、われわれがすでに見たように、最終的に社会的チャンスをつかもうとする自らの試みすべてに際して継続的かつ累積的に挫折した個人である。彼はさまざまなシステムの機能的出力への接近を拒否される。

しかし、近代中葉の社会に属しているのではなく、しかも包摂状態の改善を求める要求を、それが自らの社会において通常は基本的要求として申し立てられることがないがゆえに、掲げることができない、そんな個人も排除された者と見なされる。

両方の排除された犠牲者は、ポストモダンの諸社会のマスメディアによる虚構のなかに厳然と存在している。それらは、ラディカルかつ究極的な「スキャンダル」の像として構築される。それは、該当する諸機能システムが行動を起こそうとし、耐えがたいものをはねつけるために何かをしようとする、そんな直接的な憤激と緊迫した予期をかきたてる。

つねに期待されるのは、適切な行為――その主要な効果はスキャンダルなき機能不全の諸状況を阻止するよう方向づけられている――が脈々と流れることである。そのような行為は元来、システムのシンタクスに沿って進行するときにのみ適切でありうる。最後に、そのような行為はつねに、要求され期待される包摂の動きである。これはつねに、諸システム自身の包摂的ダイナミズムが新しいマージンへと拡大するのだと把握される。

ポストモダンなコミュニケーションのグローバルな要素は――グローバルなコンピュータ化の潜勢力《ポテンシャル》と結合することによって促進かつ変化されて――、あるひとつの（世界社会的）周辺がそれのダイナミズムに対して独立したセグメントのように振る舞うと同時にそれの外部にとどまるという、あらゆる想定と対立する。ポストモダンなコミュニケーションのダイナミズムは本来的にグローバル化する性質をもち、人智圏による閉鎖へと傾く。各々の心理システムまたは社会システムにおいて行われている、あらゆる観察は構造的に、そのコミュニケーションの配置された領域およびネットワークへの統合と結びつけられている。

世界社会は外部をもたず、環境をもたない。つまり、世界社会はすべてのコミュニケーションを自分自身の内部と同一の広がりをもつものとして有する。そのような内部化は、たとえその包摂効果が包摂された犠牲者の概念を説明したときに述べたそれと比較不能であるとしても、包摂的ダイナミズムの構造的様式として解釈されねばならない。しかし、ともかく、包摂効果が世界地域ごとにいかにはなはだしく異なるにしても、つぎの発言は全面的に的確でありつづける。すなわち、すべての排除された犠牲者は、包摂されるものと決まっている。

このことは、排除と外在性のイメージの変化を経て、犠牲者の地位の変化へと至る。排除された犠牲者、おもに近代中葉の諸社会の領域的境界の外に位置しているかの犠牲者は、近代中葉の観察者によって、彼ら自身の諸社会のなかに非常に不十分に包摂されているものと見なされる。つまり、排除された犠牲者は、これらの諸社会のなかに包摂を保証されるはずの諸システムの直接的作用範囲の外へと落ちる。その結果、最終的には排除と犠牲がそのなかで構想されたところの思考図式は、どこでも、あらゆる犠牲者像の普遍的な包摂と内部化のためのグローバルな世界社会の責任の恒常的拡大という例の図式なのである。

別の犠牲者の像――「不幸」と自己性の重大性

これらすべては、それゆえ包摂された犠牲者の像の普遍化によって、私が犠牲者像の「減衰《フェーディング》」と名付けたものの方向へと突き進むように見える。さて、正義としての法というパラドクス――それを私はもっとも古風で象徴的に優位な犠牲者の像だと解釈するのだが――は超越的内容を法のなかへ充塡することを要求するという、彼自身の立場からパラドキシカルに脱構築において定式化されるデリダの要請はどうなっているのか？

私の印象によれば、デリダは他者をわれわれの諸社会のなかで生み出される自己へと構築しようとしている。その際に考慮しなければならないのは、かの自己――その他者が案出されることを欲するのだが――は、彼のなかで主体の死後に現われる脱構築の自己である。デリダは、自分自身の思考の決定的傾向の厳格な対抗策として、ほかの自己の通り過ぎを阻み、その注意を自分へと向けることができるようなひとつの自己を構想しようとする。

そのような像は、まったく未知でも現実に周知なものでもない。それは多くの（たとえば、ギリシャや中国の）文化では欠如しているが、ほかの（たとえばユダヤ、キリスト、そして部分的には仏教の）文化においては中心的な位置を占めている。それは、レヴィナスを超えてシモーヌ・ヴェイユに向かい、同時に「不幸（malheur/malheureux）」という彼らの概念と関連づけることによって、もっとも適切に特徴づけられる。「不幸」は、もうひとつ別の自己に（通り過ぎる自己を）停止させる一貫性を与えることのできる唯一のものである。「不幸」には、閉鎖性と確固たる屹立がある。「不幸」は相対的なものではなく、不健康でもなく、健康の悪化や（生活の全体として内容充足的な側面において）普通である能力の削減でもない。「不幸」そのものは、深いまたは極端な心痛でもない――というのも両者は弱まることがありうるし、自己のなかにほとんど痕跡をのこさないのだから。「不幸」は、「石様の」(石造りの)表面、つまり侮辱された顔の表面を形成する事態の厳格で難攻不落の閉鎖である。

シモーヌ・ヴェイユのテクストに沈潜することなしに「不幸」の概念を教示することは非常に難しい——人が一時間で読むことのできるのは(『神を待ちのぞむ』という文集を出典とする)短い瞑想的なテクストである。私は以下で、われわれの今日の犠牲者のなかに現われているのとは対極的な「不幸」の諸要素に集中するであろう。「不幸」は「包摂」によっては軽減されえない。適切な援助の活発な作用、「不幸」の原因を削減しまたは粉砕するために行われる迅速で粘り強い労働は、「不幸」への解答ではない。それへの唯一の解答は、もうひとつの自己における「不幸」を一瞥することによる自己の粉砕である。自己は、他者における「不幸」のショーを乗り切るために、唯一の自己性を自由にする以外の選択肢をもたない。それは二つに割れるか、または(他者のそばを)通り過ぎなければならない。

脱構築と犠牲者の現在化の可能性

残念ながら、人はそれを変更できない。つまり、「最後の諸物」に手が届き、それらと接触するとき、それは重大となり、すべてはそのようなより厳格な方法に歩み寄りはじめる。それにより、人は重大さの限界に身を賭す。デリダはそれを永続しない方法で行い、それにともなって、まったくそして突然に(脱構築における)彼自身の立場を転倒する。「脱構築は正義である」と彼は書いている。これは(従来の立場の)突然かつ全面的な転倒を実行する突然の発言である。

デリダはそのような転回を自らに許した。なぜなら、脱構築は彼自身の理解によれば最終的に、われわれの今日の文化がもつ唯一のパラドキシカルな潜勢力《ポテンシャル》であり、それほど突然にその種の突然の対立を転倒することができるのだから。それは、理論的な意味散種の唯一の潜勢力であり、自分自身の跳躍方向を通り抜けつつも反対向きにすることができる。

「脱構築は正義だ」という発言を思考の動きへと導入するその転倒は、次第に弱まって消える（「減衰《フェーディング》する」）犠牲者という脱構築とその／われわれの現在に純粋に類似した像から、侮辱された顔という正反対の古風な像への切り替えに対応している。そのような転倒は、それのデリダの思考との一貫性や、それがこの思想とともに最後の諸物の次元へと参入する蓋然性に関する問いを超えて、たとえば「不幸」のような何かがそこに現在化されうるとき、はじめて可能であるように私には見える。それが意味するのは以下のことである。すなわち、そのような転倒は、たとえば「不幸」または「他者の顔」のような何かが脱構築という思考空間および経験空間のなかで現在となりうるとき、はじめて成功しうるということ、これである。このことを私は疑っている。

「不幸」および「他者の顔」は、産業化の最終諸段階、第二次世界大戦およびホロコーストといった単一の意味をもつ歴史的瞬間に登場する最後の古風な犠牲者の諸像である。それこそ、われわれが文学・芸術・映画等の一連の作品のなかで現在化することができ、かつ現在化したいと思う諸像である。このような現在化は、われわれの立憲的な価値システムを習得し、取り入れ、そして安定化するために直接的に必要である。

それらの諸像が強く現在化されればされるほど、われわれを思考方法および感受方法の近さと共通性へと、不幸《ふしあわ》せのこの原像の登場へと導いたあらゆる傾向を嫌悪しつつ、われわれの政治的社会的諸秩序はますます強固となる。そのような現在化の厄除け効果はほとんど抗いがたいものである。

全体として主張されるのは、世界が「不幸」の時代の後では新しい軌道へと巻き込まれたということであり、世界が「不幸」からのこの引き離しに際して、まさに不幸のこの現在化によってより強くなったということである。このことが現在化それ自体の非反復の基礎のように機能した。最後に両世界は互いに大きな隔たりへと滑り込んだ。

ポストポレーミックで後《ポスト》歴史的な世界においては、以前の世界の核心的諸要素が最終的に消えてしまった。個人的かつ集合的な存在は新しい、けっして現存在しなかったホメオスタシスに到達し、その軸の周りで安定する。その存在は新しい、基本的に内容充足的なマトリックスのなかで適応している。その存在は、それ自身の内部から自分自身にかかわる代替案を知らない。なお、その存在は、そのような代替案を自分自身の地平から提供しうるような外部を知っている。したがって、それは絶対的、球面的、人智圏的に自己関係的で自己中心的である。

後《ポスト》歴史的世界は普遍的な包摂のグローバルなマシーンである。つまり、諸々の心理システムおよび社会システムにおけるすべての意味志向、生活の領域でも物理的物質性のかの領域でも行われるすべての作動さえもが、そのなかで起こる。[*2] そのような志向および作動のすべては、そのなかで、所与のシステムの内側で行われ、そのポイエーシスは構造的にそのような出来事のさらなる、より厳格な内面化と包摂に向けられている。

「不幸」および「他者」の石様の顔の像としての犠牲者の像がひとつの減衰《フェーディング》を知っているという発言の背景を形成するのは、普遍的な包摂プロセスをともなうこの世界である——そして、このプロセスは、今日ではほとんど無制限なデジタル化と計量化の潜勢力《ポテンシャル》によってますます促進されている。われわれの諸社会および諸心理《プシュケー》において作動している自己性の構成は、他者の侮辱された顔の干渉によって彼自身の超越的場所から呼び出されるようなものを受け入れるのにほとんどまったく相応しくない。そのように私には見える。

「不幸」の像の核心に属しており、「不幸」に該当するほかの自己の動向において可視化されえたものを、われわれは忘却してしまったように思える。そのような忘却は新しい自己性の構成と並行して起こっている。新しい自己は、犠牲者の動向を最後の敗残の動向、形而上的屈辱の動向としては知覚しない。それは、相対的、部分的な、包摂された犠牲者のみを知る。それは、そのようなほかの自己の傍らを通り過ぎるに際して、かの動向によって停止させられることがない。重大なのは、もはや自己性の構成要素ではない。

これは即自的には問題ではない。自己の、他者の、犠牲者の、そして受難者の諸像は、人間学的定数ではなく、変更不可の、普遍的な範疇でも表象でもない。それらの諸像は、ひとつの同じ社会の内部で、自らの基本的表象とゼマンティクを変化させる文化的進化に沿って、変遷を被る。それの文化的相違によるヴァリエーションは、それ自身、事実上非常に強い。それゆえ、人が他者において見るものは、とても変わりやすい。このヴァリエーションの前で社会学的志向の尺度を与えるような類型論が必要となるほど、それほどはなはだ変わりやすいのである。

法、宗教および超越の場所

社会およびその諸システムにおける犠牲者の現前が、法システムの内部でその最高の濃密化の位置を捜す傾向があることを、われわれは見てきた。システム状況の広がりのなかで結晶化されたパラドクスのすべての層は、法の根底において密度と具体化へと突き進むパラドキシカルな強さの、かような集中を形成する。すなわち法は、自己と他者の関係をある者の他者による「犠牲者化」のマトリックスとして役立つかぎりで決定し調整する、かかるシステムである。

デリダの主張は、脱構築が正義であるのは、それが太古の犠牲者の超越的な像を現在化するからだ、というものである。法システムは犠牲者の像がその最高の凝縮を達成する場所であるから、そのことからデリダは、犠牲者のこの像が法の領域においてその純粋な姿を現わすことを要請する。そのような主張は、脱構築的散種と、配置された自己性、そして普遍化された犠牲者の包摂との間の徹底的に純粋かつ厳密な対応を溶暗《フェードアウト》する。そのような対応はデリダの思想自身の認識的かつ社会的な基礎を形成しており、法の帝国におけるかの超越的な像との遭遇という要請を疑問視する。

私としては、「不幸」を知覚する方途がわれわれにとって、より正確に言えば、われわれである諸々の自我にとって最終的に閉ざされていると主張したのではない。そのような諸々の自我は、われわれの社会のポストモダンで脱構築的な現在に姿を見せる者として「不幸」の犠牲者の像へと到達するために、ほかの方途をとらねばならないと考えるにすぎない。

したがって私はデリダに反対し、従来以上に「不幸」の道が、ある他者とその顔の超越の現在化としてひとつの宗教的な道であって、法的な道ではない、と主張したのだ。今日の社会における法的な道は、犠牲者および他者の世俗的な、完全に内在的であり、原則として散文的な諸像へと至る。法的な道は、そのような諸像を「不幸」の顔という集約性を与えるほどに濃化することはなさそうだ。

古風な犠牲者像がレヴィナスとヴェイユのような二人の真正の宗教的思想家の情熱のなかで結晶化した、歴史的で運命的な、かの瞬間において、法の内部で、かの超越の制度およびその共通の存在を供給する源泉を呼び起こすため、ひとつの機会が与えられた、ということはありうることだ。いずれにせよ疑いえないことは、つぎのことである。すなわち、法および、かの瞬間に法から出てきた憲法秩序は、かの像が何百万もの肉眼のなかを通過してきた痕跡を担っているのだということ、これである。

私の主張は、世界の暗黒化つまり世界大戦と大量虐殺という「闇の深奥」の最中で、超越的痕跡が法のなかへ条件つきで流入したことを認めるにもかかわらず、そのまま存続する。（犠牲者および他者の）神秘的な諸像を通じてわれらが社会の法の帝国が浸透したことによって、われらが現代の法および社会的コミュニケーションは全体として過大な要求をされることになる。それらすべては構造的に超越のそうした継受と対立する。

その共同存在のすべての法的諸要因の暗転という例外的瞬間において、法が超越的諸像または痕跡をともなう実体的な、その近隣で行われる経験の放散のために自らを開こうとするひとつの努力が見出された、という事実は、以下のような私のテーゼと関わりがない。すなわち、法がその当時、今日のように、そのような放散によって最終的に過大要求されること、神秘的な諸像から法へのそのような超越の入力は今日とりわけあらゆる認識的かつ社会的基礎を欠くこと、法が、そのような照射を要求されるなら、その接近する諸要素を横領しえないこと。

グンター・トイプナーによって構成された、法における超越のありうる場所についてのルーマンとデリダとの議論において、私はむしろルーマンの側につくだろう。ルーマンが正しいと認められねばならないのは、以下のような場合であると私は考えている。すなわち、彼が諸像を特殊な経験の境界を越えて移送することに対して抑制的であることが判明した場合である。つまり、彼が超越の関連およびその構築をそのために特別に機能的に分出したシステムのなかに定着させた場合。さらにまた、彼が極度に必要なあることを行い、内在の動き自体がどれほど世俗的で内在的かについてのわれわれの感性を鋭くする場合である。

注

*1――私の論文は本質的には以下のテクストを参照している。Teubner 1999 および本書所収論文、Luhmann 1993, 2000a, Derrida 1990, 1994. 認知化（Kognitivisierung）／人智圏化（Noospherisierung）および世界社会の無環境性については、Clam 2001, 2004b を参照。

*2――生命および物理的自然の全作動を付加することがもはやシステム理論的、ルーマン的にはオーソドックスなものではないことを私は知っている。それにもかかわらず、私は全作動が観察であること、したがって全作動がつねにある一定の観察の再帰性を示すことを主張した。これについては、Clam 2001 を参照せよ。

第3章

アントン・シュッツ

正義の論調について

オートポイエティックな法律学において近時高まるところの

一般に知られているように、ルーマンの社会システム理論は、パーソンズの行為システム理論、いわゆるセカンド・オーダー・サイバネティクスの認識論、カントからフッサールへ至る哲学的伝統、そして、新しい生物学的研究の諸理論などにルーツをもっている。ルーマン自身が折に触れてこれらの理論的源泉へ明示的に立ち返っている。ゆえに、これらの理論的諸要素の存在はつねに明白である。これに対して、別の理論的源泉が知られないまま隠されている。このことが該当するのは、システム/環境というオートポイエティックな区別が、神学的系譜学ないしは、そのほかの古いヨーロッパの系譜学に依存している点である。これが直接に関わるのは、正義についての問い、そして、法システムにおける正義の位置、オートポイエーシス理論における正義の位置価についての問いである。正義は通常、法システムの偶発性定式として記述される。いったいどんな資格があって、法は、正義を専有するような結びつきとまでは言わないにしても、正義との緊密な結びつきを要求しうるのだろうか？　何より今日では、人権法こそ、一見したところ制御不可能なほどの自己強化の道を突き進んでいる。こうした状況にあっては、しばしば論じられるように、法の自己転覆、自己超越ならびに、それ以外の自己批判的な動向に頼るほかないとされる。しかしながら、こうした希望は幻想でしかない。なぜなら、自己転覆、自己超越、自己批判といった手段はさらなる自己強化というかたちでのみ作用しうるものだからである。

神学的戯画化としてのシステムと環境の分化

システムの置かれた高度に複雑な環境が、当該システムの状態すべてを規定するとすれば、どれほど高く見積もったとしても正義をめぐる問いは副次的なものにすぎない、という印象を拭い去りがたい。[*1] システムは、おのれの運命と環境からの邪魔立てに抗しては、いかなる「安定性＝確実性」も手に入れることはできない、という事実によって特徴づけられる立場にある。この事実はまさに、法システムにおいて生起する諸々のコミュニケーション・システムという名のプランクトンについても妥当する。同様にまた、法システムそのものについても妥当している。法システムが合法的に振る舞えるのは、法システムが自らの諸手続きを遵守する場合である(Luhmann 2001)。手続きに則ることで合法的に当該手続きから生じた具体的な諸帰結は、そのように手続きを遵守することに加えて、さらに正義に照らした審査を受けなければならないのだろうか？　しかし、正義に照らして諸帰結を審査することが可能なのは、つぎのような場合だけであろう。すなわち第一に、この「正義」（もしくは「正統化」）を引き合いに出すことが、ただ純粋に内部手続きとして行われる事態である場合。あるいは第二に、ほとんどあらゆる経験にも反するし、現時点（二〇〇八年）において予期されうるかぎりのすべての予期にも反することではあるが、社会の動態的変化を法システムの内部で制動するといった、きわめてありそうにない課題が成功するような場合である。だが、この社会の動態的変化こそは、法システムが偶発的なものであることを実証するのみならず、さらに、正義に適った法というものが可能ではあるが、その法はまた別様でもありうることを証明する当のものなのである。この第二の仮説によって、ひどい窮乏化をもたらす諸条件が定立されるとともに、危険も生じる。その諸条件とはすなわち、正義に適った法の可能性をまさに可能性として適正に定立するための討議《ディスクルス》の諸作動の外部に、そうした法に合致する諸要素を求めようと試みても、それは成功しないという条件である。この場合、われわれは（フランスで一般的な言葉遣いを用いれば）「口先だけの支払いをする」ことになるだろう。より正確には、事実世界という市場においてはけっして流通することのないような種類の言葉による支払いである——英語で表現すれば「with words of the sort that are not deeds（実行のともなわないような類の言葉によって）」である。こうして、現実としてわれわれは、必然的であると同時に規則に従うかたちで、自明であると同時にそうとは気づかれないような仕方で、第一の仮説へ立ち返ることになるだろう。法システムが生み出しているのは、まず何よりも、たんなる言葉だけにはとどまらないような事実だからである。このことが承認されるならば、法システムは、自己の内部に、特定の範域を生み出すことになる。精確に言えば、学システムの内部において諸事実を活性化させることになる。学システムとは、ヴィトゲンシュタインの定理「言葉は実行である」が厳密に妥当すると同時に、ピタゴラス派の「測量士でないような人物には入場資格がない」という言明が事実とされてもいたような場である。

正義について、これを法独自の範型なき産物として引きつづき称揚したり、逆に畏怖したりすることはやめよう。その代わり、法や正義のオートポイエーシス理論の成立や歴史をめぐる研究に対して基本的視点として供されるのは、複数の場面を交互に描出するカットバックという表現技法である。すなわち、凍結された身振りとしての形式と、明示的に造作された形式の内容との間の交互振幅運動という観点から、近代初期の芸術作品が引き合いに出される。別の視角としては、パスカルと、彼が『プロヴァンシャル』の公刊を通じて教会〔イエズス会〕権力の政治的肥大化に対抗して起こした論争を想起すべきである。当時の教会権力は、たるみきって道徳の要求水準を切り下げていた。この点、一面でオートポイエーシス理論は、同理論がその創成進化を記述しようとする近代と、近代における進歩的かつ楽観主義的な全面許容主義〔あらゆる行為選択を道徳的に許容しようとする〕に対峙する。ただし、その対峙の仕方は、パスカルの闘争心とはまったく対照的な無頓着さをもって、である。他面で、オートポイエーシス理論とパスカルの両者は、方法論的観点における厳格主義の点では結びつく。アウグスティヌス派＝ヤンセン派の学説は、つぎのように宣告している。すなわち「神は、われわれに対して、一切の責めを負わない」。そして、同派の学説が述べる神のうちに、ルーマンのシンボルマークが隠されているのを見出すのは難しいことではない。この神は、自らに向かって誓約や誓願を立てる振舞いや、そうしたすべての「控訴人たち」に対して、そもそもの始めから萎えきって無気力である。この点、ルーマンは、システムに対して一切の責めを負わないシステム環境を考える派生的神学者として登場したのである。オートポイエーシス理論へ流入してくる近代的進化は、厳格主義的かつヤンセン派的な性格のものである。これに対して、オートポイエーシス理論が記述しようとする社会のほうへ流入していく近代的進化とは、全面許容主義的かつイエズス会的な性格のものである。

システムの環境について、環境が正しいことなどない、――あるいは、環境が正しいことがあるとしても、ただ時折そうであるにすぎない、と述べることが可能だと仮定しよう。このように正しくないという事態は、一定の見解によれば、環境にとってのいわば前任者について、すでに該当するとされてきた。環境自身は、この前任者が投げかける巨大な影から、自らを解放しようと試みている。その前任者とはすなわち、西洋の伝統における神のことである。神は、われわれに対して、一切の責めを負わない。[*2] 悪の存在と神との関わりを論じる神義論は、その用語こそ哲学者ライプニッツの新語製造工場で生み出されたものだが、はるか昔のキリスト教まで遡る。この神義論は、そもそもの端緒からして、キリスト教の悲嘆の訴えによって、奇妙で幻覚的な性格を患っていた。[*3] しかも神は、自らが選択者として選出されるために、過剰な選挙公約を打ち出している。神の言葉については本来、公約などとは考えられていなかったであろう。しかし、それにもかかわらず神の言葉は、真に受けられてしまった。一部の預言者たちによって、教会を創設した使徒たちによって、多くの神学者たちによって、[*4] そして、それ以外の数え切れない人びとによってである。キリスト教の神は、その全能性によって罪を贖うという救済者の特徴 (redeeming features) をもつとされてきたが、この特徴は、長きにわたる歴史の経過のなかで解体された。システムの環境は、そうした救済者の特徴を、もはや一切もち合わせない。環境は、依然としてもっぱら全能であるのみである。[*5] 救済者という親近感のある権力把持のあり方は、こうして放浪者 (sans aveu) の全能性へと先鋭化あるいは卑小化された。放浪者の全能性とはすなわち、近代以前の時代のように当の全能性を正当化したり補償したりする諸要素をもち合わせない全能性の意である。その諸要素とは、「古ヨーロッパ」と呼ばれる時代におけるものであり、たとえば、神のもつ善さや怒り、人間に似ていること、応答責任、手が届きうること、自らの行動に責任を負いうること、自らの動機にもとづいて行動することなどである。これらは、古ヨーロッパ時代の当時において議論の対象とされることはなかった。だが、法や社会をめぐる新ヨーロッパ時代の学問、すなわちオートポイエーシス理論において、より精細に検討されるなかで、問題として認識されるに至ったのである。

このシステム／環境という初源的な差異について、われわれは、このうち環境の側面に注目するに当たり、中立不偏で、名前をもたず、無私的でありながら同時に自己中心的であるような全能性と関わることになる。そして、高慢で、倦み疲れさせるようで、素朴で、きわめて安易な仕方ではあるが、トリエント公会議以後における特定のバロック期の神学が述べるような全能的で完全独裁的な神との比較も行うことになる。[*6] それは、義〔正義〕なき全能性である。これらの諸性格が埋め合わされるのは、ただある要素によってのみである。すなわち、ただ端的に、システムの側がもろもろの可能性を利得することによってのみである。

ちょっと概観するだけでわかるように、オートポイエーシス理論のシナリオにおけるシステム／環境という出発地点は、人間と神という伝統的な対舞《パドドゥ》のパターンに対応している。むろんオートポイエーシス理論にあっては、いかなる天地創造も存在しない。逆に、システム概念は、引き算的に解される。すなわち、分離過程の産物、ないしは、世界からのシステムの「出エジプト《エクソダス》」による産物としてである。仮に創造について語るとすれば、むしろシステムのほうこそが創造的である。システムは、システム自身を定立し、同時に、自らの（独自の、プライベートな）環境を定立するのだからである。旅の過程はまず、世界《ヴェルト》の過剰な複雑性と、その世界にまつわる諸問題がシステム内では処理不可能な状態から、システム内においてシステム固有の世界像が練り上げられる状態へ向かう。システムがシステム固有の複雑性を練り上げると、それはシステム内に設けられた仮収容所のように働いて、システムの外側からの過大圧力を減殺することを可能にする。そして、そこからさらに、独特の驚嘆の瞬間、もしくは、世紀の一瞬が訪れる。すなわち、システムと環境《ウムヴェルト》との分化である。この分化は、システムにとってチャンスが多い仕方で、外的な適応圧力とうまく折り合っていくためのシステムの戦略である。これはつまり、「システムが、環境からシステム自身を区別することを学習する」というシステム誕生の出来事である。ここから、学による確実な——とはいえ、そもそも一本調子には行かない——歩みに帰着する。すなわち、システムの存続をめぐる問題についての理論や、「構造的‐機能化」の理論から「機能的‐構造化」の理論へと移行することによってシステムの存続問題を相対化することに関わる理論、あるいは、システムの歴史においては後期の産物である「希少性問題」を扱う理論などがある。希少性問題という後期の産物は、システムの発展にともなって減少することなく、むしろ増大している。*7

ルーマンの論著は、それに対する無理解と長きにわたって論争してきたが、そうした無理解は、つぎのことに根ざしている。すなわち、システムが、創造者という役割を自ら引き受け、しかし同時に、そのことによって権力者という役割についてはあの世へ葬り去ったことである。システムは「創造者」である――しかしながら、それによってシステムには、そもそもの始めから思いがけない形で、不釣り合いなほど限定された低級な役割が押しつけられている。システムは黒子を演じる――ちょうど神の創造のように。システムが、自らの役柄を開示することはない。システムは、その敵対者によって、すなわち、脚光を浴びながら役を演じるところの環境によって、のっぴきならない状況に追い込まれる。システムがなしうるのは、チェスの場合のように複数の手のなかから選択することである。これに対して、不活発にとどまることや決定しないことは、選択肢のない状態である。というのも、選択肢のない状態に陥ることによって、システムの役柄は、想定よりも早く打ち切られ、チェスを始める最初の升目に引き戻されてしまうからだ。そして、ここでもまた、この選択肢のない状態は、システム自身の欠乏に帰責される。けっして環境の欠乏ではない。環境にとっては、選択肢があろうがなかろうが、すべては、どうでもよいことである。ここからシステムとは、せっぱ詰まった状況をその固有の性質とするもの以外の何ものでもない、と言うことができる。あるいは、カフカにならうならば「不安こそ、その本質」である。――この不安は、刻一刻と絶え間なく生起する例外状況にあって、つぎのような恒常的な試み（努力endeavour, 企てconatus）により支援されている。すなわち、せっぱ詰まった状況や決定への圧力を、それでもなお巧みに処理しようとする試み、そうした状況や圧力を戯れ半分に、自らの潜在力を発揮するチャンスとして利用しようとする試み、そうした状況や圧力という抵抗の荒波にむしろ便乗しようとする試み、そうした状況や圧力に対して決定によって応答しようとする試みである——より精確に言えば、こうした試みを通じてシステムは、自己自身に対して、さらなる作業続行能力を付与することも試みる。かくして、ルーマンの著作を、世界社会までも含めた[*8]、社会システムの悪漢《ピカレスク》小説と見ることもできる。

しかし、この「システムの環境」という対戦相手とは、いったい何者であろうか？　いや、そもそも対戦相手なのだろうか？　はたして環境が、ゲームを戦うのだろうか？　環境は、いくつかの可能な選択肢のなかから、自らの利害関心にもっとも適合的な選択肢を選択するのだろうか。この対戦相手には、つぎのことが期待される——すなわち、抜け目のないものであれ、愚かしいものであれ、戦略をもち合わせること。そして、敵対者の戦略に対抗しつつ、自らの勝利という目的のため、時宜にかなった手段を有すること。そうした戦略や手段を用いて、ゲーム自体と、その開始ならびに継続を可能にする促進条件を得ること、である。また、そもそも格闘し、争奪し、対戦することが可能となるためには、競いあうパートナーがいなければならない。古ヨーロッパの唯一神は、彼の創造物から突きつけられた挑戦を好んで受けて立っていた。つまり、この唯一神は、彼の子どもたちとゲームを戦っていたのである。そのゲームが進んでいく過程では、しばしば涙が流された。——神においては大笑いによる涙が、その子どもである被造物においては悲嘆による涙が、である（通常の場合）。環境は、この唯一神のクローンであるが、しかしそれは弱々しく、かつ遅れてやってきたクローンである。厳密に解釈すれば、環境はゲームを戦わない。環境は何事もなさない。また環境は、何ものも取り扱わない。見かけ上、環境は、のっぴきならない状況へ追い込もうとする。見かけ上、環境は、いまだ侵されていないレベル（an inviolate levels）にとどまっている存在者たちを窮迫させたり、侵害したりする。見かけ上、環境は、そうした存在者たちを、どんどんエスカレートする仕方で、はばかりなく解体していく。[*9]そして見かけ上、環境は「いらいらさせ当惑させる」。だが、これらは環境の擬人化ではないか。いやむしろ、これは環境の擬神化である。この擬神化は、システム／環境の分化の神学的系譜学、この系譜学が提唱するもっとも包括的な「一般国家学」という立場表明、そして、この系譜学の「簡潔かつ的確な諸概念」を記した文書群によって引き起こされたものだ。この神学的系譜学については、認識可能であるにもかかわらず、これまで認識されずにきたのである。

神のクローンとしての環境は、つぎの事態のお陰をこうむっている。一神論の神が、弁神論の手続きを没却したという事態である。伝統的に神が要求してきた正義〔義なる者〕という看板は、長きにわたる論争の果てに、神から剝奪された。これにとどまらず、もはや神は当事者能力も、帰責能力も、動機づける能力も有さない。正義を定立することができないという無能力性。達成不可能性。反社会性。神の歴史における第一の役割、すなわち、宗教以前の太古の時代からの全能者という特質を担うことが神にできるのは、ただ唯一「環境」なる偽名を冠することによってのみとなった。すでに沈静した諸事実、つまり既成事実（faits accomplis）をして語らしめる力は、今日となっては、システムの環境へと移換されている。システムは、この全能なる環境のなすがまま（à la merci）である。システムの状態は、当のシステムがそうなさざるをえないという事実、さらにはシステムがなさざるをえないことをなさざるをえないという事実に委ねられる。システムにとっての環境、そして、その環境による恐怖政治、たえまない例外状態、ならず者支配（rogue sovereignty）には、まったくもって際限がない。

みなさんは言うだろう、——システムにとって情け容赦のない唯一の敵対者〔環境〕とはまた、存在せざるものでもある、と。よろしい、その通り、この見方は私自身も正しいと考える。だが、本稿が考える問題との関連において、環境の非存在を述べることが何か事態を変化させうるだろうか。否、何ものも変化させることはない。[*10]——システムにとって情け容赦がなく、かつ、存在せざる敵対者に課せられた唯一の任務とは、諸システムをコピーすることである。諸システムが腕をもがれた状態でも自己を存続させ、さらなる自己産出を行っていく条件を保持するものこそは環境であり、また、諸システムに対して絶えず応答と反応を返すよう圧力を加えつづけるのも環境である。こうした無慈悲なシナリオが、のちにもっとも精錬純化された仕方で定式化されたシステム／環境の分化に対して秘密めいた意味を与えているのだという印象を払拭するのは難しい。しかも、このシナリオは明示的にはまったく見直されていない。私は、ルーマンの諸論著のなかに、環境に関してさらに彫琢された理論がありはしないかと探したが結局、徒労に終わった。システムの環境ということで問題になっているのは、あくまで理論内在的、システム内在的、システム理論内在的な産物であるという事実。古ヨーロッパ的観念という舞台天井から垂れ下がっているのが見えているマリオネットの操り糸について、何らの態度表明もしないまま済ませることを可能にしているのは、じつにこの事実である。

むろんシステム理論も、その分化理論という基本姿勢を顧慮するならば、暗黙裏にあるいは透かし絵のように(en filigrane)環境に関する何らかの理論によって嚮導される事態を避けられはしない。この環境概念の理論化は、なるほどシステム概念にとってはいまだ済まされていない下準備にすぎない。システム概念を用いる者は必然的に、この種の当座を間に合わせる環境概念を前提にしなければならない。だが、システムと環境の両概念は、社会理論のプロジェクトが支払うべき「特定のコスト」を明らかにする、よりくわしくいえば、そのコストを巨塊のように重たいものにする。人びとが多様に噂される逸話をもとにその理論に信頼を置こうとするなかにあって、ニクラス・ルーマンは、彼の理論的作業の始まりにおいて、このコストに対してゼロという値を打ってしまった――この値付けがおそらくは性急になされたことは、今や明らかである。環境がテーマ化されなかったにもかかわらず、というよりも、まさにテーマ化されなかったがゆえに、環境は、神学という分野の産物であることが明瞭に認識されうることになった。神学内部の種別としては「否定神学」であり、さらなる下位種別としては「積極的な世俗化とパラドクシカルな同盟を結んだ否定神学」である。この否定神学は、古典的な否定神学によって文書化されてきた経験とは不十分な同盟しか結んでいない。この経験とは、神についてなされた諸言明のことごとくは無価値化されてしまうという経験である。なぜなら、神に対してはさまざまな評価や称号が付されるが、神自身はそうした評価や称号をはるかに凌駕した超越的な存在だからだ！ システム理論の否定神学的コマンドは、すなわち、自己言及！であり、オートポイエーシス！である。決定したり行為を導いたりする次元、さらに方法論的な次元において、このコマンドが、否定神学のプログラムを通して実践的なものになるのは、つぎの場合である。すなわちシステム理論が、システムの環境のうちに存している事態から親切心によって贈られた贈り物を、脇道へ逸れるものとして無下に後回しにする場合である。そこではシステムは、たんにシステムに固有のデータのみを加工しうるのだとされる。

システムと環境の分化は、あらゆるオートポイエーシス研究の基礎をなしているが、これはいわゆる二項形式〔二つの側をもつ定式〕である。システム理論は、理論自身がシステムの側へのみ再参入することを許容する十分な根拠を有している。しかしながら、われわれがここまで見てきたように、その同じシステムは、その絶対的地平においては、まさに環境によってのみ諸可能性を調えられるにもかかわらず、それが作動する場合にはシステムをシステム自身のみに関連づけることしかできない。この互いに対立している二重の「のみ」によって、ルーマンのシステム理論は、西洋の長い歴史を通じて増加してきた存在と行為〔在ることと為すこと〕の分化や、力と作出、存在論と実践、完成／同一性と制作などの間の分断をさらに一歩進めることになった。このように倦むことなく続けられ、見通しようもないほど広がった分断がさらに議論されるとき、その下において議論が行われる名前のひとつ〔コードネームというわけでもないのだが〕は、よく知られているように世俗化という概念であった。この「世俗化」概念においては、社会が正統性もないまま行う固定化から解き放たれたキリスト教の信仰と、神学が正統性もないまま行う固定化から解き放たれた社会のプログラムが、ただたんに対置されただけにはとどまらない。むしろ「世俗化」のうちに存したのは、キリスト教が世界大の社会契約の圏域内でとった振舞いに対する、いわゆる最後の驚嘆であり、このキリスト教の歴史と、対置されたキリスト教の信仰と社会のプログラムという双方のキャンペーンは、摩擦を生じることもなく、精細に洗練された仕方で互いに嚙み合ったのであった[*11]。両者が相互に依存しあうなかで、動かされて動く者としての近代は、対極的な昇降運動のダイナミズムのうちへ統一された。さらに言えば、それぞれが相手方を疎外しあうことに対して「諾」を言うことによる媒介作用、それぞれが相手方を「否」として互酬的に拒みあうことがもたらすエスカレーションを解き放つことに「諾」を言うことによる媒介作用のうちへ統一されたのである。

キリスト教の伝統的特質はかつて十分な蓄積を有していたが、この在庫が払底してしまったことによって、神は空虚な欠乏状態に追いやられた。この神を今日われわれが見出すのは、顔をもたない存在において、すなわち、剝き出しの状態のまま沈黙する全能性においてである。社会のオートポイエーシス理論において、われわれが遭遇する全能の存在とは、すなわちシステムの環境である。——この環境は、われわれにはいまだ知られないままにとどまっている。環境の面前に引き出されたシステムにとって唯一とりうる策は、環境に同調し、順応することと、すなわち環境に対処すること（coping）である。アリストテレスは、応答を返さない対話者に向かってつぎのように述べた。「彼が何事も言わないとすれば、彼と一緒に討論しようとすることは、何と滑稽なことであろうか。そんなことをすれば人間は、植物と同じようなものになってしまうだろう[*12]」。まさしくこれと同じ事態が、システムの環境についても妥当する。環境は沈黙したままである——にもかかわらず環境は、同時にシステムを掌握している。耳が聞こえない、しかも絶対的な独裁者を前にして、自らは口の利けない奉仕者を演じること、これが、システムにとっての——俳優ハロルド・ピンターを想起させるような——課題である。もちろん、さらなる行動を求める切迫した強制力は存在しつづけるし、この切迫した強制力から、継続性の保持やその他あらゆる要求が、時として不意に生じてくる。他方で、そこには逆方向の形態をとる強制力もある。すなわち、強制のない討議や、その討議にもとづいて定立される一連の文化的成果物、自発的な装いで働く全体社会のダイナミクス、そして法秩序といったものは、一見したところ切迫していない状態を必要とするため、システムは自家における主人のように〔泰然として〕あらねばならないという強制力を受ける。*13

ルーマンのインフレ撲滅理論——経済学

ルーマンは、彼の論文集の公刊のとき、そのタイトルとして「社会学的啓蒙」を選択した。その理由は、彼の論文集が、エスノグラフィ的な引証（たとえばオーストラリア原住民一族における斧の導入を引証するなど）を埒外に置くとともに、社会学の歴史を通覧するものでもなかったからである（Luhmann 1970b: 85, 91）。だからといって、そこに何らの欠陥もあるわけではなかった。伝統的な流れからみれば、ルーマンの立場は、古くからのヨーロッパにおけるもろもろの状況や立場に結びつけられたものだったからだ。スコラ学派的な形而上学における神と、オートポイエーシス理論におけるシステムの環境の間には一定の連関が存するが、これと同様のことは、イギリス人のフランシスコ会修道士であったウィリアム・オッカムとフランス人の法王であったヨハネ二十二世の間の論争についても認められる。オッカムとヨハネ二十二世の論争とは、神の力とは、秩序づけられた力（potentia ordinata）なのか、それとも絶対的な力（potentia absoluta）なのかをめぐる問いであった。はたして神とは、彼自身が創出した秩序に自らも拘束される主体であるのか否か。法王ヨハネ二十二世は「然り」と説明した。ヨハネによれば、神は、彼自身が究明しがたい神意にもとづいて神の秩序として創設したものに、自ら違反するはずがない！　これと異なるのがオッカムの考える神だ。オッカムによれば、神の全能性が発揮されうるのは、まさに神が何ものにも束縛されない、彼自身が下した決断にも束縛されない点においてである。[*14] ルーマンにとっては、オッカムの場合と同様に、その〔行使される力の〕内容がほかのものよりまさっていることではなく、むしろ、すでに維持不能になった立場が一掃されることのほうが何よりも重要である。というのも、そうした一掃作用によってこそ、使用可能で、制御可能で、変化可能な理論的立場を発展させうるのだからである。ルーマンは、覆い隠しようもない剝き出しの裸体そのものを否認はしない。――この点、ルーマンは、元来コントロールすることを本旨とする社会科学よりも格段に深く、明らかに哲学のうちに定位する傾向がある。オッカムやルーマンの唯名論は、剝き出しの裸体を否認するのではなく、まさに当の裸体を不調法に承認する政治のほうに結びついている。オッカムとルーマンにとって重要なのは、専門職によって行われる認識が正しくあること〔正義〕である。――これに比して、彼らの反対者にとって重要なのは、十分な効果と十分な共感を引き起こす現実政治における行動可能性を保持することである。

認識の政治と現実の政治（ならびに各々に固有の「正義」）が別様の仕方で出合うという事態は、完全に変化した符号をともないつつ一七世紀中葉のフランスのカトリック界において生じた。当時、認識の政治――いずれにせよわれわれが跡づけようとする、広く普及していた伝統的なヴァージョンのもの――は、厳格主義的な聴罪司祭という形態を採った。厳格主義派は、第二期スコラ学派のリベラルな社会テクノクラートたちが唱えたいわゆる蓋然説との闘争に敗北した。なかんずく戦闘的な政治的拡張主義との闘争に敗北したのであった。この拡張主義は、イエズス会の寛大な方針のうちに表現されていた。むろんルーマンは、当時のパスカルのようには、宗教論争における闘士というわけではない。しかしながら、まさに正義という観点からは、そこに並行的な相似性が見られて教訓的である。それというのも、観察視点としての正義を導入することによって以下のことが可能になった。観察に由来する正義のパラドクスが、二重化という形で、すなわち、区別の二項〔二つの側〕という形で継続的に現出するのを見ることである。――これは「法／不法を区別することそれ自体は法であるか？」という法のパラドクスとは対照的である。法のパラドクスは、不法の側に固有の社会システムが不在であるため、ただ片方の側〔法の側〕においてのみ現出するのだからである。

ルーマンやパスカルを彼らの論敵たちから区別するのは、その非妥協的な態度である。この態度によってルーマンやパスカルは、彼らの観察対象、すなわち法システムや聴罪司祭が正しい場合もあれば不正な場合もありうることのみならず、まさに観察者自身も正しい場合もあれば不正な場合もありうるという主張を固守した。これによってルーマンやパスカルは、第二の観察地平を導入した。パスカルによって尖鋭的に定式化されたキリスト教の大教会主義的な規律を見れば、リベラルで寛大な（あらゆるものを許容する）良心の指導者（directeurs de conscience）に関する案内が現われた。この良心の指導者とは、たんなる権力的目的のために魂を操作する手段であった。パスカルはその著書（一六五六年／一九九二年）においてつぎのように観察していた。新しい聴罪司祭たち、とりわけ決疑論者モリナの門徒たちは、告解の法廷内における出来事を、正義の観点――したがって規則や違反の観点――に則って観察しているのではなく、むしろその代わりに、彼ら聴罪司祭たちが行使しうる影響力をいかに増大させるかという観点に則って観察している。この影響力は、まずは個々の告解者に対して行使され、最終的には（彼らにとって「善い」）社会全体に対して行使される。ルーマンはつぎのように観察する。法システムは、法システムに決定＝判決を迫る諸事案を、正義の観点に則って観察しているわけではない（正義の観点は、法システムを偶発的なものとして認識させるであろうし、これによって法システムは刺激状態に置かれ、さらには自己変化にさらされるであろう）。むしろその代わりに、法システムは、自己の諸任務、たとえば法律を遵守させることや等しき者を等しく取り扱うことなどを、可能なかぎり妨害なくスムーズに自己再生産するという観点に則って諸事案を観察するのである。パスカルとルーマンの両者は、自己自身を観察している、あるいは少なくとも他人に対して自己を観察可能な状態に置いている。これは両者による「客体」の選択を通じてである。両者は、この「客体」を観察しながら、同時に当の「客体」に対して距離をとってもいる。この距離をとりながらの観察は、両者がこの「客体」について受容可能な観察視点の欠落（または／および、受容困難な観察視点の現存）を書き付けておくことによってなされる（このテーマについてはさらに、Luhmann 1997, 1115ff. における「より良く知ること」をめぐる議論を見よ）。パスカルとルーマンの両者の問題は同一である。パスカルは、後期スコラ学派の「隣人の力（pouvoir prochain）」に託して、芝居がかった皮肉を込めつつ、ひとつの概念について解説している。その概念とは、不明確で宙吊り（en suspens）の状態にとどまりつづけるべき刑に処された概念である。なぜなら、もし明確化されてしまえば、この概念の多義性（見せかけの統一性とは裏腹に、実際には差異を抱え込んでいること）が露見し、妥当性を要求したりプロパガンダを行ったりする概念としては使い物にならなくなってしまうからだ。同一の構図をさらに拡張したヴァージョンがルーマンのうちにも見出される。それは、なかんずくあるひとつの言葉、すなわち、一見すると中立的で単純な副詞である「認識可能に」（erkennbar）のうちに見出されるものである。この「認識可能に」という副詞こそは、認識論的な倫理学のプログラム全体を要略するものである（「ルーマンの剃刀」）。むろん両者の時代は異なっている。ルーマンは、認識論的＝倫理学的ならびに理論的＝教育的に論じている。パスカルは自己を弾劾し、自己のアイデンティティに対して匿名性のヴェールをかぶせてしまうという罰を科した。

　ルーマンは、こうした事態を、オートポイエーシス理論それ自身もまたオートポイエティックであるという言い方でしばしば提示する。そこでは——記述や分析のみにはとどまらず——オートポイエーシス理論が近代として記述する分化プロセスや、変化プロセス、加速システムといった構成要素もオートポイエティックである。オートポイエーシス理論としては、そのほかの理論、たとえば心的認識論や諸社会システム、学のシステムのオートポイエーシスも考慮に入れられるだろう。社会のオートポイエーシスに関して、ルーマンは、古ヨーロッパ的な立場をとる。古ヨーロッパ的な立場は「理論」として現在も知られているし、社会システムや進化や近代が何であるか、ましてオートポイエーシスが何を意味するかなど誰も知らなかった昔からすでに「理論」として知られていた。ルーマンは、古典的な手法の理論家である。ルーマンは、彼の理論の対象を対象として尊重している。これはまたルーマンが、その対象を自分自身から遠ざけていることを意味する。その際にルーマンは、彼が繰り返しテーマ化した事実を、晩年に至るまでしばしば活用した。その事実とは、観察者は、その者の対象――たとえば別の観察者――以外には何ものも観察できないのであり、そこでは、当の対象を観察することそれ自体でさえ観察することはできないという事実である。ルーマンは、より正確には、ルーマンという理論家は、この事実を、継続的な営為を可能にする完璧なアリバイとして悠然ともち出すことができたわけではない。そのためルーマンは、たとえば、つぎの事態を観察することもできなかった。すなわち、目的語的属格として解される「オートポイエーシスの理論」〔オートポイエーシス「を」探究する理論〕が、すでに主語的属格として解される「オートポイエーシスの理論」〔オートポイエーシス「が」探究する理論〕でもあるという事態である。ましてやルーマンは、この事態を、自由に取り扱うこともできなかったし、この事態を阻止することも、逆に惹起することもできなかったのである。しかし、答えに窮するグレートヒェンの問いに結びつけられた「誰も自分が為しうること以上のことは為しえない」(nemo ultra posse tenetur) という箴言の風陰において、ルーマンの理論的作業は続けられた。この場合「理論」とは、あらゆる困難や盲点をともないつつも、観察することが正当であることを意味する。理論とは正しく観察することであるという事実は、観察することそれ自身と同じだけ古い。セカンド・オーダーの観察の理論はたんに、この事実を理解することにとって助けになるのみであって、この事実を改変するものではない。

ルーマンのシステム概念は、その平準化された神学的構成要素とともに、まず一九七〇年代のドイツにおいて、野望とキャンペーン、インフレ化する妥当性要求、過熱化する約束といったもので溢れかえる舞台に躍り出た。これらのもののうちへ分け入ったシステム概念は、それらをデフレーション的に沈静化させる対抗軸を指し示すものであった。著書『手続きを通しての正統化』(一九六九年)を書いた理論家は、認識可能なものの認識者として自分を売り込もうともしなかったし、私は先を読めるのだと称して印象的な仕方で橋を架けわたそうとする数多くの造物主たちの仲間に加わろうともしなかった。この理論家はまた、道徳や政治、経済や学の分野において、信用を得ようと交尾相手を誘惑する規範的なクワガタの輪のなかへ、認識的なクワガタとして混じっていった。それは「模範なき」(アドルノ)状態であったのみならず、反面教師なき状態でもあった。それから一五年後も事態は変らなかった。従来ひっそりと陰に隠れていた制御技術論のどれひとつとして、オートポイエーシスの観点で理解されることはなかった。同様に、正義の探究も、権力行使に関する手引きも、指導＝支配(gubernatio)あるいは統治＝政治(govermmentality)の技術も、やはりオートポイエーシスの観点で理解されることはなかった。オートポイエーシスとは、純粋な継続的活動であり、学習することの可能性を豊かにするものである。この学習可能性は、システムが環境から脱カップリングすることから生起し、たとえば、反復性よりもむしろ帰納性について語られるというような帰結をもたらす。オートポイエティックと名付けられるものは何であれ、自己自身の外部に、いかなる別の目的も有さない。オートポイエティックなものはまた、自らの進化や増強を目指しているわけではない。それが目指しているのは、むしろ、物事を済ませることを強いる切迫した圧力や果てしない反復作業(より正確に言えば、その作業は、仮に首尾よくこなされても、つねにただ暫定的なものにとどまり、けっして完璧で最終的なものに至ることはないのだが)を継続的に処理していくことである。この反復作業が遂行されるのは、行為者がその行為領域を直截に支配するための、快適ではあるが、たいていは幻想にすぎないような諸条件の下ではない。むしろその反復作業は、不安定性という諸条件の下で遂行される。「詩はさらされる」(Le poème s'expose)(パウル・ツェラン)。これが、詩と、オートポイエティック・システムとを区別するものだ。オートポイエティック・システムは、先取りさえされえない仕方で、つねにすでにさらされているのだからである。さらされていることは、そもそもの始めから近代世界の社会に課せられた掟である。ルーマンが獲得を目指したのは、近代社会に対する認識的な承認であった。この構想が比類なくラディカルであるのは、当初からルーマンが、社会システムは救いようもないほど隈なくさらされていることを主張していたことによる。社会システムは、このように徹底してさらされていることと、せいぜい折りあうことができるのみである。ルーマンは、ただ単純にこの圧力に従うわけではない——彼は、この圧力を「期限付きのものによる切迫性」(Luhmann 1968)として主題化した。しかしながら、この「期限付きのものによる切迫性」という簡潔な定式化を案出して叙述した理論が、具体的に切迫した圧力を除去しうること——もしくは、除去しようと試みていることについては、誰も主張していない。

正義の問いに関するヴァルター・ベンヤミンのテーゼ

ヴァルター・ベンヤミンは、『暴力批判論』準備草稿の周辺部から最近発見された断片において以下のように述べている。われわれが正義と名付けるものは、「徳のカテゴリー」に属するもの、つまり主体倫理の規則などでは一切ない。むしろそれは、「世界の状態」ないしは世界秩序といった客観的な性質をもつカテゴリーのものである。ベンヤミンに従えば、正義という概念は、所有や財〔善〕といった法学的および経済学的なカテゴリーの批判的理解を通して規定されうるものである。[*15] 財とは、使用や費消の対象物として、無常に移ろいゆく人びとの存在を要求し、かつ財自身もまた無常のものである。ベンヤミンは、財〔善〕への問いと正義への問いが出合う現場として、所有のカテゴリーを指示する。「所有は、……つねに不正である」。なぜならば「有限性にこだわる」かぎり「つねに同じ状態にあるような所有秩序は、けっして正義には至りえないだろう」からである（この場合、ベンヤミンの批判の主たる宛先は、社会主義や共産主義によって定義された所有のたんなる革新や再分配である）。正義とは、まず第一に「善の条件」を通して保証されるものであり、この善とは「所有ではありえない」のである[*16]（強調は引用者）。

ベンヤミンが「所有」やその所有の性格について語るとき、いったい何が述べられているのであろうか。ベンヤミンにおいて、所有とは、所持者にとってではなく、受益者の立場にある者にとっての確実性、保証、安全装置もしくは一群の安全装置として存しており、それは、貫徹可能性や請求可能性とともに設けられた法的権原として性格づけられている。これを現在の法的言語に翻訳してみよう。またその際、コモン・ローの分野において仕上げられてきた法的救済（remedy）の成果が法システムの限界をはるかに越え出て、世界規模の社会を広く覆っていることにも着目しよう。そうすると、ほぼ一〇〇年も前のベンヤミンの命題、すなわち、世界の秩序は、そのなかにおいて何ものも所有されないときに正しい〔正義に適っている〕という命題は、今日的にはつぎのように言い換えられうるであろう。強制可能な（enforceable）、つまり裁判を通じて要求可能であるような法的請求権や妥当性要求、そして権利といったもの、つまり、claim や claim-right、right〔請求や請求権、権利〕の対象に何ものもなっておらず、そうした対象に何ものもなることがない状態こそが正義である、と。ベンヤミンは「所有」について簡略に述べるものである。なぜなら、複雑な概念化の作業はベンヤミンの得意とするところではなかったからである。概念化の作業は、ウェスリー・ホーフェルドの権利論にならって仕上げられている（Hohfeld

1978を参照)。このアメリカの法律家ホーフェルドは、短期間ではあったが、コモン・ローの権利論について先駆的な業績を残した。ちなみに、ホーフェルドの権利論が著されたのは、まさに折しも、ベンヤミンが彼の覚書――ショーレムについて一九一六年にメモ帳へ書き写したもの(Schweppenhäuser 1995: 43)――を著述したのと同年であった。

そもそもベンヤミンにおいて、法に対する敵対的な近接連関が見られるのは、つぎのことに関わりがある。すなわちベンヤミンが、正義を、物事や世界の可能な賓辞〔評価〕として捉えているということである。逆にベンヤミンは、正義を得ようと努める主体の努力が成功した場合の成果物として、つまり行為として、正義を捉えてはいないのである。ベンヤミンの正義に関する覚書は「正義と所有は両立しえない」というテーゼを掲げる。このベンヤミンのテーゼをめぐっては、今日、といっても執筆されてからせいぜい一世紀ほどしか経っていないが、多様な論争が巻き起こっている。それは、この一〇〇年間が、これまでに類例のない法化の世紀であったこと、より精確には、まさに所有権法制化の世紀であったことに理由がある。それはまた、所有というカテゴリーの派生語が倍加し流布していく進歩の世紀であった。けっして所有されえない財〔善〕の賓辞こそが正義であって、もっぱらそのように所有されない財〔善〕のみが存する世界の賓辞こそが正義であると仮定すれば、その場合、つぎの問いが提起される。それでは、そのときベンヤミンの言う「所有」とは、いったい何のことなのか、という問いである。この問いに対する回答には、所有に関して判例的な決定を行う判決も含め入れられるだろう。のみならず――そうした判決をさらに広汎に基礎づけるものとして――ルーマンが名付けるところの予期把持も含め入れられよう。この予期把持によって、可能な範囲で判決が下されたり、差し迫られて判決が下されたりするだろうという見込みが、すでにそうした諸判決の帰趨を形づくることになる。所有という影、その所有に起因する正義の不可能性という影は、所有の帰趨や、所有と混成された予期把持の上にも差し掛けている。ベンヤミンが叙述する正義からは、ルーマンの「予期する人間」(homo expectans) が排除される。それと同様に、リアリズム法学 (たとえば、Holmes 1992) がその標準に位置づける日和見主義的な「悪人」(bad man) も排除されることになる。リアリズム法学は、そのように「悪人」に定位する標準を、異議を申し立てられることなく機能する法秩序として高く評価するのであるが。

ベンヤミンにおいて、秩序が正義に適っているとは、すなわち、財〔善〕ないしは事物が、所有から免れ、さらにそのほかの所有を有効ならしめる諸権利から免れている状態のことである。行態が正義に適っているとは、すなわち、事物はけっして所有されえないということを承認することである。われわれは勘違いによって、つぎのように想定しがちである。ベンヤミンが述べる正義の条件を簡潔に定義すれば、つまるところ「手続きを通してではないやり方で」となる、という想定だ。ベンヤミンは、所有されえない財〔善〕のうちに範型的な正義の実現を見てとる。このベンヤミンは、その財〔善〕に対して、たとえば権利主体や提訴資格を付与することを考えているわけではない。むしろベンヤミンが財〔善〕を引き合いに出したのは十中八九までつぎの理由による。すなわち、自らの正義のテーゼが、誤解によって法化されてしまう危険に対しても抵抗力を有していると、ベンヤミンが信じていたからである。ベンヤミンがわずか数行程度の文章量で記した正義に関する討究は、ひとつの棚卸しであり、ひとつの土地測量である。ベンヤミンの正義に関する討究は、ひとつの人権を指し示している——ただし、その人権は、人間と権利を超えたところに位している。この権利は、人間という概念の上はおろか、生ける存在者の上にすら、いかなる境界線も引くことはないだろう。そしてそのゆえに、この権利は、財産権として定式化されることになる。ベンヤミンの言うこの権利〔財産権〕は、しかしいかなる権利でもない。むしろ、この権利は、法的な処分や期待の可能性から遠く隔絶していることを前提とした、権利〔法〕なくして実存するための条件のことである。

正義の条件についてヴァルター・ベンヤミンが定義した意味において正しい世界とは、実際上はけっして誰からも予期されないものである。また同様に、こうした世界を指し示したからといって、カントが提起した「いったい私は望むことが許されるのか?」という問いに対する具体的な回答にはならないだろう。かくして問われるべきは、ベンヤミン学派による不可能主義的な問いの立て方を、いかにして可能性の問いによって、すなわちルーマン学派による「可能主義」的な問いの立て方によって、世界に適合可能なものになしうるか、である。ルーマンは、正義のカテゴリーを社会に投入するための最善の条件について問うている。この問いに対する回答は多様に表現されているが、なかんずく条件づけられた行為指示のうちに示されている。しかしながら、この条件づけられた行為指示に希望を結びつけるのは誤りであるし、より大きな誤りは、この行為指示をルーマンが主張したかのように見なすことである。同様のことはベンヤミンにも妥当する。ベンヤミンは、それにもとづいて正義が認識されうるような指標や特性を問うている。だが、正義のカテゴリーに関するヴァルター・ベンヤミンの覚書が回答を与えようとしたのは、カントのような「いったい私は何を望むことが許されるのか?」という問いに対してではなかった。ベンヤミンが回答を与えるとすれば、それは同じカントによる「いったい私は何を知りうるのか?」という問いに対してであろう。カントに倣って「許される」という言葉を用いるとすれば、ベンヤミンが述べる正義の実現を期待することは「許され」ないのである。ベンヤミンは何ものも期待しない。ベンヤミンはただ、何にもとづいて正義が認識されうるのかを知ろうとするのみである。

法システムのなかに正義という導路を敷設することの困難さ

まずもってわれわれとしては、世界への適合可能性を定礎すること——これにともなって比較すること、すなわち比較不可能なものを比較すること[*17]——を考えよう。そのとき明らかになるのは、当惑を覚えるほど多様な点において、広汎に整序された社会学者ニクラス・ルーマンの企てが、いかに哲学者ベンヤミンの診断と区別されるかということである。ルーマン社会学の企ては、なるほど古ヨーロッパの完成概念としての正義ではない。むしろ、正義に言及すること〔正義を参照すること〕であり、それによって開かれる社会システムの可能性を問うことである。社会システムのオートポイエティックな解明は、この可能性のうちに新たに定位させられる。ルーマンは、旧来の諸理論に対して異議申立てを行うなかから、自己の学問的立場を確立した。よく知られているように、ハンス・ケルゼンの法実証主義は、法秩序の内部において正義に言及することを許容しないことによって成立していた。ルーマンの見るところ、そのように〔法秩序の外部へ正義を〕取り出すことによって、法秩序は、不必要に零落させられ、はなはだしく冷遇されることになった。とはいえルーマンは、ケルゼンと道程の半分を同行している。とりわけルーマンも受容するのは、一貫性を約束することの撤回である。——すなわち、法は、それが等しきものを等しく扱い、等しからざるものを等しからざるように扱うがゆえに、正しく〔正義に適った〕判決を下すのだ（Teubner 2008）という保証について無効宣告を行うのである。法は等しきものを等しく扱うことによって正しい判決を下すというこの想定が、法システムに対して、正義を生み出すというアポリア的な〔解決不能な〕義務を負わせてきた。また、エネルギーと時間の浪費を強いてもきた。この点に関して、法実証主義者〔ケルゼン〕とオートポイエーシス論者〔ルーマン〕の見解は一致している。ケルゼンの見方によれば、正義とは、人間にとって幸福を約束するような美しい夢である。正義実現という約束を果たそうと試みることは、法が自らを過大評価するという重大な結果を招いてしまうとともに、法律学の究明プロセスにおける障害になってしまう（Kelsen 2000）。ルーマンにとってもまた、正義実現を目指して法システムが努力することは、実りのないかたちでエネルギーを使い果たすことである。——そうした努力は、複雑性の処理が見当外れで分不相応なかたちで行われる場合を示す、オートポイエーシス理論にとっての教科書事例である[*18] (Luhmann 1993: 374)。

しかしながら、ここですでに、ケルゼンとルーマンの進む道が分かれていく地点に達してもいるのである。ルーマンは、ケルゼンよりもさらに先に進んで、自己解放あるいは義務免除（désobligation）の道を行こうとする。一方でルーマンは、その約束や義務という性格から、正義を解放する。あらゆる言語遊動は意のままに操作されうるものであるが、こうした言語遊動のなかで、社会という語も登場してくるわけである。もし文章の書き手が自由であれば、この言語遊動を、固有の建築様式をもった法外な、すなわち非人間的な社会概念を用いることによって遮断することもできる。こうした自由な書き手はまた、正義という語に対して、ラディカルに新しい意味を付与することも躊躇しないであろう。この新しい意味は「正しい」だろうか、「正義の正しさ」だろうか？　それとも「オートポイエティックに正しい」だろうか？　ルーマンによる正義の新しい概念は――「形式」として、より精確には「偶発性定式」として――何らの成果を生み出すことも約束しない。この正義の新概念は、万能薬も治療法も提供しない。この新概念が生み出すのは、法システムとその全体社会的な機能との間の連関である。ここでは、軍隊の出動領域を想定するとよい。このとき、法システムが戦闘している前線が「正義」として同定される。正しく述べれば、機能システムは、正義概念を偶発性定式として把握することには何ら貢献していない。むしろ機能システムは、その伝統的な内実を正典的な規範として引きつづき信じていかなければならない (Teubner 2008参照)。換言すれば、われわれには知ることが許されているが、それを知ることができるのは、ただ外部観察者のみである[*19]。正義に関する社会学的啓蒙は、この外部観察者のためにのみ、かつ、この外部観察者を通してのみ行われる。ただ外部観察者が見るときにのみ、正義は、もはや目指されるべき目標ではなく、むしろ実現されうるパフォーマンスとなる。それを知りうる立場にある外部観察者が正義と名付けるところのものは実在するものである。なぜなら、その正義と名付けられるものは、すなわち遂行として同定されうるものであり、同じ機能をもつフーコーの概念を借りれば、装置〔dispositif〕として同定されうるものだからである。正義と名付けられるものは、プロセスのなかで確証される。したがって、法システムのうちに正義を投入することが正当化されるのは、諸成果を顧慮することによってである。正義が投入されるのは、抵抗や刺激の源泉としてである。かくして、偶発性定式について語られる。

法システムの偶発性定式としての正義（Dreier 2002参照）には、制度論理的な長い前史がある。ひとつの遠いけれども近くもある事例を提供するのは、アルフレッド・ロイシーの有名な言葉である。ロイシーは、一九〇七年にピウス十世によって破門されたカトリック神学者である。それは「イエスは神の国〔の到来〕を告知したにもかかわらず、実際にやって来たのは教会であった」という言葉である。人間は、不正義からの保護を求めた——そして、法システムを見出したのである。法という治療薬（remedy）が扶助を約束するとき、この治療薬が闘おうとする病いとは、すなわち不正義である。だが、われわれは社会においては、不正義ではなく、法のほうを参照することになる。法がなす事柄をなすこと、たとえば適用することや、解釈することや、判決を下すことなどは、ただこの法によってのみ妥当する。こうした事態によって、法システムと環境の関係における不協和がプログラム化されるだけではない。むしろ多くの可能性が付与されることにもなる。多くの可能性が付与されるのは、法システムが、当の法システムに差し向けられたもろもろの予期を、自ら自己固有の活動体の内部において使用はしないということを学習する場合である。創設者による神の国の告知が、教会のなかで沈黙させられてはならない。これと同様に、法システムにとっても、全体社会の運命を決定づけるような全体社会の外部予期それ自体に対して声を与えることが賢明である。不正義に対抗する主導性の蓄積が、法に対する全体社会の需要を構成している。きわめて多くの場合にそうなのだが、全体社会においては、正義の要請に対して、法的決定の諸成果をもって応じることが期待される。だが、この期待を差し控えれば、正義が、その最大限のレベルで実現されることが見込まれるであろう。まさにこれによって、法システムは、手段から目的へ向けて移行する。この移行は、それら手段および目的の外部に存しているオートポイエーシス（じつに壊れやすく傷つきやすいオートポイエーシス、Luhmann 1993: 62参照）へ向かう究極性をもつ移行である。

目的論やプログラム、プランニング、反復的な精錬増幅（working-through）などは、偶発性定式の論理学にとって、いまだ疎遠なままにとどまっている問題群である。偶発性定式に関する消極的な目的論において前面に置かれているのは、むしろ使い古されたものでしかないだろう。したがって、偶発性定式をめぐる問いとは、いかなる目的に向けて、われわれが自分たちの手段を投入すべきなのか、という問いではない。むしろつぎのような問いである。すなわち、拘束力をもつ目的についてわれわれが干渉することはできないとすれば、その目的に向けた潜在的な手段を用いて、まずわれわれは何に着手すべきなのか。この手段をめぐる潜在性とは、つまり限界性でもある。われわれは何をもっており、われわれには何ができ、われわれは何を自由に取り扱いうるのか、に関わる限界性である。また、われわれは、自分たちの行為可能性に関する「別様にも行為しうること」に対して、いかなる対処をすべきだろうか。つまり、われわれ自身の偶発性をいかに制限すべきだろうか。ここからあそこへ、現在の状態から目標の状態へ、ひとつの岸から別の岸へと架け渡された、完全なあるいは完全論理的な橋、すなわち、目的論的な橋が壊れている状況下で、近代社会は、偶発性定式の庇護を受けながら、海や河の真んなかで途絶した、半分だけの不完全な橋を築きつづける立場にある。それは、まるでアヴィニョン橋のようである。不完全な橋上においてこそ、さらなる継続的な建築作業が可能になる。ここでは、目的論が問題なのではない——問題となるのは、せいぜいのところ働態学《エルゴロジー》である。

試論やエッセイという文学形式は、その著者による自己限定を示すものである。その著者は、自分の文章が何らかの成果を示すことや論文であること、すなわち、当該の分野においては完璧かつ完全で「不足のない」論稿であることを約束できないし約束するつもりもないが、しかし何事かを伝えたいと望んでいる。偶発性定式が定立し、かつ、偶発性定式が自ら応答しようと試みている問いは――そこでは、この定式《フォルム》は、文学的形式《フォルム》から社会的形式《フォルム》としてのエッセイへ拡張するのだが――投資的な問いとして記述されうる。それは、当の投資によって獲られる成果を最大化しようとする意図をもたない投資的な問いであり、関連づけを脱しようとする「自由で」投資的な問いである。これが意味するのは、つぎのことである。偶発性定式については、成功するとか完遂を目指して行為するといった観念が有意性を失っているということ、[20]目的をもたない手段をいかに使いこなすかという問いこそが重要であることである。外部から課せられた諸目的による負担が過重であることと、内部で調達可能な諸手段の装備が過少であることとの間の緊張状態をめぐる一般的なシナリオは今や、ある複雑な、しかし、以前よりもはるかに加工のたやすいシナリオによって取って代わられている。それは、以下のような諸手段と環境との間の緊張状態のシナリオである。すなわち、一方には、貢献に向けた決定を待ち焦がれながらも、貢献すべき目的を見失ってしまった状態で、あり余るほどの諸目的が存している。他方には、不明確な指示しか与えない環境が存している。この指示の不明確さは、環境のあらゆる選好が解釈されなければならない困難さに起因している。この困難さは、政治体制をともなう全体社会の位相のものである。しかも、決定不可能性をもたらすこの不明確さについては、民主主義にふさわしい多元性を証明するような解釈の多様性を保持するために、むしろ不明確であることが命じられているようにさえ見えるのである。

　だからといって神が、われわれの側に何らかの責務を負っているというわけではない。神は、あるいは、神の後継者である環境は、以前と同様に、無慈悲に振る舞う（それは、無慈悲というよりも、弁済能力がないのかもしれないが、いずれにしても結果には何らの変わりもない）。ここでの問いは、内的な能力をいかに管理あるいは自己管理するか、つまりマネジメントするかという問いである。目的なき手段という問題は、正確に述べれば、つぎのような問いの形式を前提としている。現存する能力を何に対して適用するか、その能力は何のために投入されるのか、その能力はどこで「働く」べきなのか、という問いである。これはパラダイムの転換である。オートポイエーシスによる環境への適応という問いから、その背後にある自己制御によるオートポイエーシスという問いへ関心が移動している。また、適応を制御するファースト・オーダーによるオートポイエーシスから、システム内的＝自己再帰的なセカンド・オーダーによるオートポイエーシスへの移行がある。全体社会システムは、システムの圧迫や、環境によって当該システムに負荷された隘路によって取り囲まれているだけにはとどまらない。そうした状況に対して、このパラダイム転換は方向性を与える。全体社会システムは、当該システムに固有の内的なエージェントや諸事実によって取り囲まれている。そして「機能」というまったくもって罪もなく、まったくもって批判できない概念の背後に隠れたままになっているあらゆるものによって取り囲まれている（この「機能」概念の多義性については、Luhmann 1996a: 192）。収穫や完了、完成などではない――ここで前景に出てくるのは、むしろ、種をまくこと、植えること、手をかけることである。統御（mastery）やコントロールではなく、むしろ、そこから哲学的な添加物を除去した後の「私は何をなすべきか？」という問いである。それによって告訴や動員が可能になるような、つまり強制可能な（enforceable）処分、刺激に対する反応に当たるような処分ではなく、むしろ、無知のヴェールや否認のヴェールから解き放たれた形で制御することである。何よりも、つぎの事実のうちに、パラダイム転換が表われている。これまで切り札であったカードが、もはや切り札ではないという事実のうちに、である。力、主権、権能／権力（Potestas/Potentia）――こうしたものが、従来の切り札であった。これらは幸福感の理念を表現し、道程の目的地に到着するという幸福を旅人に対して約束するものであった。また、これらは旅人に対して、保護を約束するものであった。だが今や、「全体社会」という名の旅人に対して、これらの期待された諸結果を引き続き約束するには、機能システムでは不十分であることが明らかになった。――時と場合によって、たまたまうまく行くというケースを除いて。

履行することと約束すること——一貫性から偶発性へ

今や事故でさえ「ノーマルな」ことであるのだから、われわれは、予期された成り行きとそれ以外の成り行きを区別するのを止めるべきではないか。この問いに対して否定的に回答しようとする試みを、ルーマンは、偶発性定式としての正義という理論の形式のうちへ包み込んでいる。ルーマンは、代補物の創出を意図した。目的論は登場しない。それにともなって、これまで同時に約定可能かつ履行可能であると語られてきたすべての事物も登場しない。その双方がいずれも有効である客体の積集合（重合部分）が、だんだんと縮小して遂にゼロに達した場合、両客体の境界のうち一方のみが保持されうる——他方の客体の境界は、流動的な（英語以外の言語を用いれば「kontingent」（偶発的な））な境界として定立される。この分岐点では、さまざまな新規の問題と直面させられるが、この分岐点においてルーマンは特筆すべき議論を展開している。「多数派の解決」は、履行を欠いた空間においてさらなる約束を交わすことである。その場合、善きにつけ（自己にとって）悪しきにつけ（他者にとって）どんなコストを払ってでも約束の十全性が保持される。その核心にあるのは、約束の連鎖を断ち切らないことである。緊急事態にあっては、さらなる約束をさらに約束することこそが重要になる。ルーマンのやり方は、専門的な規準を手がかりにして記述可能な営為を提供する手法である。——しかも、それは約束を欠いた空間において行われる！　これは、偶発性定式によるシステム合理的な指示である。——そして、偶発性定式が、その偶発性（それは外部観察者においてのみ認識可能だが）をめぐる問いに対して行う回答である。約束はなされない——あるいは、つぎのような事態に立ち至るのみだ。すなわち、法システムは、たとえそれがどのようにでも振る舞うことが可能であったとしても、少なくとも法システムを名乗るかぎり、その名前に相応したある何ものかにおいて行き詰まりを余儀なくされる。その何ものかとは、伝統（当時は、約束可能な行為の履行という、非常に大きくて、非常に注文の多い旗を掲げて航行していた）が「正義」と名付けるところのものである。

偶発性定式は、じつに何ものも履行しないし約束しない。——偶発性定式は、貢献の領域を、成果の領域から解き放つ。偶発性定式はアポリアを基礎づける。場合によって目的は実現されず、場合によって道程は目的地へ到達しないだろう。エルゴン〔所産〕について妥当するのは、当のエルゴンをめぐって活動が行われるという事実だけである。この場合、何ものも約束されえないのだとすれば、事態に適合した進行定式をそれ以外の進行定式から区別することは、まさに意味深いことである。偶発性定式は、機能分化した部分領域の内部において定式化するが、それが定式化するのは、回帰的な行為の目的である「何のために」ではなく、むしろ回帰的な行為の対象である「何に対して」である（このとき対象は、障害物のもつ「〜に対抗して」という意味合いも有する）。偶発性定式とは、全体社会の野心をマネジメントすることを明示化して構造を与えるものである。この明示化とは、よりくわしくは、野心と行為の間のコミュニケーションである。偶発性定式は、否認不可能な要求を確認する。この点で、じつのところ偶発性定式は、そもそも非偶発的な定式と名付けられうるものであった。もとより偶発性定式が偶発的であるのは、もっぱら観察者の「自由に浮動する知性」という視点においてのみである。しかしながら、観察者が正当性を有するのは、偶発性定式がまさに偶発性定式を意味することによってなのである。

偶発性定式の神聖視や否認不可能性にもかかわらず、内的にはほとんど問題は生じない。そのため、時にルーマンは、機能領域の偶発性定式を外部からアイデンティファイすることに困難を感じている。その一例として、制限性（Limitationalität）の概念がある。制限性とは、学システムにおいて偶発性定式の役割を有するものの候補として、ルーマンが提示したものだ。だが、この制限性の概念は、観察者の視点から見たときに機能分化したシステムが「為す」こと——もしくは、システムがせいぜいのところ為しえたことのうちに、共通の分母を見出すことがいかに困難であるかを示している。制限性は（Luhmann 1997: 470によれば）以下の理由によって、学にとっての偶発性定式である。その理由とは「真偽の確定によって、なおさらに検証すべき問いの領域は縮小される、とわれわれが主張しようとするならば、限定された可能性から出発せざるをえない……」からである。それというのも、この場合にのみ「仮説の誤謬証明を要求することが……意味を有する」のだからである。ここでは明らかに、いかなる目的論も想定されていない。だが、なおつぎのことが妥当していることが看取される。すなわち、非常にゆっくりとした歩みではあるが、学は、ゲーテが〔『ファウスト』において〕助手のワーグナーに語らせている願望の実現に従事しているということだ。この願望とは、いつか遠い将来、学の営為の終着点において達成される願望であり、たんに多くのことをというにはとどまらず、「すべて」のことを知るということである。学のプロセスは、たんにダイエット療法としてのみならず、進歩的な自己節制という目的に向けた不断の運動としても理解される——これは、神学的＝社会学的という二重の世俗化の相貌をもっている学の側面形状である。個々の認識が、現存する知の制限性を高めるのは、より精確には、個々の認識が、なお検証を要する領域を減少させることによってである。少なくとも社会科学や人間科学といった領域に関して考えるとき、学についてひとつの（あくまでひとつの！）偶発性定式を追究することは適切なことなのか否か。この問いに関して、ブルーメンブルク（Blumenburg 1988）は、理論的な好奇心という概念を用いて、より深く考察したのではなかったか。この理論的好奇心に比して、より不安定で、より気まぐれで、より流行に左右されやすい社会科学や人間科学を念頭に置くとき、全領域を機能的にとらえる唯一の偶発性定式と合致するのはいったい何であろうか？[*21]

学システムにとっての偶発性定式である制限性は、一般にはほとんど用いられない表現である。むろん、このことによって制限性は、法システムにとっての偶発性定式である正義とは明確に分け隔てられる。正義のほうは、むしろ極端なくらい頻用される表現だからである。正義と制限性という偶発性定式をめぐる事情は、ルーマン的なポイエイン〔制作〕による創造主義に差し込まれたひとつのアポリアであり自己制限である。結局われわれは、オートポイエーシスの理論を、その哲学的コンテクストにまで遡源して検討することを避けては通れないだろう——オートポイエーシスという新しい中心概念が採用されはしたけれども、破壊的な形で、あるいは構造そのものを変容させるような形で、その理路構成を再編することまではほとんど必要でなかった。この点にはほぼ疑いがない。存在と時間は、別のものによって置き換えられる——それは、存在と制作〔在ることと作ること〕かもしれないし、存在の代わりとなる制作かもしれないし、制作と時間かもしれない。ルーマンの思考は、存在を後景に退かせようとする。ルーマンは、社会システムの究極の要素としての行為に対して、すなわち、ダブル・コンティンジェンシー〔二重の偶発性〕を帯びた出来事である行為に対して思考を差し向けるからである。これが、高度にありそうにない進化であることは、ルーマンがしばしば確認するところである。——その確認があまりに頻繁であるため、読者がルーマンの論著を読むとき、そこに、この高度にありそうにない進化に関する叙述を見出すことのほうは、じつにありそうなことになっているほどだ。他方で、以下の点について、十年あるいはそれ以上の期間にわたって増大しつつある長い諸徴表のリストが存在している。すなわち、存在する〔在る〕社会から、その要素自体を含めて自己自身を不断に創出するような制作する〔作る〕社会への置き換えはありそうにないことであり、このありそうになさが新たなコストを生んでいるとともに、このありそうになさこそが取り扱われようとしているのだ、という点である。このありそうになさについて、その「克服」を語るか、それともその「手当て」を語るかは、われわれの趣味の問題である。一致点はつぎの点である。存在する〔在る〕こと——ひとまず私はそのように呼んでおくのだが——は、社会化された制作する〔作る〕ことの内部においてこそ、その地位を得ることができる、という点だ。とりわけ現在のスペクタクル社会は、後退や崩壊を招くような異常な仕打ちの脅威にさらされているため、傲岸不遜にも、より多くの事実を創出することよりも、むしろ邪険に打ち捨てられた存在者をより可視化することを欲求する。この脅威は空虚なものではない。現にこの脅威によって、多くの西側の民主主義諸国における政治は、メディアに統御された専制政治によって次第に取って代わられつつある。――たとえばフランスでは、いわゆる「庶民」スタイルのグラフ雑誌から選ばれたことによって勝利をつかんだ大統領が就任し、市民王権が現出している。エルゴン〔所産〕をめぐる問い、精確には、手を加えられたものをめぐる問いには偶発性定式によって応答しうるというのが正しいとすれば、手を加えることが不可能であることが、偶発性定式の限界を画することになる――また、これにともなって、機能システムの限界も画されることになる。全体社会システムのオートポイエーシスの理論は、自己産出や、作ること、すなわちポイエイン〔制作〕によって規定される。これらについて想定されているのは、周知のとおり、コミュニケーションという出来事の成果を獲得することよりも狭義に解された行為である。オートポイエーシス理論の魅力が引き立つのも落ち込むのも、このポイエインの魅力次第である。不活動（inoperosità）や無機能（désoeuvrement）（Agamben 2007）というカテゴリーはつぎの点において新規性を有する。これらのカテゴリーにあっては、もはや作ることが、理論地平もろとも崩壊させるような究極の重要性を有するものとしては現われていないという点においてである。これらのカテゴリーによって、オートポイエーシス理論ははじめて記述可能になった――むろん、その場合「記述すること」をいかに不活動の様態において（つまり、コードによって統御された作動としてではなく）考えるべきなのかという問いが同時に姿を現わすことになるのだが。これらを超えたところに、以下のことに対する条件が創出される。すなわち、グローバルなデータ生産工場（コミュニケーション生産工場）のイメージにおいて表現されるところの党派性を主題化することに対する条件である。そこでは、もはや取って代わったり取って代わられたりすることが問題ではないし、遂行力の増強や代替的な投資可能性などが問題でもない。むしろ問題となるのは、それらの背後に位置しているポイエーシスという制作の概念であり、オートポイエーシスによる自己の制作という概念である。ここにおいて自己（Autos）は、かつてルーマンが行ったアイデンティティ概念批判によっても未解決のままにされた残余である。――ルーマンは「自己」について、眼前に直面している諸状況と継続的に折り合っていくこと以外の何ものでもないと特徴づけている。かつて哲学者や教父たちは、目前の諸状況と折り合っていくことを、家政《オイコノミア》の概念のもとに観察していた。当時はまだ進化は問題とされず、たんに継続性が問題とされていた。このことを知らしめるのは、オイコス、つまり家への言及である。家とはすなわち、生きていくのに必要な最低限度を確保するために継続されるべきアイデンティティを裏打ちする存在である。アリストテレスにあっては、オイコス〔家〕はポリス〔政治共同体〕と対置された。また、教会の歴史にあっては、オイコノミア〔家政学〕はテオロギア〔神学〕と対置されていた（Agamben 2007: 31, 17, 70ff.）。これが、オートポイエーシス理論の背景にある前史である。もちろんオートポイエーシス理論の対象は、近代である。――このことにともなって、増強可能性という視角も対象になっている。

偶発性定式としての正義は、正義と〔法システムと〕の連接点を、法システムの環境から、法システムの内部へと移し入れる。この移入によって法システムは、刺激を供給するとともに行態を導引するような動機の源泉を獲得することになる。これに対して環境のほうは、絶えざる不満足、絶えざる不合意、絶えざる抵抗のファクター〔という地位〕を喪失する。環境にあっては、そうした不満足、不合意、抵抗こそが正義の問いであったからだ――もっとも環境が「正義の問い」として立ち現われることはほとんどありえなかった。「正義の問い」としての環境は、いつもたんに、合理化をもたらす積極的で「公的な」補遺であった。すなわち環境とは、かつて実在していたものと、現に実在しているものとの随伴現象、つまりは密に播かれた不正義の種と、際限のない一連の不正義の主張との随伴現象だったのである。こうした事情から、つぎのような提案、すなわち、正義に関する使用可能な問いをそれに対する回答機会や焦点深度とともに〔法システムの〕内部において調達せしめ、それによって、不正義に対する不満足をそれについて訴える収拾困難な表明とともに〔法システムの〕外部へ排出するという提案は歓迎されうる。こうして使えもしないのに連綿と続く不正義の密告に対しては、適当かつ最善の終わりが、つまり安楽死が用意される。他方で、法においては、正義を使って正義に関する仕事を行うことを許される領域、一種の正義の公園が、法システムの内部に開かれることになる。これでいったいどこかに不満な点があるだろうか？　しかしながら、正義概念を〔法システムの〕内部へ移入すること、すなわち正義概念の「産業化〔内部生産化〕」[*22]は、自己自身〔法システム〕を正義の問いの源泉から切り離してしまうという危険性や、豊饒な深みをもつ諸現象をその多彩な事実の多様性において精査《プロセッシング》し、取捨選択し、安定化させるという純粋な熱意を発揮するよりも前に、こうした諸現象に背を向けてしまうという危険性を招来する。正義の源泉とは、すなわち不正義である。ちょうどトリュフを探し出す豚を欠いてトリュフは存在しえないように、不正義の告発、不正義の密告、不正義の暴露を欠いては、いかなる正義も存在しえないのである。

ミヒャエル・コールハース〔訳注〕は、こうした事情を比類のない仕方で提示している。この男コールハースは「自らの正義感から、略奪者と殺人者に」なってしまった。また彼は、その人生においてもっとも誠実であったとともにもっとも恐るべき人間の一人であったというにはとどまらず、文学上のもっとも劇的な人物の一人でもあった。コールハースは、不正義に苦悩した。コールハースは不正義の犠牲者であった。彼は、不正義に対する首尾一貫した闘争を逃げずに続けることによって、その克服を図った。しかし、この抵抗は実を結ばなかった。彼にほかの代替策はなかった。この物語の作者クライストの人物描写は感動的だ。なぜなら、登場人物たちを、筆舌に尽くしがたいものへ直接に対峙させるからである。そして「登場人物たちの言葉は、自分自身で自ら判決を下す者の捕らえがたさをめぐって、無為に空転するばかりである」(Kommerell 1956: 298)。コールハースは、いかなる蓄えも、いかなるより良い未来も、いかなる「待てば海路の日和あり」も、いかなる猶予も、いかなる補塡も我が物とすることはできなかった。

トイプナーは、ヨハネによる福音書の謎めいた箇所（第一六章一〇節）に論及している。同所では、イエスが「義〔正義〕とは〔イエスが〕父のもとへ去ることである」と主張している。トイプナーの論及は、否定性ないしは不能性の新たなレベルを掘り出した。そして、このレベルにおいて、現代哲学のひとつのテーマとの接点が生じている。トイプナーとフォルカースに対しては以下のような反論が加えられる。ヨハネ福音書の当該箇所で問題にされているのは、神でもなければ、法でもない。「神なき超越」を考えることの要請でもなければ、「不法を法へ変身させること」として正義を解することの要請でもない。「……へ去ること」（父のもとへ去ること）とは、すなわち「……から去ること」（もはや望みのないことが明白になった自己強化のサイクルから去ること）、つまり、弱体化をもたらすパラドクスからの脱出《エクソダス》の意である。この去ることは、つぎのような問いを定立する。ある状況下にあって共に引き受けないことをめぐる問いと、当該状況のもつ増幅の力学を前にしながら協力を申し出ないことをめぐる問いである。当該状況が救護されうるのは、別の状況によって当該状況の引き剝がしを行うことによってである。去ることが意味するのは、もはや担いえなくなった責任を共に担わないことや、もはや分担しえなくなった関与を共に担わないことである。こうした問いがとりわけアクチュアルなものになるのは、つぎの場合だ。それは、こうした消極的な関与がかえって積極的に行われるような場合、増幅のスパイラルの鎮静化に従事する試みが却ってこのスパイラルの新たな活発化をもたらすような場合である。去ることとしての正義のための時が到来するのは、以下の場合だ。法システムのもつ消極的な能力〔消極的でありうる能力〕（negative capability）の前景化が、明白に自分を裏切るようなかたちで（self-defeatingly）増幅化へ至るような場合である。この場合には、関与しないこと、活動から身を引くこと、不活発になることが、活動的になるための唯一の正しい形態ということになる。ヨハネが語ったところの去る者イエスとは、対極的な分裂を引き起こす機械装置を静止させる者、エスカレートするスパイラルを解除する者、その内部にあっては打開策のないような状況から脱出する者のことなのである。

消極的な能力〔消極的でありうる能力〕と遂行的な自己矛盾

グンター・トイプナーは、本書収載の論文の末尾において、つぎのような現象について考察を加えている。トイプナーが「法学的正義のもっとも暗い側面」と呼ぶ現象である（Teubner 2008参照）。その主たる容疑者として、他ならぬコールハースが提示されている。ただし、法の正義のもっとも暗い側面を考えるについてコールハースを参照すべきなのかどうかは問われる余地がある。たしかなのはつぎのことだ。クライストの主人公〔コールハース〕は、自己の憤懣を不十分にしか処理しえないことに対する抗議を自由に語ることができなかった。また、レギーナ・オゴレクが指摘するように、この主人公は、法秩序と、その法秩序がもつ力のうちに存するもの――法の宛て先に向けられる過度な愛という一種の感染症――に対する非現実的な過大評価に囚われていた。しかし、主人公の責任はここで尽きた。システムの病いについては、それに適合した、つまりシステムにとっての病原体が突き止められなければならない。たとえば「正義に適った社会の理念としての人権〔ヒューマン・ライツ〕」といったスローガンにともなう問題が、法学的な正義キャンペーンの問題である。こうした法学的な正義キャンペーンが、システムの病原体を解き放つものであり、このキャンペーンのために、その裏面においては、グローバルな規模でプログラムされたこの病原体の凱旋行進が終わるのをついぞ見ることはかなわないのである。人権スローガンや正義キャンペーンの問題は、コールハースという男のうちには存していない。たとえコールハースが、どんなに恐るべき存在で、どんなに誠実な存在であったとしても、である。こうした問題は、むしろ世界社会的な法システムの動態性に関する問いのうちに存している。この世界社会的な法システムは、虚構の農夫〔コールハース〕がもつ属性や志向を通して性格付けられるものではない。むしろ、虚構の創発的進化や、コントロール不可能な増幅化サイクル（それはマスメディアの後ろ盾をともなっている）、統御不可能なキャンペーンによってグローバルな自己増強へ向かう傾向性を通して性格付けられるものである。本書でトイプナーが考察しているのも、このキャンペーンである。そのキャンペーンとは要するにこうだ。法システムは連戦連勝を目指して自らを鼓舞しつづける——人権を掲げることによってである。人権こそは、法の近代の旗印であり、それが触れるものすべてを金に変えるとされたミダス王のごときものだというわけである。

こうしたキャンペーンに対しては、クライストの描いた人物〔コールハース〕はまったく責任を負わない。したがって、この人物は、法〔の問題〕に関するいかなる教示も含んではいない。また、これを否定形ではないかたちで記せば、たとえばつぎのようになる。コールハースがそうであったように、法システムがその判決において自己自身に違背する仕方で振る舞う場合に、いったい何が、自己の確信について自信をもてないながらも辛抱強く、当の法システムが依拠するものとは別の規範的理念を顧慮することに開かれつつ振る舞うことになるのだろうか？　また、それによって誰かが助けられるのだろうか？　それともわれわれは、静かな足取りで忍び寄ってきて強力な腕で自己貫徹しようとする状況に対して、たんにわれわれのカテゴリーを適用しただけなのだろうか？　今日、過度な確信から期待されうるものとは何だろうか——逆に、そうした確信を否定することから期待されうるものとは何であろうか？　魅力的でなくなった議論——法の積極的な可能性がもつ「強さ」「力（force）」に関する議論——は打ち捨てられ、この議論の機能的等価物として、法の「弱さ」に関する議論が見出されるに至っている。この「弱さ」に関する議論は、法に固有のアポリアを指摘する。また、この「弱さ」を知り、この「弱さ」を耐え忍び、この「弱さ」によってさらに生を継続していくことをアピールしたり要求する。さらに、法のルーティンを中断させ、法自身を超越していくことを約束する。遅くともジャック・デリダが法への転回を行って以来、法の消極的な能力〔消極的でありうる能力〕に対するアピールが、法の積極的な能力に対するアピールを陰の部分へ追いやり打ち捨ててしまった。これによって、部分的には、まさにシステムの保持に資するような、非常に積極的な含意までが陰の部分へ追いやられ打ち捨てられた。消極的な能力〔消極的でありうる能力〕の概念は、詩人のジョン・キーツが一八一七年の書簡内で示唆した消極的な能力（negative capability）の理論に由来する。キーツは、宙吊り〔一時保留〕の状態を堅持すること、節制を保持することについて語ったのである。これらがキーツをして、支援や庇護を自己の確信のうちには求めないことを可能にするとされる（Keats 1958: 833）。キーツは、この消極的な能力〔消極的でありうる能力〕こそが、詩人の創作の源泉となる豊かさを形成すると見ていた。今日では法システムのオートポイエーシスの学説が、キーツの場合と同じような宙吊り状態を要求する。今日では、詩人に代わって、機能分化した法システムが、つぎのことを行うことになる。すなわち法システム自身が行うルーティンの荒涼たる砂漠のなかに、刺激の源泉を求め、法システムの注意力を自らの偶発性へと差し向ける好機を求めること、そして、この刺激と好機を求めるという目的のために、自己の確信を宙吊り状態に保つように専心することである。――あるいは、ヘーゲルによる同義の定式を引用すれば、有名な一節だが「消極的〔否定的〕なものを直視し、消極的〔否定的〕なもののうちに滞留する」ことである。

転覆させる正義、自己超越、自己転覆、自己妨害、など。これらは、無秩序や反乱、逸脱に優位性を与えようとする。こうした諸要求は、法システムの「弱さ」の顕在化を目指して努力すべきである。しかし、この顕在化を果たしたとしても、この顕在化によって、法システムの弱さはまさに強化される定めにある。すなわち、この弱さは、法システムの（意図せざる！撲滅されるべき！）成功キャンペーンへと至るための現時点における近道であることが判明することになる。――あらゆる成功キャンペーンは、もともと弱いものを封じるべきものだろう。かくして、正確に見るならば、自己転覆といった諸要求は、ほかならぬ約束すること、つまり自己を義務づけることとして、自らを証示しなければならない。この場合の約束とは、それを自由に使用しうること、それに接近しうること、それが他者のためにあろうとすることの約束であり、部分的にはこれらとほとんど同じものであるが、まさに正義の約束である。ここではたとえば法システムのように、こうした約束を与える者は、その約束によって、首尾一貫した形で、かつ、約束を与えることの見返りとして、信用を獲得することになる。トイプナーは、正義をめぐる内的観点と外的観点をともに鋭敏に考察しつつ、偶発性定式としての正義について、これを「別様にもありうる」と同時に「ほかの何ものかに依拠している」こととして定義している。このトイプナーによる正義の定義は、消極的な能力(negative capability)の次元において、完全に包括的な約束を与えるものである。その約束とは、他者に対する完全な配意と保証を自己に義務づける。トイプナー自身は、普遍性の前景化を控えめに見積もろうとするが、こうした正義の約束は、普遍性の前景化をまさに昂進させることになるだろう。[*23]

われわれは、何よりもまず、法の強大さや支配力の硬直性痙攣がもつ積極性=肯定性から引き離されていないだろうか? その硬直性痙攣とは、制裁の影響圏である。その制裁は、「汝がそれに依存するかぎりわれわれは幾度でもくりかえしそれを為すことができる」という形で復讐へ向けてプログラミングされ、条件つきの威嚇をともなっている。それはまた、支配権と統治力による約束のことである。その際、弱さというもうひとつの極点に陥ること、――さらに、その弱さという極点から同一の強大化を期待することは驚くべきことだろうか、それとも、むしろ自然で避けがたいことであろうか? しかし、自己呈示や到達可能性、赦し、友情、アポリアに言及される場合、倒錯的効果(effets pervers)やそのほかの巻き添え被害(collateral damages)へ通じる道程において、機能的等価物として証示されるものとは何であろうか? そうした道程を進むのを避けるために、どちらへ身をかわせば良いのだろうか？　何が語られるべきだろうか？　ブレヒトの詩はつぎのように謳う（「貧しき人、ベルトルト・ブレヒトについて」）。「お前たちは、その上に何かを築けるようなものを、私のなかにひとつとしてもたない」（強調は引用者）。ここで「築けない」が、下手な仕方ではあるが「法システム」に懸かっていく、というだけにはとどまらない。当の「貧しい」ベルトルト・ブレヒト自身の場合にあっても、仔細に分析してみると、彼がその行いにおいて最大限の努力を尽くすように自己変革するという可能性を考えれば、その「彼のうえに何ものも築くことはできない」という一節も、絶対に変更不可能とは限らない。あらゆる約束の撤回はまた、適切な諸条件のもとでは、そのように撤回されることが、それ自体、約束として証示されるものである。

なるほど、あらゆる無理強いされた普遍化プロセスにおいては、代替案がないという形態が問題になる。――しかし、そこで問題になるのは、クライストが描いたような、盲目的に自己に囚われて行動する個人的な英雄ではない。法学的正義という手段を用いて社会を「法化」するという仕事に現在の法システムは従事している。もしくは、この仕事に法システムは苦闘している。この社会の「法化」において、われわれが遭遇するのは「もはや分割不可能な正義を求める人間の渇望」である。しかし、ここで問題になっているのは、自己拡張を図ろうとする純粋に官僚主義的なバージョンのシステムである。このときシステムが目論んでいるのは、トイプナーが「法の限定的正義」と呼ぶものを、全体社会にあまねく包括的に適用することである。

厳密に考えれば、法の正義は「限定的」であるとされる。法の正義が〔全体社会すべてを〕考慮することについては、いかなる根拠もいっさい存在しない。だが実際には、法の正義には、そうした限界線が欠落しているのだ。グローバルな正義という法の作戦は、自らにいかなる限界も設けず、法以外のあらゆる諸事象や生活領域、独自の規範をもつ領域にまで、自らの正義と解決を押しつけていく。この歯止めなき「法のミッションは、まさに限界の欠如から生じている」[*24]のである。

法以外のあらゆる規範的諸構造を犠牲にしながら、法に特有の正義が拡張していく現象のうちにインフレーション・スパイラルを看取することはたやすい。こうしたインフレーションを摘示することによって、ここでおのずから、「事実」との不十分な「合致」が話題にされているのではない。そうした「事実」との「合致」という論議に対抗して、ルーマン（1997: 382f.）は、インフレーションならびにデフレーションに関する彼の議論を、シンボリックに一般化されたコミュニケーション・メディアの理論という全般的なレベルに定置したのであった。反インフレーションのファンダメンタリズムを示しながら、法的正義が行う〔全域的な自己拡張という〕機能システム固有の世界戦略を解き放つことに対してトイプナーは批判を加えてはいるが、その批判は非常に微少なものにとどまる。さらにエスカレートすることはないのか？[*25] クライストやトイプナーの言明を追究することが恐るべきことであるのは、まさに事態が、よりいっそうエスカレートしていくがゆえである。法的正義のインフレーションという問題は、われわれが考えている以上に、われわれの間近に接近してきている。法的正義のインフレーションの問題は、デリダを参照させる。すなわち、一定の脱構築〔デコンストラクション〕のうちに潜んでいるインフレーションを惹起する構造を参照すること。補遺を中心としながら自己改変を図っていく法と正義のインフレーションが、アポリアの形態とあまりに容易に一致しうることを参照すること。超越の経験が押しつける過重な負荷によって法システムを際立たせれば際立たせるほどに、そうした超越の経験は法システムにとって魅惑的なものになっていくことを参照すること、である。これに対して、制度的なインフレーションの可能性および危険性に関するルーマンの思想は、非常によく知られている。[*26] デリダが、参照の過剰というアポリアを導入しようとするまさにその地点で、ルーマンのほうは、無愛想（désobligeant）に振る舞って嫌われ者になろうとする。デリダとルーマン、両著者のいずれとも、自らの普遍化を図る法的正義が自己の限界を脱却しようとする問題から免れていない。

かくして問題は、中心点に回帰してきたことになる。すなわち、法の営為のうちへ正義を融合させるという問題である。このとき正義とは、法以外の競合物に対して法を優先する形で、法や、その秩序維持、独自の規範定立などの品質保証ならびに地位向上を行う手段である。ここで企図されるのは第一に、「人間諸科学のシステム〔体系〕」の内部における諸階層の大規模な入れ替えに光を当てることである（なお、ここでのシステムはルーマン的な意味ではない）。ヘルマン・カントロヴィッツ（Kantorowicz 1962: 157）は「それがなければ居場所を失うような諸問題の避難所〔アジール〕」について述べている。この諸問題とは、社会学者たちが提出してきたものである。それは、一九二三年のことであった。自由法学者が社会学に対して、開放性と歓待性という性格づけを与えた。だが今や、法の経済学的分析、神経言語学、社会生物学、オートポイエーシス理論、そして、これらの諸学問に結びついた人間諸科学のパラダイム転換の時代にあっては、この開放性と歓待性という性格は、歴史的現在をネットワーク的リアルタイムによって置換する営みのうちにある。開放性や歓待性は、もはや社会学者に備わる性格ではなくなっていたのである。こうした性格が現在、法学者たちのうちに備わっているだろうか？　偶発性定式の正義、すなわち、手続きに特有のネオ正義もしくは正義の後に来るものは、つぎのような法システムを切り開くものだろうか？　それは、法システム自身の古典的＝近代的な実証主義の基盤を問いに付し、自らをさらけ出すことを自己自身に許容するような法システムである。

しかしながら、この種の法システムの開放は想定されない。売り物にもならない諸科学や、何らの区別も生み出さない諸区別の寄せ集めといったものは、戦後の数十年の間は、たんなるお情けで許された存在として、その露命を繋いできた。だが、正義のために用意された偶発性定式の地位は、そうしたお情け的な代物ではない。たんなるお情けで許された存在とは、あたかも〔フランツ・カフカの小説『城』において〕そこでは誰にも必要とされていない測量士の仕事に就くことを求めてやって来た主人公Kが、城のなかで与えられたようなものである。

偶発性定式は、発出地点や、バネのような弾力性をもつものとして構想されているわけではない。また偶発性定式は、過度の多様性を自己自身のうちへ受け容れるように定められているわけでもない。むしろ偶発性定式は、まさしくひとつの区別を作り出す区別として構想されているのである。ここでは正義に対して、じつにあからさまに、この言葉〔区別を生み出す区別〕が付与される。この場合の正義とは、刺激〔当惑〕を与える残余のことであり、この残余は、実際の利害対立について法学的に、つまり法システム特有の解決／区分を行う際に、つねに付きまとうものである。この刺激を与える機能によって、正義は、法の内部に定式化される地位を獲得する。正義は、刺激を与えることとして承認され、法的な妥当要求を供与される（Luhmann 1997: 470）。正義が、刺激を与えることを妨げられることは許されない。正義が獲得するのは、――明らかに法的な「当事者適格」（standing）では全然ない。それは、問題をたんにスライドさせるだけであろう。むしろ、正義はまさに、刺激を与える営みを約束するという祝福の名のもとで呼び出され、刺激を与える営みがやがてルーティン化するという結果を耐え忍ぶことになる。それはちょうど警報機が、毎晩サイレン音を鳴り響かせることをくりかえすうちに、もはや近隣住民も慣れっこになってしまい、サイレンが鳴っても安眠できるようになってしまうようなものであり、正義はそうした警報機のごときものである。法システム内的な正義というコンセプトについては、つぎのように述べることができる。すなわち、法システムの偶発性定式として機能する正義を正当に評価しうるのは、ルーティンを打破するルーティンという正義のコンセプトである。――刺激付与という概念と結びついた偶発性定式としての正義の定式化は、たとえば、正義を聖化する類の定式化[*27]とは、ほとんど関わりがない。――この場合、いずれにせよ明確なことは以下のことである。すなわち、正義がもつ実際の形成力や作用力が具体的には不確定であればあるほど、他面で、正義の価値、つまり正義に対する信頼度はより増強されることである。「正義」の名のもとで作動するシステム特有のエージェントとして際立たせられた法システムが、自己に対するシステムの環境を視野に収めるときに、法システムは、この信頼を掌握する。実定法は、その生涯を通じて、それが定立された法規範にすぎない、したがって「たんなる偶発的な」規範にすぎないという汚名（odium）と格闘しなければならない。実定法規範については、多かれ少なかれ無条件に「たんに偶発的な」という性格が結びついていることが明らかになる。こうした状態に対して終局を用意するのが、偶発性問題によって委託され、社会科学によって定礎されたところの、今日のオートポイエーシスのネオ正義理論である。それは、このネオ正義理論が、法に対して、同時にまた正義の名のもとで語ることを可能にするからである。そこに、法システムが成功するチャンスも存している。法システムの成功は、法が全権化する領域へ向けて、議論の余地のない仕方で歩みを進めることによって勝ち取られる。そして、そのときに社会科学による法システムの再構築あるいは脱構築もまた成功する。しかしながら、こうしたことが、すなわち、正義の成功などというものが、いったいそもそも存在しうるのだろうか？

近代の実定法は、正義の名で差し出された諸要求を、なるほど適当に等閑に付し、無視することができた。しかし、そうした諸要求を摂取したり、実定法自身の営為を支える資源として自己の側から要請することはできなかった。ハンス・ケルゼンが行った正義に関する説明は、大きな功績を有している。ケルゼンは、こうした実定法による正義の等閑視を、実定法の無愛想さとしてと同時に、実定法の限界として、すなわち、法秩序による自己の限界づけ、あるいは自己制約として提示しているからである。この特長によってケルゼンの説明は、厳格にリベラルな態度というものが思考に値することを証し立てている。ケルゼンは、一方で、きわめて厳格で非妥協的な態度をもって法秩序の限界線を引くことにより、正義に対する法の関連性をまったく無きものにした。だが他方で、この限界線の向こう側に位するものを無価値化したわけではない。むしろ、無価値化とはまったく逆に、法秩序とは別個の領域を付与したのである。ケルゼンは、法秩序の外部に別個の領域――たとえば政治の領域――が正当な資格をもって存することを、いささかも疑問視していない。ケルゼンによれば、法システムは、自らの可能な照会先ないしは源泉として、正義を歓迎したり、自らのルーティンのうちへ正義を取り込んだりすることはできない。このことは、つぎのことも意味している。法システムは、正義を専有しようと企てるべきではないし、そうした専有を通じて、法システム自身が代表し、それにより（法システムの要求の内容に応じて）今日ふうに言えば法システムが「カバーして〔覆って〕」いる領域内へ正義を併合しようとも企てるべきではないということだ。また以下のようにも述べられうる。ケルゼン的な悪魔払い、つまり、法の領域から正義の参照〔言及〕を排除することは、つぎのこと以外の何ものも意味しない。それは、法秩序に対して、ある特典を与えることの拒絶である。その拒絶される特典とは、法秩序がそれに名前を与えるところの諸参照のための保管庫に対して、正義という名称を貼付するという特典である。ただし、ここには正義にとってひとつのマイナス面も差し込まれている。法システムが行う決定＝判決のプロセスから正義が閉め出されるというマイナス面である。他面で、つぎのようなプラス面も差し込まれている。すなわち、われわれは、以下の事態から出発できるというプラス面である。まず(a)「法システムの外部」とは「どこにもない」ことと同義語ではない、という事態である（法システム内部へ併合されていない「正義」の参照は、なお依然として参照可能なものとして法のシステム境界の向こう側にとどまっており、システムの性格にもとづいて必然的にという形ではなく、各領域に固有の規範性にもとづいて用意されるという形で、法システム以外の諸討議のなかで「正義」の参照がなされることになる）。[*28] さらに(b)法システムが行うもろもろの決定＝判決について問いうる可能性、そうした決定＝判決の正義について問いうる可能性は、論証において正義が有するもっともらしさの機能である、という事態である。当然のことながら、法によってなされる正義の参照の摂取が排他的であればあるほど、それだけ、正義のもっともらしさを産出することも容易になる。カントによる劇的だが、たどたどしい表現「どこにもない」（『人倫の形而上学の基礎づけ』における第一段落の冒頭部）は、法システムに特有のものとして正義が独占された全体社会においては、その表現の新たな適用領域を獲得することになる。――すなわち、その内部でもなく、その外部でもない領域である。

正義のような概念は、法社会学の分析において、システムの統一性や正義を適用した討議といった諸課題と結びつけられている――加えて、ここでは思慮によって「正義のような概念」という表現を選んだが、これは、正義のようなクラスの概念のなかへ差し込まれているところの、それを問うに値する性格を発揮させるためである。――かくして、このような法社会学における正義の問われ方が、当の正義に対していかなる影響作用をもたらすかという問いが立てられる。日常言語（ordinary language）が正義と呼び習わすものに対して打ち立てる要求は過当なものであり、そのためいずれにしても一致した要求にはならない。正義とは、決定＝判決や、熟考する手続きに対して差し出されうるものであろうか？　また、そのように正義が差し出された場合に、ではいったい何が起こるのだろうか？　その場合には、すでに前もって正義は土から作り出されていたことになるだろう。妥当性を授ける「正義」という符号は、何らかの偽造品ということになる。「正義」という符号が偽造品であるという事態は、偽造品が偽造品として見抜かれている場合には、つぎのような事態と矛盾しない。この「正義」という文字が、特定の複雑な諸作動に対する要約した速記文字ないしは分母として、何らかの現実の位置価ならびに組織化された役割を受け取りうるという事態である。達成貫徹されえないものは、引用したり、招請したり、命名したり、さらに（法律用語にいう）「請求」したりすることもできない。もし忘れられていないとすれば、システム内部における諸作動においては、なお安泰な状態で、つぎのことが依然としてテーマにされないままにとどまっている。すなわち、ここではシステム内部において別の名をもつもの、つまりは、諸作動を可能にするために組み込まれたひとつのコードの概念が問題になっているということである。ルーマンが行った「偶発性定式としての正義」に関する説明――ここで理解しておくべきなのは、この「偶発性定式としての正義」という概念は、すでにモナリザの顔のうちに（正義という言葉の遊動のうちに、つまり「定式＝形式」のうちに排他的に）描き込まれた口髭、つまり意識的な挑発であるということだ――は、以下のことにいっさいの疑問を抱かせない。ルーマンが、二重化〔二項をもつ区別〕について論述し、誰の目にも明らかな彼のコンセプトによって、この二重化を基礎づけたということである。だがオートポイエーシス社会理論では、つぎのことについて思考する余地が非常に少ない。すなわち、法という機能システムは、なるほど卓越した区別の言語をともなっているが、しかし、法システムの外部には、そうした機能システムによって参照されない共通語（Koiné）を語りながら生きている身体をもつ者たちが存在しているという事態――この事態を法のうちで認容することである。この事態は、すでに正義の概念のなかから生起している。正義と、これと等しい名前をもつオートポイエティック・システムの代理物とは、時間の終局点まで、ついには互いに分離したままであろう。このことは、正義と代理物を分離するという作動を行うシステムの利点として受忍されねばならない。このことに対応する形で、義務論の現場としての近代に関する基礎的なテーゼが堅持されなければならない。この義務論は、セカンド・オーダーのルーティンにおいて、もろもろの区別や、諸レベルの分化、部分的な転位を行うという進歩にもとづいて存立している。――このテーゼこそは、ルーマンが後年に行った排除や野蛮に関する探究においてさえも不問に付されたままに終わったテーゼにほかならないのである。

注

＊1――完結的な概念としての正義から可変的な概念としての正義への転換については、オートポイエーシス論以前の初期ルーマンが、研究の出発点として幾度も論じていた（Luhmann 1973 参照）。

＊2――同旨の英語タイトルで著されたコワコフスキの研究を見よ（Kolakowski 1996）。神がわれわれに対して責めを負うかという問題は、もっぱら一七世紀におけるヤンセン派かイエズス会かという

『ファウスト』のグレートヒェン的問題に結びつけられている（Flasch 1980参照）。

＊3――Kushner 1981参照。Samuelson 1997の一頁以下では、修史学的に、以下のような分類がなされている。(a)トーラ〔モーゼ五書〕の見方、すなわち、神は最善でも全能でもないと考えるもの。(b)ユダヤ教の律法学者であるラビの古典的哲学（マイモニデスやゲルソニデス）の見方、すなわち、神とは最善かつ全能な存在であり、実際のところ（現実には）悪なるものは存在していないと考えるもの。(c)近代のユダヤ哲学（コーエン、ブーバー、ローゼンツヴァイク）の見方、すなわち、神は、確かに最善ではあるが、しかし全能ではないと考えるもの。Eskola 1998も参照。

＊4――ハバクク書の第一章第二節および第三節ではつぎのように述べられている。「主よ、いつまで私は叫びつづけなければならないのか、いつまであなたは聞き届けてくださらないのか。いつまで私は『悪事だ！』と言ってあなたを呼びつづけなければならないのか、いつまであなたは私を助けてくださらないのか。なぜあなたは私に邪悪を見せつけるのか。なぜあなたは悲惨を傍観なさるのか。私は略奪や悪事を目の当たりにしている。法よりも力のほうが優越している」。また、パウロのローマ人への手紙の第三章第二五節から第二六節ではつぎのように述べられている。神は、彼〔イエス・キリスト〕を、信仰する者のためにお遣わしになった。キリストの血による贖いを通じて、神の義〔正義〕を証示するためである。それは神が、これまで耐え忍んできた過去の罪業の数々をお許しになったからである。こうして今こそ、神の義が証明される時である。すなわち、神自らが義であると同時に、神は、イエスへの信仰によって生きる者を義なる者となすのである（シュツットガルト解説付き聖書、一一三〇頁、一四二三頁）。この点について、カール・バルトは「義なる者とは、自らの忠誠にもとづいて生きる者である」と述べている（Barth 1967: 10）。

＊5――ここでは、システム／環境の区別と、この区別の両項それぞれに固有の役割をめぐる派生的―存在論的―神学の側面ないしは徴表が主題化されている。この論点に関して、Luhmann 1970a, 1970cを参照。この参照文献から三〇年を経過した現在、この論点を裏づけるための根拠を見出すことはできない。伝統的な認識論におけるあらゆる対立対置は、成功裏に「紛れ込んで」いるのである（Luhmann 1997: 60）。

＊6――この点についての詳細は、Agamben (2007: 240ff.) を参照。そこでは例として、イエズス会の教会法学者にして神学者であったレオナルド・レッシウス（一五五四―一六二三年）が挙げられている。

＊7――この点に関しては、たとえば、一九六七年に書かれたルーマンの論文（Luhmann 1970c: 114ff.）で言及されている。三年後に書かれた論文は、なお依然としてつぎのことを承認していた。古ヨーロッパ期にプログラミングされた救いの予定の遅れた実現こそが問題なのである、ということである。「われわれがアイデンティティをまさしく問題にすべきものと考えるとき――そして、それゆえに、二〇〇〇年におよぶ実体《ズブスタンツ》の探求が、われわれの課題になったとき――われわれは、つぎのような帰結を導きうるだろう。おのおののアイデ

ンティティをシステムと見なすという帰結である。これはすなわち、アイデンティティを確保するための諸条件を問い尋ねることである。このきわめて形式的な定義がより明白で理解可能になるのは、以下の場合だ。われわれがシステム概念を確定し、一定の手法を用いてアイデンティティ問題を解決する場合である。これは、内部と外部の区別を導入することによって果たされる。システムの内部においては、それ以外のほかの活動条件は、あくまで外的なものとして力をふるう。システムは、システム自身を不変の状態に保つのだが、これが意味するのは、システム内部の活動条件を有効なものに保つということである。他方でシステムは、環境の諸条件を奪取したり、交換したり、寄生虫的に利用したり、減殺したりしなければならない」(Luhmann 1970a: 44)。

＊8――とくにこのような理解に導くように思われるのは「社会の社会」というタイトルである。悪戯者の道は、きな臭い状態から、別の状態へ向けて伸びている。この道を通過していく悪戯者は、ありそうもなさがますます優勢になっていく状況に抗して進むが、あくまで強調点が置かれるのは「どうにかこうにか」というところである。その途次において悪戯者は、より早い段階で英雄になることを断念した。じつに悪漢小説の悪漢は、もはや国の誇りでもなければ、弱い者の庇護者でもないし、司直の手でも、正義の盾でもない。この悪漢は、一連の状況における予想外の勝利者にすぎない。さらに、この悪漢は、［マックス・］シュティルナーのいう唯一者である。唯一者は、自分の事柄を自らの一身に引き受ける。同様のことが、シュティルナーの社会科学バージョンであるオートポイエーシス的な社会にも当てはまる。ただし、オートポイエーシス理論においては、哲学に対して大きく距離をとりながら精細に眺めわたすことを通じて、すなわち、反省《リフレクション》ならびにセカンド・オーダーからの観察を通じて、哲学的な過当要求が唱えられる。この過当要求に応えて道を切り拓きうるのは、即自的(an sich)に存在する悪漢であるところの「社会」のみである。こうして切り拓かれた道をたどることによって、この「社会」という悪漢は、対自的(für sich)に存在する悪漢へと、自分自身を改善させる。――したがって、この改善という観点から見れば、それは教養小説でもある。この場合「教養」の語は、どのように消極的に捉えられたものであれ人格的なカテゴリーの意味において理解されるべきではない。「教養」の語は、生存する／成長する実体がさらに分化していくことを指す言葉として、生命の始原を探究するプロトバイオロジーの意味において理解されるべきである。この種の「教養小説」としてオートポイエーシス理論を捉えるならば、グンター・トイプナーによる世界法システムの進化に関する研究などは、たとえばグローバル化や断片化の問題領域において、ルーマンの法理論を彼とは異なる仕方で継承することであるとも解されよう。

＊9――侵されていないレベル(inviolate levels)のコンセプトについては、基本的にHofstadter 1979: 687ff. を参照。同コンセプトの解釈と、それをめぐる批判的かつ刺激的な考え方の提起を行っているものとして、Rossbach 2000: 30ff. を参照。ロスバッハは、ルーマンのオートポイエーシス理論を、歴史学的な現象として正当に評価しよ

うと試みている（ただし、なお残存する疑問は、オートポイエーシス理論がグノーシス派の系譜学へ連なっている問題である。他面、ロスバッハの研究が、侵されていないレベルの脱構築／解体を行ったルーマンの動機について、その背景にあった文脈を、伝記的かつ歴史学的に詳細綿密な仕方で解明している点は特筆される）。

＊10――この挿入によって暫定的に指示されているのはつぎの事態である。すなわち、宗教とは信仰と非信仰の間の個人的決断であるとする見方が広く普及しており、またこれに関連して、いわゆる無神論の有意性をめぐる問いが存するという事態である。この事態について、前述部分では、キリスト教の受容をめぐる問い、とりわけキリスト教の調査研究や制度的歴史をめぐる問いとは区別したまま論じている。

＊11――これの神学的側面についてはGogarten 1953を、新たな道を拓く議論についてはAgamben 2007を、それぞれ参照。アガンベンは、非政治的で、非哲学的で、そのうえ非神学的な契機が支配＝統治に寄与してきた長い伝統について、これを緊急の圧迫状況〔例外状態〕によって完成される伝統として総括している。そうした状況下で典型的に見出されるのは、個人でも人類でもなく、そうした〔個としての人間と類としての人間の〕両者の中間に位する何ものかである。この中間的な何ものかは、長い歴史を通じて「家」と名付けられてきた（この「家」は、ギリシア語ではoikosまたはoikia〔いずれも家、家庭、住居〕であるのに対して、ラテン語ではfamilia〔家族や氏族〕と表記される）。家について気遣うこととしてのoikonomia〔家政〕が、すなわちエコノミー〔経済〕である。ハイデガーの「道具」概念やフーコーの「装置」概念、そして何よりも、経営＝管理こそが権力が振るわれる第一の現場であると述べる聖人伝のテーゼは、ここでひとつの系譜学に直面することになる。――その系譜学とは、時には怒りの警句（聖人伝）によって、時には学説（フーコーやルーマンなど）によって伝承されつつ広範囲にひろがった見方を、厳密に定義された近代の始期において準備したものである。この近代の始期とは、政治学的な観点でいえばマキャベリやボダン、ホッブスらが活躍した時期であり、社会制度的な観点でいえば一八〇〇年頃のことであって、この頃には、この見方を相対化する兆候も強く現われていた。

＊12――『形而上学』第四巻の第四章第三節一〇〇六a（Aristoteles 2003: 55. 筆者のほうで翻訳に修正を加えている）参照。

＊13――この支配形態についての見方は、つぎの両極のあいだで揺れ動いている。すなわち、自律性の限界を承認する控えめな極（Teubner 1990: 245ff., Luhmann 1993: 63f.）と、「帝国」であると主張するけっして適度とは言いがたい極（Dworkin 1986. この書物『法の帝国［Law's Empire］』は、現在のところドイツ語では出版されていないが、このことは、タイトルがドイツ語に翻訳された場合にもつであろう胡散臭い響きと何らかの関連があるのかもしれない）である。デリダによってとみに有名となったタイトルであり、それ自体が問題を含んでもいる（この点についてはAgamben 2001を参照）タイトルであるところの「力」（force）は、よく法（Recht）の特質として理解されている（ただし、法律［Gesetz］の特質ではない）。しばしば

一種の症候群的に不正確な引用がなされる「法の力」を参照のこと。

＊14――Courtenay 1990. 合法的な権威と区別できない力〔権力〕と、行使することと区別できない力のあいだの差異についても比較せよ（Agamben 2007: 122ff.）。

＊15――この点については、Schweppenhäuser 1995 を参照。後続部分についても、ベンヤミンの覚書に関するシュヴェッペンホイザーの解釈を引証している。

＊16――ここでの「Gut」〔財＝善〕とは、ただ善のみである。この善によって、「財は所有を欠いた状態になる」。属性としての善(Bonum) は、財がその「所有という性格」を喪失する事態を生み出す。この事態は、財が没収されたり、そのほかの何らかの方法で財の支配者が不在になったりする事態と同一視されてはならない。むしろ重要なのは、財が所有されたり、財の「所有という性格」が承認されえたりする事態を、そもそもの最初から阻止することである。個々の「財」(Gute) は、「善」(Gut) とは異なる地位を占める。その地位とは、法外的で、超功利的なものである。所有という性格に対して――正しい意図にもとづいて――社会という所有者〔公有〕を――私的な所有者〔私有〕に代えて――あてがったとしても、その所有という性格が消し去られるわけではない（Schweppenhäuser 1995: 47f.）。

＊17――あらゆる比較可能とされるものの比較不可能性に関する問い、ここから帰結するあらゆる比較に対する懐疑可能性に関する問いがある。比較することは、実験的な仕方でもなく、刺激によるものでもなしに、比較を課す全体社会の機能によって、システム的に救済され、あるいは正当化されうる。この問いについては、さまざまな観点から述べられた Detienne 2000 および Smith 1990 を参照。トイプナーが論じるように、もし正義が、種々さまざまな共存しあう数多くの規範秩序の特性である（あるいは、そうではない）とすれば、その場合、比較不能なものを比較する領域は、人類学や宗教学の領域をはるかに超え出て拡大し、いわば「比較にもとづく正義探究」と呼ばれうる領域にまで達するであろう。またその場合、社会学的なもの(Corsten et al. 2005) の範域は、概念的なものの範域にまで拡張していくだろう。

＊18――ケルゼンと同様に、ルーマンもまた、正義を生み出すというお門違いな振舞いの義務から、法秩序を解放した。この解放をルーマンは、正義という原罪を、法から倫理に向かってたどっていくなかで行った。倫理が自ら〔法に優位する〕「超規準」を自任しようとする高慢さを、この原罪は罰するのである（Luhmann 1993: 373f.）。

＊19――「システム自身は、つぎのような仕方で、正義を指し示さ〔なければならない〕。すなわち、正義が命じられていることを明らかにし、かつ、その正義によってシステムがシステム自身を理念、原理、あるいは価値としてアイデンティファイする、という仕方である」(Luhmann 1993: 219)。

＊20――このような有意性の喪失は、最善の場合であってもせいぜい不安定なまま在庫を吐き出す状態にとどまるが、しかし他方で消失に至ってしまうことはけっしてない。この有意性喪失の諸様相については、神学的な諸源泉や後期の宗教人類学の諸研究に向けられたマ

ルセル・モースの新しい議論を参照せよ。モースは、栄光（Herrlichkeit）というキーワードのもとに議論を展開している。Agamben 2007: 219-276.

＊21――「制限性」という用語は、少なくとも一九七六年まで遡るものだ。この「制限性」という用語のほうが、後の「オートポイエーシス」という用語よりも、疑いなく深遠な仕方で、理論の発生を跡づけている（Luhmann 1981c: 249）。一九七六年当時には「作動上の最小前提」として（よりくわしくは、ひとつのコードが働くための条件として）以下のことが論定されていた。すなわち「ある問題解決を取り消すことは、別の問題解決の真実らしさを高める――問題解決の取消しは、けっして無意味なことではないし、たんに困惑だけを後に残すのではない」。――この一文は三一年後の現在、未来の予測として読むことが可能であり、それは驚きをもたらすことだろう。

＊22――ラテン語の「industrius」〔勤勉精励〕とは、より古くは「endo-struos」であり、「内側に建造すること／秘密裏に建造すること」の意である（Benveniste 1969: vol. 1: 306 参照）。

＊23――もっともトイプナーは、以下の点を認識している。すなわち、法システムが「ルーティン化された回帰的な作動」を打破し、遮断し、妨害〔怠業〕し、破壊し、それによって「あらゆる意義を超克するような自己超越」を強いたとしても、まさしくそれによって法システムは、さらなる法的作動の産出を強いるような継続的な圧力のもとに置かれることになる、という点である。ここで示唆されていることは、ダブル・バインドや「評判の悪いことで有名な二重の定式化」などのたんなる洗練されたバージョンという以上のことではないだろうか？　この二重の定式化とは、たとえば「理性と意志（ratio et voluntas）」とか「理性と権威（ratio et auctoritas）」のように、それをもち出すことでほとんどすべての事柄が議論可能であるような定式化のことであり、法システムに関してもまさにあらかじめ前もって語られるべき定式化のことである。

＊24――ただしトイプナーは「限界づけられた」という摘示によって、手続きにまつわる基礎的な事実、すなわち、手続きが踏み行われ、その成果物が後に残されるという事実に言及しているわけではない。トイプナーは「限界づけられた」という語を「視野狭窄な」という意味合いで用いている。――つまり（そのほかの部面に関しては、からっきし駄目な）特質を示す言葉としてである。

＊25――サミュエル・ベケットの詩の一節も参照せよ。「ここには未来はない。悲しいことだが、それが事実なのだ（No future in this. Alas yes）」（Beckett 1989: 10/11）

＊26――Luhmann（1997）の三八二頁を見よ。「インフレーションが発生するのは、コミュニケーションが、それに備わっている信頼調達力を超過してしまうとき、すなわち、本来コミュニケーションが生み出しうるレベルを上回るような信頼を前提としたコミュニケーションが行われるときである。その際、メディアは、シンボルの価値の切り下げという仕方で対応することになる」

＊27――聖化については、エジプト学の資料を引証するLuhmann 1993: 219 を参照。

＊28——本書におけるトイプナー論文を見よ。この前提に対する異議は、Luhmann 1995b のなかに存する。

〔訳注〕ミヒャエル・コールハースは、ハインリヒ・フォン・クライスト作の小説『ミヒャエル・コールハースの運命——或る古記録より』(翻訳は吉田次郎訳、岩波文庫、一九四一年）の主人公。馬商人のコールハースは、あるとき領主から不正に馬を奪われて駄目にされる。それを上位の諸侯に訴えるが、ことごとく却下された挙げ句、自分の妻まで兵卒によって殺されてしまう。おのれの正義感から憤激したコールハースは復讐を決意し、盗賊団を結成。領主の城へ襲撃し、逃げた領主を追って各地の町々を焼き討ちにしていく。その結果、コールハースの訴えはついに認められ、領主に対して馬の償いをさせるに至るが、同時にコールハース自身は、復讐の過程における殺人や破壊行為の咎により死刑に処される。自己の正義に忠実であろうとする行動が、不正義へと立ち入ってしまう消息が描出される。

法の主観性と主観的法

第4章

クリストフ・メンケ

権利

形式のパラドクスによせて[*1]

システム理論は脱構築と同様に、近代法を自己反省的なものだと考えている。近代法は、その差異をおのれのなかに含んでいる。つまり近代法はおのれのなかに、「社会的人格」と「具体的人格」からなる「二-側-形式」としての法的人格の概念(Luhmann)に典型的に示される、そのパラドキシカルな体制を含んでいる。しかしながらシステム理論は、法のパラドクス生成的な自己反省をどのように解釈するかという点で、脱構築と区別される。システム理論は、自己反省的法のパラドクスを形式形成的な力と規定する。このことは、ルーマンによる、権利という形姿の解釈に示される。それに対して脱構築は、決定不可能な二義性をパラドクスと形式の関係において展開する。すなわち、法のパラドクス生成的な自己反省は、形式解体的であるのとまったく同様に形式形成的なのである。ここに自己反省的法のパラドクスのパラドクスがあり、デリダはここにその本質的に政治的な性格を見ている。

差異における法

哲学的な法の考察

一八世紀の後半のどこかの時点で、哲学において法の考察の新たな仕方が始まる。つまり、法の他者との関係で法を考察すること、すなわち、法を「差異において」考察することである。この考察方法で新しいのは、法を何かしら他なるものと関係づけることではない。新しいのは、この関係が、つまり法の他者が、もはや(正統化の)歴史の点では理解されないことである。法の他者は、自然状態から社会状態ないし法状態への移行についての契約論的構想のように、法がそこから出てくるような、法に先立つものではないのである。今や、法の他者は、法と並び、法に対抗し、したがって法とともに同時に存在する。「法を差異において考察すること」は、法をその他者との、法でないものとの、持続的な関係において考察することを意味するのである。

差異において法を考察するという方法の一八世紀の後半における登場は、法の断固とした自律化から説明される。というのは「法の自律化」が意味するのは、たんに、法が超越的源泉をもたないこととか、他者(「自然」)からないしそれに対抗してその設定という行為を通じてはじめて発生する――したがってまた発生しないことができたはずであり、そのかぎりで偶発的である――ということとかを意味するだけではない。そうではなく、「法の自律化」は、また、法が他者と異なったものであるということも意味する。すなわち、したがって法がそれの遂行によって生じるところの区別は絶対的な地位をもたず、ただたんにさまざまな可能な種類の区別のひとつであるにすぎず、また、こういう意味でも偶発的であるということも、意味する。つまり、法的な区別かそれとも、ほかの区別が遂行されるかは偶発的であるからである。法とその区別の方式と並んで、ほかの区別の方式があるが、一方が他方から導かれたりほかのものから発生する過程によってもたらされたりすることはない。法を自律的なものとして理解することは、法とその他者を等根源的なものと見ることを意味する。この見方こそが今や「反省的」と名付けられる。このとき、「反省」はもはや、何かをそのなかに隠された根拠へ差し戻すことではない。今やむしろ、「反省」は、何ものかを他者との区別において考察すること――法の根拠づけではなく限界づけを意味する。

このように法を区別において考察することは、一八世紀以来の哲学を法にかんする啓蒙として推し進めることになり、したがって、――自律的法とは啓蒙の営みなのだから――啓蒙の啓蒙として推し進めることになる。しかしながらこのとき、法の哲学的考察において、区別において法を反省することが、法の遂行ないし法における遂行とどのように関係するかは、決まっていない。しばしば哲学は、法への反省的パースペクティヴがおのれの特権としておのれに属すと考える。そのとき法への反省は法の外側でのみ行われる。それに対して、システム理論と脱構築は法の自己反省を考察する二つの異なる方法である。両者は、区別において法を反省することを法の批判として理解するような「批判」の、批判的解除においてこれを行う。

全体性、危機、パラドクス

法の自己反省への問いは、法への哲学的な反省と同様に差異における法の反省であるのだから、法への哲学的反省に対応するのだが、ニクラス・ルーマンの出発においてより厳密に表現されている。――ルーマン（1993: 132）によれば、法は、人びとがどのような予期に社会的支えを見出すかを知ることができるようにする。ここに法の機能がある。すなわち、「予期の安定化」が重要である。そのためには法は、「規範的予期」に対応する行動とそれに違背するような行動を区別できなくてはならない。そのために法コードが役に立つ。すなわち法の端緒には、非対称的な値、「法」という積極値と「不法」という消極値の区別がある。しかしながらそこから、法システムは複雑にもつれた論理構造を通じて成立することになる。ルーマンはこれを区別するものへの区別の二重の再参入として記述する。

(1)法1と不法1の法コードの区別は、法2のなかで引かれる(再参入1)。こうして、法1と不法1を区別する、法のシステム(法2)がその環境から区別される。その環境は、法1と不法1の区別をなさず、そのかぎりで不法2である。

(2)しかし不法2は、法がそれでもって何も始めることのできない「他性の無限の空間」(Luhmann 1993: 174)を形成する。法の他者(不法2)は、法1と不法2の区別をなさないものすべてである。したがって、法2は法と不法の境界を二度目に、今度は逆方向に横断しなければならないし(再参入2)、法の他者の内部で区別を実施する。不法2の領域内では、不法1は「法に従った作動の惹起シグナル」(Luhmann 1993: 175)と見なされうるように、法1から区別されなくてはならない。

外側における、区別されたものへの区別の第二の再参入を通じてのみ、内側で法システムが形成される。このことは消極的にはつぎのことを意味する。法システムが、それ自身からは、その作動においては、かの法1と不法1の区別によって規定されていないかぎりで不法2と見なされうる、「他性の無限の空間」に関係づけられえないということである。しかし厳密にはこのことが、区別における法の哲学的反省を引き受けている。すなわち、この反省はかの「他性の空間」に向けられ、そこにおいて法に対向してほかの可能なる諸区別を発見し、そして哲学[*2]はこのほかの諸区別に法を関係づける。さて、この哲学的な法の考察方式は三つの段階に区別できる。

「区別における」法の哲学的考察は、近代の理性法（カント）が超越的な法の基礎づけの崩壊のあとでも依拠しうると信じたヒエラルヒー化の危機に始まる。理性法的には、法のその他者に対する関係は理性と感性のヒエラルヒーというパターンにしたがって構成されるが、その際、この関係はもはや（上位の善対下位の善として）倫理的に考えられるのではなく、構造的に理性的形式と経験的素材の関係として考えられる。法がより高度の領域であるのは、人びとがそのなかにのみ滞在できる（あるいはそれが最善である）という意味においてではない。法が、「感性的なもの」が正統である範囲の境界線を引くからである。このヒエラルヒー化を、区別における法の哲学的考察は、「支配」ないし「暴力」として退ける（Schiller, Hegel, Menke 1996: Kap. 5 u. 6）。それは基礎にある「形式的な」理性概念を「弁証法的な」理性概念で置き換え、理性を、通約不可能なほど異なった区別方式のそのつどの義認を見る能力と規定する。その際に異なったものの義認という弁証法的な考察方法は、それらの区別方式を形成する全体、「総体性」の洞察に至る、あるいは、それに根拠づけられる。この総体性は、さまざまな規範的区別方式のなかで共有され（そしてこれを社会的「諸領域」に展開する）、近代的な「人倫」の総体性である。

区別における法の考察の第二段階は、ヘーゲルの学徒であったキルケゴールとマルクスで始まる。彼らは統合化的な理性（とそれを確立する弁証法）という概念を幻想にすぎないとして退ける。というのは、人倫的総体性という概念においてまさに暴力が再生産されるのであって、その暴力のゆえにこの概念は理性法的ヒエラルヒー化を非難したのであったから。ここからシラーと若きヘーゲルの議論と左派ヘーゲル学派のそれとの明白な対応関係が現われる。しかしながら総体性モデルに対抗する議論は、理性法的ヒエラルヒー化の暴力性に対するもともとの非難のたんなる反復を越えて進む。すなわち、それは人倫的総体性のうわべだけ和解せしめられた諸契機を支配する、止揚不可能な矛盾に関係している。今や支配や暴力ではなく、統一性や全体性が問題になる。このことによって、法の哲学的反省の第二段階は「批判」の時代として定義される。このとき「批判」という作動は、人倫的総体性が統合すると約束した諸領域が真実には互いに対立しているということの証示に向けられる。すなわち批判は表面的に統合された諸契機を「定立された反乱」(Marx 1977: 295) と読むのである。しかしながらこのことは、法がそこにおいてその他者と統合されるべき人倫的総体性に対して妥当するばかりではない。このことはすでにして法自体に妥当するのである。すなわち、法の「批判」はそれ自身のうちに、それが非和解的矛盾において対向するところの、その他者を発見するのである。これが「危機」の構造であり、批判はその危機の思考だと理解される。危機は、「人びとが通常の機能状態のあいだは……静かに等閑視できると考えている……『もの』の質的存在が、……突然に(物象化された合理的志向には突然に)決定的な一撃を与える要因になる」(Lukács 1970: 201f.) 瞬間である。したがって危機が証示する区別はもはや法のその他者に対する外的な差異ではない。むしろ危機の概念が主張するのは、危機において非和解的な矛盾へと先鋭化される、法の差異が、法自身のなかに含まれるということである。すなわち法の他者は法に内在的である。ここにこそ、批判が危機の思考として総体性の思考を越える決定的な一歩がある。すなわち批判は法を、それはその他者をたんに自身に対抗するものとしてもっているのではなく、おのれのなかにもっている、という具合に理解している。こうして危機の批判的思考によって、法の新たで複雑な概念が際立ちはじめる。すなわち法はもはや差異における反省のたんなる対象であるばかりではなく、差異を自分のなかに含んでいる。批判にとって重要なのはもはや差異における法ではなく、法のなかの差異なのである。

しかしながら批判は、法における他者の内在をその乗り越えの地平においてのみ思考しうる。すなわち法の他者は法に内在するが、しかしこのことは、批判の読み筋においては、法が解体することを意味する。この解体は、批判のなかで予示され、批判によって促進され、決断において実行される。すなわち批判的なるものは、「切断し決断する態度」(Benjamin 1977: 202) なのである。批判的態度において法はその他者と互いに向きあい互いに自立して対抗する。しかし法はそれにその他者への差異が内在するかぎりで存立するのであるから、批判的態度において法は同時に解体される。これが危機の批判的思考の限界である。すなわち批判は、(1)法の差異を、人倫的総体性のいかなる概念においても統合されえない根本的な他者性の関係だと考える。批判は、(2)法の他者を法に内在するものだと考える。すなわち法はその他者をその条件だと考える。しかしこの二つの方向から批判は、(3)法は自身のなかにその他者が内在するがゆえに解体において概念的に把握されると推論する。すなわち、法は決断を要求する危機をおのれのなかに有していると推論する。

　批判的態度の地平の外部で法における他者の内在を思考することを可能にするモデルが展開されるとき、差異における法の反省はその第三の段階に達する。それは総体性のモデルと危機のモデルの後の、法のパラドクスのモデルである。このときパラドクスは、二つの対向的な契機の結合に存する。すなわち法は、おのれのなかにその他者を含んでいる。危機のモデルは、二つの契機がただ外面的にだけ共存し、互いに統合されえず、したがって互いに分離されざるをえないと想定する。法はそれ自身において矛盾するものとして解体する。これに対してパラドクスのモデルは、二つの対向的な契機の結合によって——法はおのれのなかにその他者を含む——、法が存立するあり方を記述し、その持続、それどころか安定性すらがそれに負うところのあり方を記述する。それは、法がそれ自身をすでにその他者へと関係づけているということを前提にする。危機のモデルは、法のその他者への関係を外部からの哲学的観察という反省的作動だと考えた。総体性のモデルは、法自身が他者へ関係するのを見る——しかし、それはつぎのようなかたちでだけである。法はこの関係を「等閑視し」（ルカーチ）、抑圧しさえする、というのは——批判のテーゼによれば——法はその他者であることはできないからだ、というわけである。しかるにパラドクスのモデルは法を、法はその他者へ自分自身を関係づけるというふうに理解している。そのパラドキシカルな体制——それがおのれのなかにその他者を含んでいる——は、法の反省的性格に対応している。

したがってパラドクス・モデルは、差異における法の反省の構造と効果を総体性のモデルと危機のモデルとは別様に理解しているだけではない。パラドクス・モデルはまさにそれゆえに法を別様に理解しているのである。すなわち、それ自体がすでに反省的なものだと理解しているのである。ここにおいてパラドクス・モデルは近代法のモデルである。[*3] 近代法は危機的な自己解体の過程として理解されえないのと同様に人倫的に統合された総体性としても理解されえない。というのは、それには他者が内在しているだけでなく、――ここではそれが「パラドキシカル」ということなのだが――それがその他者をおのれのなかで配慮しているからである。

システム理論と脱構築は法のパラドクス・モデルの二つのヴァージョンである――法をその反省的体制において思考し、したがってそのパラドクスから思考しようとする二つの試みである。しかしながら、それらはこれをはっきりと異なった仕方で行う（Ellrich 1995 参照）。システム理論は自己言及的な法のパラドクスを形式形成的な力として探究する。これは近代法の基本的法形式、つまり権利という法形式についてのルーマンの解釈に示されている。この法形式は、形式となった、自己言及的法のパラドクスなのである。それに対して脱構築は、パラドクスと形式の関係において決定不可能な二義性を展開する。すなわち法のパラドクス生成的な自己反省は、自己解体的であるのと同じくらい形式形成的なのである。自己反省的な法のパラドクスは、法のパラドクスは権利という形式を際立たせるとともに問題化するという、パラドクスのパラドクスを思考することなくしては思考されえない。ここにこそ同時に、――ジャック・デリダにならってこう言いうるのだが――自己反省的法の本質的に政治的性格が存する。

権利と、包摂のパラドクス

法の（その他者に対する）哲学的に考察された差異をパラドクスと考えることは、決断の目的論の外部で危機を考えることを意味する。法の危機――これはそれを通じてパラドクスになる――は、その保持と対立するのではなく、法が存立する形式である。しかしながらその批判の批判において、その決断の批判において、パラドクスのモデルは危機の概念の最初の二つの契機をしっかり保っている。すなわち、法がそれから区別されるところの他者は、(1)法と異質であり、かつ(2)それに内的である。ここに、ルーマンが権利（＝主観的法）の概念のゼマンティク的革新における密かなプログラムとして読み解いた、法の変化が表現されている。権利の概念の導入による「法意識の組み替え」(Luhmann 1981d) は、法自身のなかでの法のその他者に対するパラドキシカルな関係を表現する。「法の主観化」は法のパラドクス化を意味する。それゆえにルーマンは、権利の概念の導入においては「法意識の近代社会への組み替え」が重要だと言うのである。

この組み替えにおいて法は正義から権利へ転換する。すなわち、法の「ius－ゼマンティク」(Luhmann)、つまり人倫的に善き行為の規範は、権利の概念、つまりある物事への規範的要求に置き換えられる。[*4] この組み替えは、近代の自然法においては、これが法の根拠の新たな設定であるというふうに反省され、あるいは綱領化される。人格が根拠の地位を占め、こうして自らを「主体」なりと主張する――このようにルーマンはハイデガーをほのめかしつつ定式化する。「哲学のデカルト主義的転回によって『主観（主体）』というタイトルは新たな意味を帯びるが、そのときそれは個人がその権利の基礎にあるということを言い表わすことになる」(Luhmann 1981d: 81)。権利という新しい形式の自然法的解釈はルーマンによれば最期をとげた。「すべての権利を主観性の上に基礎づけるという構想はもはや理解されない。主観概念は強調と日常使いで同時に擦り減ってしまう」(Luhmann 1981d: 97)。しかしそのことによっては、「権利」という形式は、福祉国家の政治によって別の仕方で脅威にさらされるとしても、同じように擦り減ってしまうわけではない。この形式の観念史はすでに近代自然法以前の後期スコラの諸論文に始まっており、あるいは少なくともそこで準備されているけれども(Luhmann 1981d: 48-57)、その観念史はそこまで主観のなかに(諸)権利を基礎づけるという時代遅れになった構想に埋没するわけではない。むしろ権利という概念が指示するのは、社会的包摂の構造がそれによってパラドキシカルになるところの、「諸個人の全体社会への関わり方」の根本的な変化である。すなわち権利が言いおよぶ「主観という型」は、権利の根拠ではなく、「機能的全体社会分化の相関物である。そのさい主観は……諸機能システムの対向者である。それは事実のテストに依拠するのではない。それは構造的に再生産されるひとつの想定なのである。すなわちそれは、諸システムの外部にあって包摂への要求をもつ人間を象徴する想定であるが、しかしまさにそれゆえにius sive justum(法または正義)という意味での法が何であるかを法システムに対して基礎づけることはできない想定である」(Luhmann 1981d: 98)。しかしながらまさに自然法的な基礎づけの型に対抗して権利という概念の社会構造的なこの意義を明らかにするためには、まず、権利への転換とともに現れた形式変化を規定することが必要である。

権利の非対称性

法の概念におけるこの変化は、より厳密には、そもそもひとつの法＝権利とは何であるかについての理解の根本的変化として記述されうる。ひとつの法＝権利とは、ひとつの人格の、もうひとつの人格の義務に対応する何ものかに対する要求である。そのような義務づける要求、あるいはまさに権利は伝統的なゼマンティク、法＝権利の「ius－ゼマンティク」においてはつぎのように理解される。すなわち、特定の人格の要求こそはほかの特定の人格がその何かについて義務を負っているということにおいてだけ根拠づけられうるというふうに理解される。それゆえに、この権利はまた、「特殊的」ないし「人格における」権利と呼ばれる（Hart 1985: 77-90, Feinberg 1980: 130-142）。すなわちそれは、これらの諸人格が相互に（通常は互いに異なる）権利をもちあうような、諸人格間の互酬的関係にところを得るのである。ひとつの人格の権利要求には、ここではもうひとつの人格の義務が対応し、後者の人格からは再び前者に対する権利要求が生まれる。この対応関係自体が一般的で共有されたものとして前提される正義理解から力を得る。たとえ権利を生成する「責任」が「債務者」の自由意思にもとづく行為——たとえば約束や契約締結——を通じてもたらされたとしても、要求と義務と対応は、（たとえば「保護者の立場と未成年者の立場、君主の立場と陪臣の立場」〔Luhmann 1981d: 73〕のように）所与のものでありうる、または、（約束を与えるものと受けるものの立場のように）自由意思にもとづいて取得されうる、特定の通常は異なる立場にある諸人格間の正義にかなった関係という理念に担われる。というのは、「正義とは、……ある立場において他者への観点から負わされるものだからである。すなわち、正義とはこの立場特殊的でかつ社会的な意味においてratio（理性、法則）、mensura（尺度）、commemsuratio（計量性）、aequalitas（均等）、adaequatio（対等）なのである」（Luhmann 1981d: 51）。したがって権利は伝統的な理解では正義の一般的な規定にもとづいた特定の人格の間の関係を定義する。すなわち、権利とは特定のほかの人格がなすべく義務づけられたものに対する要求なのである。

ルーマンが法の近代的な「主観化」をそれが今や「請求権をもつこと、要求しうることに転換した」（Luhmann 1981d: 59）こととして記述するとき、このことは当然ただちに、ほかの人格たちを義務づける個別の人格の請求権が今はじめて現われたということを意味しえない（し、するべきでもない）。むしろ革新は、請求権をもつこと要求をなしうることが第一次的になり、したがって同時に無制約になったことにある。すわわち、法が諸権利に転換されたことにある。権利が特殊的ないし人格において理解されるかぎり、それは二次的であるのと同様に部分的な現象である。それは、客観的に妥当な正義にかなった関係という理念に導かれる、特定の人格ないし立場の間の関係を定義する。このことに対応するのは、たとえば十戒における汝殺すなかれのような基本的な道徳的禁止は他方における諸権利を背景にして人びとが向かうというふうには理解されないということである。ここには一般的な殺されない権利はない（Hart 1985: 83）。まさにここに近代の法の組み替えがある。法は今や一般的な、事物に即した（in rem）ものと理解され、特定の人格に対するものとは理解されないということである。ある権利をもつということは、今や未規定的にすべてを、「全世界」「全体としての世界」（Feinberg）を義務づける、何ものかに対する請求権をもつことを意味する。権利の概念は今やもはや正義にかなった互酬性に還元されず、「facultas（〜なしうること）、形成権という第一次的意義」（Luhmann 1981d: 54）を獲得する。この意義が第一次的であるということは、つぎのことを意味する。権利をもつことをかたちづくるところの、〜できる、すなわち請求権をもつことができること、それを要求できること、は共有された正義観念と社会的位置どりを通じた二重の条件付けから解放されるということである。ある人格の権利は、もはやほかの人格がそれに対してもったり関与したりする義務を通じて生み出されるものと理解されるわけではなく、反対にある人格の義務がほかの人格の権利に応えるものと理解される。「どちらかといえば請求権がそれに相関するところの義務に優先する、あるいはそれより基本的である」（Feinberg 1980: 149）。法が権利＝主観的法に転換したことは、権利が義務に先立ちしたがってそれを生み出すことを意味する。特定の人格の間や特定の立場の間の特定の権利が登録される互酬関係が、非対称化される。したがって今や、それによってある人格が端的に、つまり不特定の他者――「すべての」他者に対して、事前に存在する共同体にそのものとともに属することなく、義務づける権限を行使する、主観的法が存在しうる。権利の新しい概念には、この権限、この、〜できる（facultas）が属している。すなわち、特定の人格としての人格、特定の関係における人格ではなく、人格そのものに、不特定の他者たちに対抗して与えられる、義務づけうる力。したがって、「主観」としての人格に与えられる権限ないし、なしうる力。

法における主観――個人の自由

こういう定式化を見ると、権利という形姿を法の根拠づけの形姿として読むことが着想される理由がわかる。というのは、人格としての「主観《ズブエクト》」、したがって特定の諸関係の外部にある「主観」に、不特定の他者を義務づけうる請求権を与えることは、主観たることに、特定のそのような主観から掲げられる請求権を義務づけられるべきものにしたり、まさに法的なものにしたりする特性が、結びついていると理解せざるをえないように見えるからである。権利の「主体《ズブエクト》」が権利の担い手として同時にその根拠でもあるというわけである。法主体のこの理解に対するルーマンの異議はこうである。法における主体《ズブエクト》、権利の担い手は、法の根拠としての主観《ズブエクト》たりえない。というのは、法における主観《ズブエクト》は「個人」だからである。「権利の人格への帰属は……自由に関係する。この場合はこの概念は（人間学的にそれほど早計な判断を下すことなく）『個人主義的なもの』と見なされうる」。権利は「個人の形成権」を守る（Luhmann 1981d: 56）。したがって法の「主観化」よりは「個人化」を口にするほうがよく、「権利」によって現われる個人化はたんに消極的に理解しないほうがよい。つまり、それはもはや（約束、契約、家政、統治などの手続きがさまざまな立場を指示し、したがって権利と義務を正義にかなった仕方で分配するように）人格を内実ある正義観念に志向された共通の実践のなかに置くような互酬的立場によって定義されるのではない、というふうに消極的にのみ理解するのは好ましくない。むしろ、権利による個人化は積極的に、つぎのことを意味する。すなわち、権限を与えられた人格は消極的な自由の可能性、意のままの選択の自由の可能性によって特徴づけられるということを意味する。「権利は自由のための形式であり、今やそこに機能をもつ」（Luhmann 1981d:

60f.)。

さて近代自然法の展開において、つまり理性法への展開においては、法が諸個人に保障するまさに自由の概念こそが、同時に諸個人の権利を基礎づけるべきものであった。ホッブズにとっては、彼が「自然的」でしたがって任意に処分可能なものと理解した自由はまた「自然的な」、すなわち誰をも義務づけない権利のみを根拠づけえたが（Zarka 2000: 13)、カントは自律性の概念に、法の根拠にふさわしい自由の理解を得ようと努めている。というのは、自由はまさにそれによって義務と権利が確定されるところの立法の（理性）能力として理解されるからである（Schneewind 1998参照）。自由ははじめて権利の形式の一含意から「目的」となり、そして法の根拠となる。これに対して、法における主観《ズプエクト》は法の主体《ズプエクト》にふさわしくない（法における主観《ズプエクト》は「個人」だから）というルーマンの異議が言っているのは、法を拘束的な法律として基礎づけることのできる自由、すなわち自律性の自由は、法を権利として含意したり前提したりするところの自由ではない、ということである。というのは、権利の担い手がもつ（もたざるをえない）自由は、自律性の自由ではなく、個人的ないし私的な恣意だからである。さらに言えば、これは権利という形式を基礎としてのみ妥当するのである。それは何のためであるかに関わりなくそこにあるのであり、そこに根拠づけられる。すなわち権利はその担い手を私的な恣意の自由をもつ個人として構想する（あるいは名指す）。

以上のことはすでに、権利は、使用することが個々人の任意にゆだねられた法的お墨付きを表わす、という根本的な意味において、権利について言えることである。根本的な新しさは、ここで同時に、ある人格の権利要求によってほかの諸人格が義務づけられた目的をほかの諸人格が実現しなければならないかが、この人格がおのれの法的権限を使用するか否かにかかっているということにある（Feinberg 1980: 156f.)。それはその使用の可能性のみを意味し、したがってほかの人格の義務は権利保持者の任意にゆだねられているということが、権利をもつことに含まれている。こうして法は、権利への転換によって、実体的な正義観念の貫徹の手段であるという規定を失う。法の本質が権利を保護することにあるところでは、むしろ法は個々の権利保持者の意思に拘束される。「それ（すなわち、法）は、個人が望むときそのかぎりで望み、個人が望まないときは望まない。つまり法はおのれの意思を私的意欲の実情にしたがって引っ込める」(Luhmann 1981d: 66, 1993: 489参照)。法が実際にその「目的」を追求し個々人の権利の尊重を貫徹するか否かは、（法の全領域においてではないが広い領域において）個々人の私的意欲に依存する。

　個々人の意欲は、その規範的な質が法による評価を免れている点で「私的」である (Wellmer 1993)。しかしこのことは、個々人がおのれの権利を要求するか否かに関わるだけではない。それはまたさらに——これは、権利と個人的自由が結びつく、第二にさらに進んだ意味に至る、——何のために個々人がおのれの権利を要求するか、そしてしたがって、何がこれらの権利を保護したり実現したりすべきなのかにも、関わる。これもまた、法による規範的評価から免れる。したがって、特定の意欲と行為に対する権利をもつということは、この意欲と行為において正当だということを意味しない。法の伝統的なius－ゼマンティクを知っている一方の人格の、特殊的ないし人格における権利は、ほかの人格の義務において正義にしたがって基礎づけるから、それはつねにある人格の、もうひとつの人格の側における何らかの善きものへの請求権である。すなわち、約束や契約の履行、保護の実施や服従である。ある人格の、もうひとつの人格のたんなる行為への特殊な権利などない。それに対して権利は、その形式にしたがって、権利保持者がよい物事や悪い物事（あるいは、何でもない物事）についてしかじかの形で利用できる自由ないし可能性の空間である。権利は個人に、善きものに、おのれの請求権の尊重に他者を任意に義務づけたり義務づけなかったりする力を与える。そして権利は個人に、任意に何かの「事物」を処分し自分で善きことをしたりしなかったりする力を与える。

法的人格の二つの側

権利の形式において法は「私的意欲の実情にしたがってその意思を引っ込める」。このことをルーマンは、法がここにおいて「自己言及的に構成されて」いるというふうに記述する（Luhmann 1981d: 66）。このとき法システムの「自己言及性」は、他者言及を意味する。すなわち、その他者、「私的意思」で屈折し境界づけられることである。同時にルーマンは、法システムの自己言及性の形姿ということで、「私的意欲」でのこの境界づけのことを考えているのだが、しかし、リベラルな理論と同じように考えているのではない。すなわち、あらかじめ存在する「自然な」ないし「道徳的な」（「主観《ズプエクト》としての」）人間における法の基礎づけとしてではない。権利の形式で生じる、私的意欲での法の屈折は、基礎づけ連関を表現するのではなく、「全体社会の機能的分化による諸個人のそれへの参加」が投げ込まれている深くにまで及ぶ変化を反映している。「最終的に重要なのは、それ自体として全体社会システムとパーソナルシステムのより強い分化を要請し、それに対応して相互浸透のより抽象的で可動的な形式を見出さなければならない、全体社会の新種の分化形式なのである。人口の全体社会への包摂は、新たな諸形式にもたらされねばならず、そしてこの必要物は権利という形式へと表現される。というのはまだそれは実現されていないから」（Luhmann 1981d: 84）。法の権利という形式への転換は、その他者、私的恣意での法の自己言及的境界づけの確立を意味し、こうして近代諸社会への包摂の本質的にばらばらになった構造を表現している。

権利の形式において近代諸社会のパラドキシカルな包摂が遂行されるならば、この形式は——古典的リベラリズムのように——私的なものの解放と立法者の制約としてのみ理解することはできない。むしろ権利という形式は、ある構成的な両義性によって規定されるのであり、その両義性をルーマンはつぎのようなものだとほのめかしている。「社会的コントロールは、行為可能性の許容に帰せ（られる）。……諸権利と諸義務のあらかじめ存在し評価された共棲のかわりに行為への社会的委任が現われる」（Luhmann 1981d: 74）。権利はこの定式化において二義的に表われている。なぜならば、それは一方では「許容」として、すなわちすでにあらかじめ存在する自由の顧慮として規定されているが、他方ではそれは「委任」として、すなわちこれからはじめて創造されるべき自由を生み出すこととして規定されているからである。この二義性が権利の担い手としての法的人格の概念を定義する。というのは一方では、法的人格は私的恣意の審級であるからである。人格の概念は、どの社会システムにおいてもそうであるように法システムにおいても通用するが、しかしそれが特徴づけるのは、「個別の人間の具体的本性の個人的唯一性ではなく」（Luhmann 2005b: 141）、社会的コミュニケーションにおける参加者である。すなわち、人格として名指すことは、「行動可能性の個人に帰属せられた制約」（Luhmann 2005b: 142）なのである。このことは法システムにもあてはまる。すなわち、まさに権利の形式における私的恣意に対するその自己限定の作用のなかで、法システムは諸人格に、すなわち「社会的相互作用の規律」の「集合的構想」（Luhmann 2005b: 142）に関わりうるのである。権利をもつこと、したがって法的人格であることは、未規定な「主観」であることではなく、所有者、契約締結者、顧客、取引参加者、国家給付の受給者、メディアや政治の公共性の参加者などであることを意味する。しかしそのことは同時に、これらの役割を実行するか否か、どのように実行するかが私的恣意にゆだねられているような形において、それはそうであるということを意味する。これが権利という形式の構成的な二義性なのであり、この形式において、私的恣意の解放と委任が、そして委任によって同時に制約が、社会的人格に不可分的に結びつけられている。

権利のこの二義性の基礎にある論理は、法的人格を「人格という形式」がかたちづくる一般的構造の一特殊事例と解釈すれば、より精確に把握できる。社会的コミュニケーションにおいて個々人は人格として現われることによって、「アクセントは、……行動可能性の制約に置かれ、したがって、この制約によって何かが他方の側であると、人格に属さないものであると示されるという点で、形式におかれる」（Luhmann 2005b: 142）。このことがまさに、あるいははじめて、「人格」を「形式」として理解することを意味する。「そのときひとつの人格は単純に一人の人間ないし個人としてのもうひとつの対象であるばかりでなく、ひとがそれによって人間的個体を観察するところの、もうひとつの形式なのである」（Luhmann 2005b: 142）。どの観察の場合もそうであるように、人格の（あるいは、という）形式も「他方の側」をもち、そして「すべては、この形式のもう一方の側は何であるか、したがって、どういう特殊な点で、ある人格は、人間でなくなったり個人でなくなったりすることなくして、非人格になりうるのか、を見出すことにかかっている」（Luhmann 2005b: 142）。人格という概念をそのように二つの側をもつ形式として理解することによって、一方では、「そもそもほかでもない人格／非人格という形式図式において観察する」「契機」への問いに答えることが可能になる（Luhmann 2005b: 142）。この問いへの解答は、人格概念が二重に偶発的な社会的コミュニケーションにおいて果たす機能にある。すなわち、「可能性の余地の制約」（Luhmann 2005b: 143）である。しかしとくに、人格を二つの側をもつ形式として規定することによって、「一方の側」の「他方に対する側」への関係を問うことが可能になる。このとき決定的な規定は、「人格は心的システムと社会システムの構造的カップリングに役立つ」（Luhmann 2005b: 146）である。以上のことによって、「人格という形式」は第一に内容的には両方の側の規定によって、第二に構造的にはそれらの関係の規定によって、記述される。

　内容的規定が意味するのは、ある社会システムにおける「諸人格」の観察の「他方の側」は、その場合も「心的システム」としての個別的人間だということである。「人格という形式」のこの両側の間で、原理的で追い越し不可能な異他性ないし他者性が支配的である。すなわち、「（個別的な！）人間」はいつも〔社会〕システムの環境の一部である。いかなる人間も、その再生産が（どのような有機的システム次元であれ心的システム次元であれ）社会的作動となり全体社会ないしそのサブシステムを通じて遂行されるという形では、社会システムに組み込まれえない」（Luhmann 2005c: 158）。「個別的人間」の自己再生産は社会的コミュニケーションにおける役割や立場としての人格のそれとは構造的に異なっている。この社会と人間との差異はつねに妥当する。ルーマンはそれを、〈意味〉が処理される二つの方式の差異として説明している。すなわち、社会システムにおけるコミュニケーションを通じたそれと、心的システムにおける意識を通じたそれである。とはいえ、社会的人格と個別的人間の差異についてのこの説明に説得力があるのかどうかということには直接依存せず、ルーマンは、こうした差異が近代社会においてその機能分化にもとづいてそれ自体として際立っていると診断している。ここでそれは、「内容的かつ時間的にそのつどユニークな役割マネジメントに狙いを定める『個性』という近代的なゼマンティクを生み出す」（Luhmann 2005a: 125, 1965: Kap. 4参照）。権利の担い手としての法的人格に関しては、このことは、法的人格の「他方の側」は「個人」である、ということを意味する。

また「人格という形式」を「心的システムと社会システムのカップリング」として構造的に規定することは、つぎのことを意味する。すなわち、「人格」が心的システムとしての「個別的な人間」との架橋不可能な差異において社会的コミュニケーションへの参加者を特徴づけるときも、「人格」は心的システムをまさにそのことによってつねに「個別的な人間」への解消しがたい関係において特徴づけるのである。このことによってまさに、「人格」はひとつの（二-側）形式になる。あるいは、この「個別的な人間」との二重化において「人格」が語られるときのみ、人格は形式として理解される。「人格」という形式は、それが心的システムをもうひとつの区別を通じて「過形式化」（Luhmann 2005b: 146）するという形でのみ、存在する。人格はひとつの側であるだけではない。それはもうひとつの側のひとつの側なのである。したがって両側はいつもすでに結びついている。その架橋不可能な差異というのは、「リアルな連関、因果的相互作用が不可能であるとか、共進化が起こりえないとか」(Luhmann2005b: 145) というようには理解されてはならない。

反省的になる

「人格」という形式の両側のリアルな連関と相互作用、したがってそれらの共進化は、いつも存在している。これらのリアルな連関は意味連関——「意味」は両側でどこか翻訳不可能な仕方で別様であるから——をなさないし、因果連関——あるシステムはもうひとつのシステムに対してその現状に応じてのみ作用するのだから——もなさない。「人格」という形式の両側は、むしろ相互的な「刺激」を通じて結びついている。それでルーマンはこのことを、心的システムの社会システムへの作用に関して記述している。『刺激』ということで、オートポイエティック・システムがおのれのスクリーンを通じて、攪乱、両義性、予期はずれ、逸脱、非一貫性を、続けて処理できる形式で認知することが理解されるべきである」(Luhmann 2005b: 141, Menke 2004: Kap. 5)。社会システムはその心的環境、個別的な人間に攪乱を認知し、しばしばそれにもとづいてその人格概念を変える。

反対の、社会システムから心的システムへの影響については、ルーマンは別の、もっと射程の広い記述を与えている。「ひとつの人格であるという意識は、心的システムに通常の場合は社会的なＯＫサインを与える。逸脱的な場合には、システム内で処理可能な刺激という形式を与える。その意識は、人格としておのれについて困難な状況にあるときはある程度注意して、したがって抜け道を探る機会を得る」(Luhmann 2005b: 146)。しかしながら、個別的な人間の心的システムが、その人格たることがそれに対して有する作用にもとづいて試してみる抜け道は、いつもこの固有の人格たることとの種々の関わり方にのみ存する。すなわち、「心的には人は、この区別の両側を見ることができ、境界を横断することと同様に一方の側に人格に忠実にとどまることもできる」

(Luhmann 2005b: 146)。

「人格」という形式の両側の間の相互作用の眼目は、この相互作用が反省的になりうることである。すなわち、心的システムは、「ひとつの〔社会的〕人格であるという意識」をもち、したがって、「この区別の両側を見ることができる（右記参照）。しかし明らかに、心的システムにのみ自己反省――すなわち、区別の両側から一方の側について見る能力――があると信じるのは、主観という「擦り切れた」ゼマンティクへの逆戻りであろう。ルーマンの中心的テーゼはこうである。権利という形式は、「自己言及という問題が〔いわば〕脱主観化され」(Luhmann 1981d: 99)、権利自身に関わらせるときのみ、理解される。まさに権利という形式は、まさに、法システムの反省性（Reflexivität）が表現されるひとつのあり方なのである。心的システムが社会的コミュニケーションのなかでおのれ固有の人格たることにかんして陥る困難からの抜け道について考えをめぐらすことができるのと同様に、社会システムも、それ、すなわち社会システムに作用する攪乱を、心的システムに対するおのれ自身の作用の反作用であると解釈することができる。したがって、心的システムがおのれを二つの側の一方として見ることができるのと同様に、社会システムも、個別の人間の心的システムをその他方の側にもつということを反省できる。

こうしてルーマンの二-側-形式たる「人格」という概念によって、法が権利という形式を作り上げたときに法のなかに入ってくる自己言及性をより厳密に規定することができる。権利という形式における法の自己言及性は、まさに、法的人格そのものが反省的になることに、したがって法自身のなかにおいて二-側-形式として、したがって他方の側、すなわち個別的な人間に対する関係における一方の側として、反省されるということに、ある。権利という形式は、法的人格が反省的になることと、それ以上は遡行不可能な形で結びついている。

このことは、権利という形式の存立とまったく同様に発生についても言える。発生論的視角からは、そのことが意味するのは、法が（したがって法的人格の規定が）もはやその心的環境における出来事を通じてだけ刺激されるときではなく、法が第一にこの出来事をおのれ自身の作用として自ら引き受け、第二に、たんに法的出来事（判決）にだけ関わるのではなく権利という形式にも関わる推論を逆行的に引き出すときに、権利という形式への転換が現われるということである。権利という形式は法の自己反省の帰結である。より詳しく言えば、その対象がたんに法とほかの社会システムとの間の関係だけではなく、個別の人間という非 - ないし不 - 社会システムと法との間の関係の自己反省の帰結である。[*5] しかしまさにそれゆえに、法の自己反省は、権利という形式の確立によっては終局にいたらない。むしろ権利という形式の本質は、法の継続的な自己反省の過程にある。つまり、二 - 側 - 形式としての法的人格へのその反省、したがって、絶え間なき相互刺激の領野としての、法的人格と個別的人間の差異への、——本質的に不安定で苦悶のもとですらある差異への——反省にある。

権利という形式の規定は、それは二重に記述可能なパラドクスを法へ導入するというふうにまとめられる。

(1) 法主体　どの法システムも、コミュニケーションの社会システムとして、人格の概念でもって作動する。人格のどの概念も、したがって、法的人格の概念も、ひとつの形式概念なのであり、二つの側をもっていて、社会システムと心的システムのカップリングに寄与する。権利の担い手としての（法的）人格の概念において、この二重性がはっきりと表われている。それはここにおいて法主体の約分不能な二重名指しという形態を想定する。すなわち、社会的処理手順の参加者として（参加者はこうして、この社会的事項処理手順の社会的に規定された善に志向するものとして、つねにすでに理解されている）、そして、私的恣意の審級として（したがって社会的にはブラックボックスと思われ、規範的には善と悪との此岸にあるものと思われる）。法的主体の名指しにおけるこの二重化は、約分不能であり、それが権利という形式を定義する。以上が法主体のパラドクスである。

(2) 法の自己反省　法の権利への転換は、近代の法システムの自己言及性が表現される形式のひとつである。

この自己言及性には、ひとつの根底的な反省性が対応する。これは、あらゆる法的作動のほかの法的作動への依存性に限定されない、反省性である。法の反省性は、たんに法内在的なだけではない。むしろ権利という形式によって与えられる法の反省性は、その他者、その心的「環境」において法を考察し限定する。このことが意味するのは、法が規範的に何かしらの他者にカップリングされるということではない。法の閉鎖性は差異におけるその自己反省において存立したままである。いやむしろそこにおいてこそ達成されるのである。差異における法の自己反省は、それが権利という形式を通じてその他者への関係を自らのうちに含みこむことにある。[*6]

権利への法の転換のこの解釈が正しければ、それは差異における法の哲学的考察については二つのことを意味する。というのは、それは、差異が法に内在しているということだけを、法がその他者をおのれのなかに含みそのことを通じておのれのなかでそれと直面するということだけを意味しているのではない。むしろそれはまた、法がそれを知っている、あるいは反省しているということをも意味しているのである。その他者に対する差異における法の哲学的考察というプログラムは、外からの考察のプログラムと理解された。これはまさに、内在的であるがゆえに法構成的な差異を危機として思考することを意味する。すなわち差異は外からのみ見ることができるが、しかし法のなかではぼやけさせられ抑圧されねばならない。まさに、法が自分を自分では理解できないところに、法の危機が存する。権利という形式への転換を考察して判明したのは、実際はこうではないということである。差異における法について知ること、それへの反省は法自身のなかに根付いているということである。法の外部ないし上部に位置どっていると信じ、したがって法において不可避的に不可視にとどまる何ものかを見ることができると考え、だから哲学的にそれが可視的にされたならば法を危機に追い込む——こうした哲学的考察は、現実には、法に関して権利に構成的な反省を明るみに出しただけである。というのはこのような反省なくしては権利はあるまいからである。

このようにしてはじめて、危機のモデルからパラドクスのモデルへの一歩は踏み出される。両方とも、法の他者は法に内在的であると言っている。危機の概念はこの他者の内在の構造を決断さるべきものと理解する。すなわち、解体されうるばかりでなく、解体されざるをえないものとして。そしてそれは、法は他者の内在に耐えることができないので、解体されざるをえない。それは法のなかで抑圧されているものなのである。これに対してパラドクスのモデルは、それは法のなかで反省されるものであると言う。法のなかで法の他者が反省されることを、権利という形式はもたらす。

パラドクスの政治

批判、システム理論、脱構築

法のパラドクスというシステム理論的テーゼが法の危機という批判的診断に対してかかげる異議は、それが法における他者の内在を誤って理解しているということである。それは、その差異に対する法の反省は法に対して批判的ではなく、法にとって構成的であることを、権利の法にとって構成的であるということを、理解しない。というのは、それは、法は反省のたんなる対象にとどまるのではなく、差異におけるその自己反省の遂行かつ表現なのだということを理解していないからである。システム理論から見れば、批判は他者の内在にもかかわらず外部の思考なのである。*7 法の他者はそれに内在的であり、かつ、外的なのである。法に法内在的な他者の外在性は、決断のなかで実演される——(批判が駆り立てるとともに予言する)危機において。そこでは法の他者は法から切断される。それに対して、システム理論はあらゆる「他者言及」にもかかわらず固有のものの思考である。法の他者はそれに内在的であり、そうであるがゆえに、あるいはそのかぎりで、法にほかならない——法のかたちをしたものである。法とその他者との間での決定は、批判あるいは危機においては、概念的に不可能である。システム理論が外部の批判的思考に対して向ける議論は、「[その他者、すなわちその環境への]言及はいつもシステム固有の作動であるつづける」(Luhmann 1993: 178)からの帰結であるとされる。法のなかで起こることはすべて法を通じて遂行される。もちろんこのことは「システムを通じてのシステムと環境の区別の『内在化』の諸形式」(Luhmann 1993: 77)にとくにあてはまる。これには権利という形式も含まれる。人格と個人の間の法的人格の概念における区別は、「システム固有の作動」(Luhmann 1993: 77)である。このことを決断の批判的思考は誤解している。というのは決断の批判的思考は、法の法に内在的な他者は法から独立に、法へのいかなる関係もなくともその規定をもつということから——それどころか、それは法への関わりから切り離されることによってはじめてその真実の規定を得るということから、出発するからである。しかし、法に内在的な他者は法を通じてのみその規定を得る。法の社会的人格からの区別なしには私的恣意をもつ個人は存在しない。それは、法から切断されることによって、「それ自身」である、あるいはそれになる、ということはなく——そのときむしろそれは「それ自身」ではもはやなく、そもそもない——、それが法の名宛人であるところの法へのその関係においてのみ、「それ自身」になるのである。

しかし固有のもののシステム理論的思考は、そこから誤った帰結を導き出すのである。法がなすことのすべては、また、法のおのれに「固有の(いつも固有のものでだけありうる!)作動」(Luhmann 1993: 92)でもあるということが、この作動が狙っているものを法の固有のものにするわけではないし、ましてやそれが作り出したり発揮したりするものを法の固有のものにするわけではない。あらゆる構成主義と同様に、システム理論は、——システム的——可能性の条件への洞察にもとづいて、可能となったものの——客観的——内実を否認し、同時に、可能化条件を踏み越えるもののすべてを否認する。一般化して言えばこうである。システム理論は、あらゆる志向的作用においてその充実をなす自己超越を思考しえない。そして法における法の他者の思考にとってはこのことはつぎのことを意味する。法のその他者からの区別が法に内在する、あるいはまさにそれが「固有の」作動である――そうでないとしたらいったい何だろう？――というおのれの洞察を、システム理論は、したがってあるいはそこにおいて法の他者は法に固有のものになる、何かしらそれ自身法的なものになるということだ、と理解している。しかし法の他者のその規定を法を通じてのみ経験し、この法への関係と独立にはいかなる規定ももたないということは、そのことによってそれは法として規定されるということを意味しない。恣意としてシンボル化されあらゆる人倫から自由な個性は、権利という人格の反省的形式における他方の側としてのみ存在する。それゆえに、この連関の批判的解体は、それによってはじめて真正のものとなる解放された個性を保持するのではなく、それが解放しようとしたものを消滅させる。しかし同時に、恣意としてシンボル化されたあらゆる人倫から自由な法における個性は、法には把握できない異他的なもの、すなわちどんな法的規律からも構成的に免れるものは、残る。すなわち、法システムのなかでなされる、法的人格と個人の区別は、非対称的なだけでなく、法を踏み越えるような区別――そこにおいて法がおのれを踏み超えるような区別である。したがって、外部の批判的思考とシステム理論的な固有のものの思考の間の二者択一関係自体が疑問になる。すなわち法自体こそが、おのれをおのれから区別するのである。しかし法自体がなすことというのは、まさに、おのれをおのれから区別することである。

ここにいたって、法の危機の批判的診断の二つの動機が際立ちはじめる。それらの動機は、システム理論的パラドクス・モデルによる批判の原理的批判が正しいとしてもなお正当である。すなわち、(1)法の解消不可能な不安定性と(2)中断をもたらす反省の力である。

(1)危機の概念はいかなる理論的洗練にも先立って法の本質的な不安定性に関わる。法の他者が法に内在的であるという批判的洞察が言っているのは、法は法の形式においては適切に表現されえない何ものか、法の言語には理解不能にとどまる何かに関わることによってのみ存立しうるということである。批判的思考の診断の欠点は、法には理解不能な他者を法の外部で適切に分節化され理解されうる何ものかとして実在化することにある。批判的診断は、「外部の思考」である。というのは、それは法の他者が法におけるその置き間違いや歪曲から純化された状態の思考だからである。これに対してパラドクス・モデルの本質的洞察は、法の他者は法とのその差異においてのみ存立するということにある。すなわち、法の他者は、その他者との区別を通じて確立されるのとちょうど同じように、法との区別を通じてはじめて確立するということにある。法もその他者もお互いの間の差異によって生み出されるのだから、法もその他者もいかなる決断によっても分離されえない。というのは、そんなことが可能なら、法が消えてしまうだけでなく——批判はそれを望んでいるわけだが——法の他者も消えてしまうだろうからである。しかし、二つの区別されたものが当の区別へ双方向的に依存しているからといって、したがってまた、そうした区別されたもの同士が相互依存しているからといって、これら二つの区別されたもの相互に異他性を失わないのである。ここでシステム理論は単純な区別で話を進めている。すなわち、環境の理解不能で因果的に作用するだけの「ノイズ」か、しからずんば、システム内の、したがってそのコードにしたがって作動する意味であるか、である。しかし法が反省的になることによって、ノイズは法のなかに達するのである。こうしてノイズと意味の単純な区別、外部と固有のものの単純な区別は、かいくぐられる。ノイズが存在すること、意味はノイズの他者であること、これらのことが意味の内的規定になる。法システムの自己構成がその自己反省になることによって、内容——ルーマンが権利という形姿にそくして示したように——だけでなく、法の形式も変わる。個人の「ノイズ」に場所を与えることが法的〈意味〉の意味に属す。ここからは危機の診断が正しい。すなわち、法は権利へのその転換によって新たな仕方で不安定になる。こうなるのは何も、作出されるものすべてがそうであるように、法も外部のものによって条件づけられているからというだけではない。こうなるのは、法が何らかの意味で働くということが、その他者への、いつも一瞬だけ妥結せられるが最終的には統一不可能な二重の関係において、成立するからである。つまりここで問題なのは、法的コミュニケーションが意味も与えることはできないが、しかしその意味の条件として反省せざるをえない、ノイズとして存立するからである。

(2)批判の概念は、法の差異への反省は法の遂行を中断させるという洞察に出発点を置いている。というのは法自身における法の差異への反省はこの差異を確認するだけではないからである。法の差異は注目され顧慮されるべき所与性ではないからである。むしろ法における法の差異への反省が、はじめて差異を生み出すのである。ここから、法における法の差異への反省はいつもまた法に対向的に向けられる。つまり、反省の前に法が存立するかのように。しかし法の危機の批判的診断が法における差異を外部的なものだと誤解したように、危機の概念も反省がもつ法への敵対性を誤って理解している。危機の概念はこの敵対性を、法とその反省とがお互いに外的なものだというふうに理解している。批判が言うには、反省は法についての真理を、法自身は理解せず、何よりり、受け入れえず、したがって排除ないし抑圧せざるを得ないところの、言葉に表わす。それゆえに批判的反省は、法の解体を先取りし、危機、すなわち法をその他者から切り離す決断が実演される。これに対してシステム理論的パラドクス・モデルが示したのは、権利の形式を通じた近代法の「組み替え」自体がすでに法の自己反省の表現であり遂行であるということである。システム理論はこの基礎の上に単純な等値を基礎づける。すなわち、法自身のなかで法自身によって差異における法の反省が起きるのならば、反省は法的なのであり、反省は法を生む。すなわち、法の自己反省が法の自己構成である。しかしながら、法のなかで法によって遂行されるということは、法であるとか法を生み出すとかのことを意味しない。むしろ差異における法の自己反省は権利という形式を、自己反省がこの形式を解体するという理由においてのみ、生み出す。すなわち、法の他者への反省は、それ自身が本質的に非形式的であり、無定形態（Amorph）という理由によってのみ形式産出的なのである。差異における法の自己反省は、構築であり解体でもある、法の「組み替え」（ルーマン）に至る。というのは、法の自己反省を適切に表現する法の形式など存在しえないからである。ここにおいては批判の概念は正しい。差異における法の反省の遂行は、法の形式を破壊する。まさに法を生み出す法の自己反省が法を中断させもするのである。

批判に対するシステム理論的批判は、法に対する外部として他者を同定することに向けられる。——「決断」への批判的こだわりに。これに対してそれは、法を他者にしっかりかみ合わせる区別の解消不可能性を定立する。この他者へのかみ合わせに法のパラドクスは存する。しかしシステム理論は決定不可能性の一面しか考えていない（だからそれをパラドクスとして考えているのであって、決定不可能性としては考えていない）。つまり、法の他者は法に内在的であり、権利の形式を構成すると考えている。しかしながらシステム理論は、法のなかでの法の他者への法の関係は構成的であるのと同じくらいに破壊的でもあるということを見ていない。法自身の内部において法の他者へ法が自己反省的に関わるということがそれ自身のものとして生じるのであるから、その関わりは法の新たな形式、権利という形式を生み出すのである。しかし法の自己反省的関わりは法の他者にも妥当するのだから、それはそれが生み出す権利という形式を同時にふたたび解体する。

この決定不可能性の思考に、法のシステム理論から脱構築への一歩がある。脱構築は、システム理論と、決断の地平のなかで法の差異を思考する批判の概念への批判を共有する（Derrida 1991: Teil II, García Düttmann 1992参照）。脱構築は、「外部の思考」としての批判のシステム理論的批判を共有する。[*8] しかし同時に脱構築はつぎのことを示している。そのことによって法の危機的繊細さは克服されず、反対に、絶えることなく、法の批判的中断は不可能ではなく、逆に遍在するということを示している。というのは、外部の批判的思考の脱構築的批判は、法を、その環境をおのれの区別に変換するところのひとつのシステムとして現象せしめるのではない。外部の思考によって、固有のものの思考も愚鈍になる。それが、脱構築がシステム理論と批判に対抗して向けるところの、まさにその議論である。法が、まさにそれが解体するものによって構成され、同時にまた、法は、まさにそれが構成するものによって解体される、という議論である。

　法のパラドクスというシステム理論的テーゼでは（多かれ少なかれ深く）隠されている、この脱構築的議論が、今、――システム理論的自己理解に反して――法の自己反省の政治的性格を露わにするような観点で展開されるべきである。

法における抗争

　法の差異における反省は、法の人倫理論的概念と手を切り、権利という新しい形式を生み出す。私的個人と人倫的規範からのその自由に関係する、法の形式である。権利という形式は、差異における法への反省を通じて――非法的なもの、それどころか非社会的なもの、「個人」ないし「人間」の差異において――生み出される。権利という形式において、差異における法の反省は表現される。しかしながら、権利という形式のこうした（「本質」）規定は、この形式が社会的現実において現象する仕方とは抗争する。権利という形式は、それが社会的に現実化するときに、その反対物に転化する。権利という形式は、法の差異を表現するのではなく、置き違えるひとつの形式として現象する。権利という形式がその本質にしたがってそれであるところのものは、その本質をその現象においては貫徹しえない。したがって権利という形式の不能、無力と言ってもよい。つまり権利という形式は、おのれがそれであるところのものであることができないということ、また権利という形式はおのれの本質を現象させる力がないということ。これによって、ルーマンによって記述された二つの現象が可視的になる。

　まず、権利という形式はその政治的道具化に対して無力である。ルーマンによれば、このことは現代の福祉国家に示される。ポスト人倫的プログラムに従う福祉国家は、これを権利という道具によってみなしうる。「まさに福祉国家はそのプログラムを新たに作出された膨大な権利によって実現する。……社会的意図は、まさに個別的授権を利用する」(Luhmann 1981d: 88)。福祉国家は人倫的法への逆戻りではない。しかし権利は福祉国家においては、「自分自身を基礎づけ他者の相補的な体験のみを前提とする私的恣意の権利にはとどまらない。それはその形式を保持しているが、しかしそれは数多くの規制によって制約されている……。こうして権利の担い手性と支配の一致、『所有』という形姿のモデル機能は解消される。コントロールは権利の名宛人に移動する。つまり、権利を満たすべきものに移動する。というのは、この名宛人とは福祉国家なのであって、この国家は権利保護の条件を定式化すると同時に、その条件をおのれの目的プログラムの枠内で変化させるからである」(Luhmann 1981d: 89)。権利は今や「実定法自体の手段となる。人はその使用の際にもはや主体のことではなく、人間を考え、自己活動ではなく利益を考える」(Luhmann 1981d: 90)。権利という形式は、個人の仕舞い込むことのできない差異への反省から生じる。それは「恣意」という未規定の資格のもとで理解される。しかし同時に権利という形式は政治的なプログラムの貫徹の道具となりうる。政治的プログラムは私的恣意の代わりに「人間的利益」を置き、したがってこれを所与のもととして前提にし、その充足を約束するばかりでなく、「保障する」。福祉国家のような政治的プログラムは、権利を手段として、まさに権利という形式がはじめて生み出した差異をかいくぐる。

第二に、権利という形式はそれ固有の通常化の傾向に対して無力である。というのは、利益政治のプログラムのためのこの形式の道具化だけが、法の差異における反省からの権利の出現との抗争に至るわけではないからである。むしろ権利という形式は、この差異を、偽るというかたちでのみ表現できる。このことから、権利の「主体」は――権利を「もつ」主体は――たんなる私的恣意の審級としての個人ではありえないということが出てくる。というのは、個人はたんにそれ自体としては法のなかでは、まったく名指されえず、法のなかの社会的コミュニケーションに参加しえないからである。むしろ私的恣意の審級としての個人は、ひとつの形式、法的人格というひとつの形式のひとつの側なのであり、その必然的なもうひとつの側が社会的コミュニケーション参加者としての個人なのである。そのようなものとしてのみ、したがってそのつどに社会的に規定されたものとしてのみ、個人は権利をもちうる。それゆえに、通常化する介入、すなわち権利の担い手を社会的コミュニケーションにおけるその役割を通じて定義することが、権利という形式に書き込まれている。権利のどの定式化も、したがってどの規定も、その形式がかたちづくるものと競争して働く。権利のどの定式化も、したがってどの規定も、法的人格の反省的概念に書き込まれている、人格と個人の間の差異を平準化する。権利という形式に、そこからこの形式が生まれてきたところの差異を表現し通用させる力のないことは、その根拠をこの形式自身のなかにもっている。権利という形式そのものが、それの出生地を覆い隠し、抑圧する。

この二義性が、たんに、権利の二つの作用様式、すなわち通常化と個人化の抗争として記述されるのならば、誤解である。たんに、法がつねに外的目的と固有のシステム論理の間の抗争のなかにあるということだけが重要なのではない。むしろ法による通常化への傾向と法の道具化への傾向という、両方の傾向が、法の内的抗争を示している（Derrida 1991: 27-31参照）。すなわち、権利の形式と、その根拠、すなわち法の差異への反省の間の抗争である。より精確に言えばこうである。それらは、あの形式とこの根拠の間の統一不可能な関係の間の抗争を表わしているのである。それらは、権利という形式が差異における法の反省を実現すると同時に抑圧し、表現すると同時に偽る、ということを表わしている。というのは、権利という形式が道具化されるということ、そして、それは通常化するものであるということ――これらの双方が意味するのは、それがまさに、その出生地であるところの法の差異の反省的現在化に対抗して自らを差し向けるということを意味するからである。つまり、政治的プログラム化の道具として、そして通常化作用をもつ名指しのメディアとして権利という形式は法の差異を偽るからである。そしてこのことが再び意味するのは、法の反省がつねにまたそれが生み出す権利という形式にまたも対抗して発動されねばならないということを意味する。したがって、権利の二つの作用様式の抗争には、差異における法の反省の「存在様式」における抗争が対応する。すなわちそれが権利という形式を生み出し、それが権利という形式に対抗して自らを差し向ける。それは権利という形式の根拠であると同時に対抗者である。

システム理論を越えていく、この脱構築的一歩を、つぎのようにも定式化できるだろう。システム理論は、自己反省的な法のパラドキシカルな構造をつぎのように定式化する。反省的法のパラドクスは、それがそれ自身においてその他者に関係づけられることにある。すなわち、それがそれ自身をその環境において反省することにある。しかしシステム理論は、ここでパラドクスは論理構造にのみ存するわけではないことを、つまり、法がそれ自身をその他者へ関係づけていることを、誤解している（あるいは十分にはまじめに受け取っていない）。法の他者への自己関係は、パラドキシカルな構造をもつばかりでなく、それゆえにまた、法において、パラドキシカルな状態、パラドキシカルな現実存在をもつのである。法のパラドクス生成的な自己反省は、法において、不在的である、すなわち権利の形式において偽られている。しかしそれはそれと同程度において、現前的である、すなわち、権利の形式において表現されているのである。現実、すなわちパラドクスの存在様式そのものがパラドキシカルなのである。行ったり来たり、来たり行ったり。システム理論を越えていく、脱構築の一歩は、パラドクスのパラドクスを思考するところにある。

法の形式と政治的行為

法のパラドキシカルな構造のパラドキシカルな状態が示される第一のあり方は、法の自己反省の二義的な時間性である。差異における法の反省を時間的に位置づけ、差異における法の自己反省と権利のその新たな形式の間の経過のクロノロギーを規定しようとする、どの試みも、止揚不可能な二義性にさいなまれる。

一方の側では、権利という形式は実定法の根本形式だということがある。近代法はもはや行為に人倫的内実を指図することによっては規定されない。むしろそれはその決定を私的選択意志に結びつけ、そうすることによって人倫的評価から独立にこれを認めるという形式によって規定される。法のこうした「組み替え」において差異に対する法の反省は表現される。法は、その差異に向けて反省し、したがって権利の形式を受け入れた。法の差異における反省はすでに生じ、こうして完成し、過ぎ去ってしまった。したがって、反省は、すでに生じたものとして、産出的であった。すなわち反省は、法の近代的な「組み替え」を導き、権利という形式への法の転換をもたらした。

しかし他方の側では、法におけるその反省から権利という形式が生まれるところの、法の差異はまさに、この差異が表現されるところのこの形式によってふたたび覆われる。権利という概念に、この形式は外的な目的のために道具化されえ、内部に向かっては通常化する方向で働くということが属すのであれば、法における法の差異への反省は、表現されない。権利という形式が道具化されえ通常化的であるかぎりで、差異における法の反省はなお生じていない。反省はやはり、なおなされなければならない。[*9] 法の差異は権利という形式では表現されておらず、権利という形式に対抗してなお分節化されねばならず、したがって反省されねばならない。権利という形式が解消しがたく二義的であるように——法における法の差異の、同時的な表現と隠蔽——、法における法の差異の反省は解消しがたい地位をもつ。それはいつもすでに生じていていつもなお遂行されねばならず、いつもすでに過ぎ去っていていつもなお将来的である。権利という形式があるので、差異における法の反省はいつもすでに生じたし、この形式の確立において反省はその表現を見出し、またそれと同時にその目的を見出した。しかし権利という形式はつねにふたたび道具化され通常化的に作用するので、差異における法の反省はなおまったく現実には始まっておらず、法のなかでの法に対向する法の差異は、なおこれから作動させられなくてはならない。

反省のこの時間的二義性に、脱構築はその本質的に政治的な性格を見る。すなわち、法の自己反省を思考するためには、政治的なものの概念が必要なのである。システム理論が断定するところでは、法と政治は「二つの異なった、各々それ自体で作動的に閉じたシステムであり、各々異なった機能と各々異なったコード化と各々異なったコード依存的プログラムをもっている」(Luhamann 1993: 417) のであるが、その政治的なものの概念はこの断言に対立する。というのは、それが、「政治的」と呼ぶべきであるような過程の「地位ないし不明確な様式への問い」で、「すでに」あるか、あるいはそれにほかならないからである。この問いの解答は、「二つの可能性の間で果てしなく戸惑い得て、どちらへと決断することなく永遠に揺れ続けることができる」[*10]。過程の存在様式、様相における、この戸惑い、この振動、が、差異における法の反省の政治的なるものをかたちづくる。

法の反省の様相的な決定不可能性は、すでにその時間的二義性に示されている。過ぎ去ったものとしては、反省は、終結してしまっただけではなく、そのことによって法のある形式規定になってしまいもした出来事である。法は、――すでに――権利の形式を受け取り、そこにおいて非法的なるものに結びつくことによって、反省的である。それに対して、なお出現しつつあるものとしては、反省は、これから始まるべきものであるばかりでなく、それゆえにまた法のひとつの行為でもあり、転換でもある、遂行である。法は――なお――、権利という形式が通常化するのと同様に道具化可能であるのだから、反省されねばならない。差異における法の反省は、決定不能に二義的である。つまり、形式であり、行為である。その際、それは、差異における法の反省が両方の意義において述語として帰属せしめられる一個同一の主語であり、そのことを通じて統一不可能な仕方で分類される一個同一の主語である。法において差異における法への反省が起きたとき、それは準対象的なものとして、形式をもつ対象として、理解される。これに対して、法が差異おける法への反省をなお遂行すべきであるとき、それは活動的なものとして、ある行為をしてみせる準主体的なものとして理解される。法の反省は、形式と行為の間で決定不可能であり、構造と主体の間で決定不可能である。そしてこのことは、法の反省が展開する差異、反省がもたらすパラドクスにもあてはまる。法における法の差異の反省がつねにすでに生じておりつねになお遂行さるべきであるのと同様に、法のパラドクスも同時に両方である。つまり、すでにそこにあって構造となっていると同時に、行為によってつねにこれからはじめて生み出されなくてはならない。法の自己反省は、したがって法のパラドクスは、事実であると同時に要請であり、存在であると同時に当為である。

まず示されたのは、差異における法の反省は権利の根拠である、——しかしまた、この根拠は、それがもたらす形式において置き違えられるようなものでもある——ということである。そこから、この根拠の出来は、したがって差異における法の反省の表現的な遂行は、それがその根拠であるところの形式に対抗的に差し向けられる。これが、差異における法の反省の「アイロニー」である（Derrida 2003: 131）。この、法の反省の（それがもたらす）法の形式に対する——アイロニカルで、したがって決定不能な——対立に、その政治的契機が含まれる。というのは、法の反省自体は無形式的である——形式解体的であるのと同じくらいに形式生成的であり、形式生成的であるかぎりで法破壊的である——ということが、法の形式に対するこの対立の条件だからである。法の反省自身は形式という存在論的なカテゴリーを通じては把握されえないかぎりで、それはそれを解体しうるのと同様に生み出しうる。デリダは、これを、「暴力」ないし「力」、つまり*force*という別の存在論的カテゴリーで呼んでいる。「私にとって重要なのは、力と形式の関係である」（Derrida 1991: 15）。力のみが、ひとつの形式を生み出しうる。そして同時に、力はそれが生み出す形式に対抗的に向けられざるをえない。これが現実に起こり、ここにおいて、差異における法の反省にふさわしい政治的性格が示される。それは、そこにおいてすでに解体の行為が、より正確に言えば中断の行為が法の形式に設定されるというふうにしてのみ、法の形式を生み出す。法の反省は、その概念に法の形式への対立が属しているがゆえに、政治的なのである。この対立は、中断をもたらす行為において発散される。

規範的なものの力

法の反省の「政治的」性格についての脱構築的考察を権利という形式のシステム理論的規定に対抗的に向ける試みは、すぐに思いつくある異議にさらされる。つまり、システム理論はすべてのことを、したがってまた自分自身のことを知っていて言っている、と。差異における法の反省が形式と行為の間に、構造と主体との間に、決定不可能なあり方でたたずんでいるということは、システム理論が「オートポイエーシス」の概念においてシステムの「産出」を記述しているやり方に厳密に対応していないだろうか。ルーマンは以下のように記述している。「オートポイエーシスは、……特定の『形態』の産出として記述されてはならない。むしろ対応しているのは、システムと環境の差異の産出である。システムが環境として残っているものから切り離されることによって、システムは環境によって決定されなくなるので、内的な自由の空間が生まれる。したがってオートポイエーシスは正しく理解されるならば、まずは、システム内的な未規定性の産出なのであって、それはシステム固有の構造形成を通じてのみ縮減されうる」(Luhmann 1997: 66f.)。オートポイエーシスを通じての「産出」は、それがそのなかで止揚されるところの形式の目的論に服さない。それは形式によって「未規定性」を生み出すのであって、その未規定性は、無形式のものとして、産出された形式をどれも偶発的なものとし、変異にさらす。形式産出は未規定性からの産出なのであり、いつもただ(まだ-)形式-でないものとしてのみありうる形式の産出なのである。ルーマンによれば、ここに脱構築の洞察と、その「差延」の概念はあるのである。脱構築が意味するのは、「記号の外界に対する関係の可能性の問題化である」(Luhmann 1997: 1126, 1995a参照)。ここから、「どんな種類の経験においても記号は定立されほかの状況にずらされなければならない」(Luhmann 1997: 75)。「脱構築」が意味するのは、システム理論的に読めば、あらゆる定立、あらゆる形式産出の無根拠性への洞察であり、したがって、どの形式産出によってもこの形式をかいくぐりずらしてしまうものが同時に生み出されてしまうことへの洞察である。そしてまさにこのことが、——ルーマンに言わせれば——システム理論の洞察なのである。

ルーマンが記述する脱構築とシステム理論の同一視は、それらの本質的差異を誤解している。この差異は、どの点で形式の産出が同時にその乗り越えであるのかに関わる。ルーマンは言うのだが(Luhmann 1997: 67)、形式はどれも二-側-形式であり、システムと環境という根本区別の「特殊化」と理解される。この差異は「生み出され」なくてはならない。より精確にはこうである。それが生み出されなくてはならないのは、形式の産出ないし再生産の遂行が生じるときでも、これは、形式の二つの側を前提にはするがそれをおのずと生み出すのではないところの、システム内的な「作動」だからである。つまり、「形式の統一性は、差異として前提にされ続けている。しかし差異自体は作動の担い手ではない。それは実体でもないし主体でもないが、しかし理論史的には、この古典的な形姿の代わりに登場する。作動はあるシステムの作動としてのみ可能であり、したがって形式の内側でのみ可能である」(Luhmann 1997: 63)。このことは、それが「二-側-形式を形式として観察する」反省的作動であっても変わらない。「それでシステムたちも十分に複雑であるならば、システムと環境の区別をおのれ自身に適用することができる。しかしこうしたことが生じるのは、こうしたシステムたちがこの区別の自己適用のための固有の作動を成し遂げるときのみである。別言すれば、それらは、おのれ自身を環境から区別できるが、しかしそれはシステム自身のなかの作動としてのみである(Luhmann 1997: 63f.)。作動の反省性は何も変えない。すなわち、あらゆる作動はシステムの内在において生じる。たしかに、システムがそこにおいてのみ作動しうるところの、形式の内側においても、ほかの側、外側があることは気づかれうる。しかしながらそれは「未規定性」、「自由の余地」という消極的な仕方においてのみである。内側における作動は外側によっては確定されず、別様にも進行しうる。したがってシステム理論も形式に対抗する形式の産出において差異を思考できる。しかしこのことをシステム理論は、形式がもつ他者との差異として――形式は環境の他者であり、それゆえいつもまた別様でありうる――理解しているのであって、形式にお**け**る形式の他者として理解しているのではない。差異はシステム理論的にはシステムの環境に対する他者性であり、したがってシステムの自己性である。まさにシステム理論は脱構築の名において「固有のものの思考」を記述することを狙っている。

脱構築のこの異議は、それが形式の産出における差異を形式に対抗して規定する仕方を指し示している（Menke 2004: Kap. 3参照）。すなわち、形式とその他者の差異に対抗して、差異の統一性とその他者の差異として、差異を規定する仕方を指し示している。形式の産出は、それに可能などの産出をも乗り越える。どの、その他者にあてはまる、ある形式の不可能ではあるが必然的なイデーを通じて、産出可能であるがゆえに可能である形式を乗り越える。そのイデーとは、その他者に対抗するのではなくその他者の形式であるところの、ある形式の、不可能ではあるが必然的なイデーである。しかしこれはもはや形式ではないから――というのは、どの形式もある他者のほかの側なのだから――、どの形式の産出も非形式を、形式を欠くものを含んでいる。その他者からの形式の差異、すなわち形式自身の差異の乗り越えである。この非形式の脱構築的名前が力である。形式の産出は力であり、その内容は形式とその他者の統一である。システム理論が作動の反省性を、それはたんなる形式、ほかの側に対抗する一方の側の産出として知られるがごとくに理解するが、脱構築的理解に従えば形式産出の反省性は、力と形式の差異の意識において遂行されるところにある。しかしながらルーマンが言うには、自己反省的な形式産出は、形式の差異という前提のもとでの「作動」なのである。むしろそれはある形式の産出であり、一つのものにおける形式という形式の産出である。脱構築のみがシステムと環境の差異、形式の両側の差異、したがって形式の形式を実際に「産出されたもの」(Luhmann) として理解することができる。それは形式産出のどの作用においても生み出される。というのは、形式産出の作用はどれも、まさにそれがあらゆる形式の前の、あらゆる形式を超える力であるがゆえに、力を限定づける形式を——はじめて——生み出すところの、力の展開であり申し立てだからである。

脱構築とシステム理論の間のこの根本的な対立は、差異における法の反省と権利という形式にとって何を意味するだろうか？

システム理論と脱構築の間の違いからのひとつの帰結は、脱構築が規範的なものの思考だということである。規範的な思考とは、ルーマンにとっては、希望や要請の名のもとに、存立しているものを拒否することを意味し(Luhmann [1997: 847ff.] は「批判」や「抵抗運動」をそのように理解している)、その外的にあらかじめ与えられた規範にしたがって現実を評価し破棄することを意味する。それに対して脱構築は規範性を力と形式の差異の一側面として理解する。力の展開は自分自身に対抗的に向けられ、それは存在と当為に、形式と規範に分裂する。その展開から形式が現われるところの力が、同時に、出来した力に向けられる要求である。この要求が求めるのは、形式がその他者に対応すること、それがそれを適切に扱うことである。力がその展開において掲げる要求は、正義の要求である (Derrida 1991: 29f., Teubner 2008参照)。したがって法のパラドクスは、脱構築的理解に従えば、規範的なものの力からはじめて生まれる。法のパラドクスは、法がその他者をおのれのなかに保持していることにある。システム理論は、これを、つまり他者の内含を認知的作動として、すなわち自己観察の作動として、理解する。それに対して脱構築は、これを、規範的力として、つまり、法をそれに即してそれを超えて駆り立てる他者をおのれのなかに保持する要求として理解する。システム理論は形式の産出における他者を力としては考えていないので、また、規範的なものの還元不可能性を考えることができず、したがってまた、法のパラドクスの規範性を考えることができない。法のパラドクスは、それが法のなかでその規範的力をおのれに対抗的に向けるという形でのみ、それが法のなかで法に対向的に間欠的な行為でもたらされるような形でのみ、存在する。こうして脱構築は批判とシステム理論に同時に対抗する。システム理論に対する脱構築的異議は、こうである。法のパラドクスは、反省の行為を通じて法に対向していつもまだこれから作用させられなくてはならない。つまり、ここにおいて正義の規範的力は法の形式に対抗的に向けられる。法の批判に対する脱構築的異議は、こうである。パラドクスが反省の行為によって法に対向的に向けられるのは、ひとえに、それが法の自己反省を通じて法のなかにすでに現存するからである。すなわち、ひとえに、正規の規範的力が法の形式をすでにもたらしたからである（あるいは、そのかぎりでそうである）。脱構築は、システム理論の批判であり、かつ、批判のシステム理論である。

　脱構築がこの二重の対決によって正しいのであれば、法のパラドクスが作動させられる場であるところの権利という形式は、それは正義の力を通じて一個同一の着手において生み出されると同時に解体されるという形で、理解される。このシステム理論への根本的な対決に照らして、ルーマンが到達した権利と法的人格というパラドキシカルな体制の規定は、再解釈されねばならない。この再解釈は、そのパラドキシカルな構造にではなく、その根拠と、したがってその地位に関わる。私は、最後に、そのような再解釈の二つの側面に触れよう。

　1．権利という形式と法的人格の形式の概念については、それが二‐側‐形式としての「人格」という形式を働かせるということが言える。つまり、そこに権利という形式の反省性がある。「人格」という形式のこの二つの側は、社会システムと心的システムである。ルーマンがこの差異を、それらのなかで各々意味がどのようにプロセッシングされるか——コミュニケーションを通じてか、意識を通じてか——ということによって説明するとき、その違いが現われる。しかしながらそれは、システムと環境のあらゆる差異が「生み出す」（ルーマン）仕方なのである。しかしながらルーマンに従えばそれは生み出されると同時に使えない形で前提にされているのであるが、脱構築は社会システムと心的システムの差異をひとつの効果として考えることを要求する。すなわち、まさに、その統一性が要求するところの力——正義の力ないし衝撃——を通じて生み出されるところの効果である。社会システムと心的システムの差異なるものは存在しない——それは目の前にあるというようなものではない。それは正義の要請なのである。すなわち、それは、心的システムに対して、つまり「個別の人間の本質」(ルーマン)に対して正当である社会形式を見出そうという試みのなかで生み出されるのだ。社会システムと心的システムの差異は、パラドキシカルな仕方で、社会システムと心的システムの統一性への要求のひとつの効果なのである。別の記述の仕方をすると、これはつぎのことを意味する。すなわち、「具体的な」個人の、社会的人格としてのそれに対する差異を、個人化の過程のそのつどの経過し行く帰結として理解するだけでは不十分である。むしろそれを超えて、個人化の過程は、たんに倫理的な過程としてではなく、たんにそれ自身に対する倫理的な作業としてではなく、ある政治的な過程として理解されなくてはならない。社会的人格と「具体的な」個人の間の差異は、個人によって保障されうるのではなく、二-側-形式として反省されるような諸形式を生み出し維持することを通じてのみ、保障される。したがって、とりわけ法の政治を通じて保障される。つまり、個人化はある法化を必要とする——同時に個人化でもあるような法化を。それは、政治的過程として、権利という形式を生み出すことを必要とする。同時にその差異の証言でもあるところの、ある形式の制度化を必要とする。正義の力——それが生み出す形式に対抗的に向けられる——を通じて権利という形式を生み出すことを必要とする。

2. ルーマンの言う、システム/環境-差異の生み出しが政治的に考えられるならば、パラドキシカルな、あるいは二-側-形式としての権利という形式の生み出しと維持は、正義の要請となる。たんにあれこれの権利がではなく、権利という形式自体が、生み出されたり維持されたりされるべきである、いやそうされざるをえない。この「せざるをえない」ないしは「べき」に、権利というパラドキシカルな形式への権利——それがパラドキシカルにのみ規定可能なものであるときでさえ——というイデーが対応している。その際、主体に権利を基礎づけることに対するルーマンの批判は、以下のようになる。すなわち、権利という形式は、したがって諸権利への権利は、主体に基礎づけられるのではない。というのは、「主体」は、すなわち、個人としては、この形式によってはじめて生み出されるからである。諸権利への権利は、諸権利に対してはその根拠として現われるのではなく、それとともにはじめて生まれるのである。それはひとつの、しかし構造的に必然的な、権利という形式の含意である。諸権利があるならば、諸権利への権利もある。というのは、人びとが権利という形式を、この法形式への権利があるという具合に理解してはじめて、人びとはそれを正しく理解するからである。つまり、法技術的な手段としてではなく、正義の力によって生み出される、人格と個人のパラドキシカルな包摂の構造として理解するからである。権利の「政治的」概念は、諸権利への権利というイデーに帰す。つまり、——正しく理解された——人権のイデーに帰す（Luhmann 1993: 574ff., Teubner 2006）。

注

＊1——グンター・トイプナーは詳細にコメントをしてくれた。また、Lutz Ellrich, Alexander Garcia Düttmann, Thomas Khurana, Frank Runda の諸氏は本稿の草稿にヒントを与えてくださった。これらの諸氏に深く感謝申し上げる。

＊2——そして文学も。

＊3——近代法のこのパラドクスは、第三の再参入の表現としても記述できる。つまり、法と不法の区別は、法の内容として把握され（再参入1）、そしてすべての非‐法であるもののなかで行われるが（再参入2）、しかし法と不法の区別は今や、法と不法の区別が法のなかで遂行される仕方において同時に反省される（再参入3）。——これには、法の全体がすでに再参入1と再参入2にもとづいてひとつのパラドキシカルな構造をもつのではないか、という問いは影響されな

い。ルーマンはつぎのように言っている。「再参入は、……パラドキシカルな作動である」(Luhmann 1995a: 23)。彼はしかしながら、「使用される区別のこの両側を同時に見ようと試みるのであれば、……パラドクスを見ることになる。異なるものが同一的であり、同一的なものが異なる」(S. 19)。しかし再参入1と再参入2は実際、ここで「区別の両側を同時に見ること」が試みられているという具合に規定できるだろうか？　これは再参入3に対して、したがって法の自己反省に対して、はじめて妥当するように思われる。それゆえ再参入3は、まさにそれがゆえに――そしてそのことによってのみ――パラドクスを生み出す。というのは、それが（再参入1と再参入2との差異において）自己反省の構造を有すからである。一般的にはこのことはつぎのことを意味する。法の反省はそのパラドクスへの反省なのではなく、法のパラドクスが法のなかでの法の差異の反省なのだ――そのパラドクスはそれによって生じる――ということである。システム理論の根本理論が言うところでは、（自己）反省はパラドクスを解消するのではなく、生み出すのである。「というのは、あらゆる観察（認識と行為）はパラドキシカルに基礎づけられるからである。なぜならば、それは作動上は使用するが統一体としては反省できない諸差異をあてにしているからである。そのような反省が試みられるとき、それは、異なるものが同一的なものであるというパラドクスの責めを負う」(Luhmann 1997: 1134)。

＊4――この二つの定式化は、Suárez 1965. ここではS. 30-31（翻訳では若干の修正を加えている。Suárez ではこうなっている。「なぜならばIus（法、権利）はしばしば何らかの物に対する道徳的権能を意味するからである　Ius enim interdum significant morale facultatem ad rem aliquam」)。

＊5――この点において、権利という形姿についてのルーマンの構成に関する私なりの解釈は、トイプナーがルーマンの法理論を彼なりに批判的に拡張して展開した「反省的法」の概念と異なるところがある。Teubner 1989: Kap. 5 を参照。これには、ルーマンがのちに『社会の法』の「構造的カップリング」の章で「権利という法的形姿」について議論した仕方が対応する。すなわち、それは、法システムが意識システムに対するその関係を再定式化するのに役立つのである。

＊6――その際さらに、法の機能は規範的予期の安定性を維持することに、したがってあらゆる社会的領域で規範的に予期されうるものを確定することにある、と言える（Luhmann 1993: Kap. 1）。権利という形式には、それが社会的包摂の特定の構造を確実にするという形式の二側面性を表現しており、そして権利という形式は、そのことが対応している。権利という形式は、法のなかで、（法）人格という形式の二側面性を表現しており、そして権利という形式は、そのほかのどの社会領域でも人格という形式の二側面性を維持することに向けられている。それゆえに、権利という形式はそれだけですでに、そのことを目指す、つまり社会的包摂の特定の構造を目指す、基本権ないし人権の理念と結びついている。――社会的包摂の側からは、ルーマンはこのことについてつぎのように記述している。「機能的分化のさらなる帰結は、つぎのことである。すなわち、個人はその人が産み落とされた社会的地位によってはもはや定義されえないということで

ある。諸個人は全体社会の部分システムへはもはや属さず、多様な条件を両立させる生き方をなしうるためには、すべての機能システムへのアクセスを獲得しなければならない。全体社会への包摂はこのように新たなかたちで規制されねばならない。このことは自由と平等のような社会規範のもとで生じるが、それらの社会規範はもはや人格を規定するのではなく、むしろ、これが個々人にゆだねられたままであることをシンボル化する」(Luhmann 2005a: 131f.)。——「この包摂の秩序のために近代社会はゼマンティク的な相関物を発展させた。それゆえ、一八世紀以来、それでもって包摂の予見不可能性とその帰結が登録される、自由と平等という(人権でこそなくとも)市民権があるのである」(Luhmann 2005d: 232)。

*7——以下の注は情報の提供というよりも、私の考えを述べたものである。さて、ルーマン自身の、批判に対する批判はつぎのようなものである。すなわち、「その視角」は、たんなる「一次の観察」にすぎない(Luhmann 1997: 1115f.)。というのは、それにとっては、たとえば「フランクフルト学派の指令」に見られるように、「たんなる『資本主義』『システム』『階級社会』の拒否だけ」(1119)が重要だからである。ルーマンのこの批判は、「批判と危機の偉大な市民的伝統」(1116)の意味を見誤っているだけでなく、同時にこの伝統に対するシステム理論の固有の反論も見誤っている。

*8——これがJacques Derrida(1976)の第一部の諸論文の中心的なモチーフである。それらは、アルトーやバタイユのような著者たちに即して、外部の思考が、他者が固有なものに対して結ぶ解消不可能な関係を誤解するさまを顕わにしている。

*9——以下で私は明示的に、デリダの正義の第三のパラドクス(「知の地平をふさぐ切迫性」)にそって定式化を行う(Derrida 1991: 53-59)。時間性の脱構築的論理については、基本的にKhurana 2007を見よ。

*10——私はここで、「来るべきデモクラシー」という連辞(Syntagma)についてのデリダのコメントを変化を加えたうえで用いている。「今あえて私は、この表現の地位ないし不明瞭な様式への問いが言うまでもなくすでに政治的であると主張するし、まさにこれがデモクラシーへの問いであると主張する。というのは、『来るべきデモクラシー』は際限もなく二つの可能性のなかで行き惑いうるし、決断しえずして、永遠に揺れ続けうるからである」(Derrida 2003: 129f.)。この二つの可能性をデリダは後のところで(S. 130)、一方ではコンスタティヴな表現の内実として、他方ではパフォーマティヴな表出の効果として、規定している。これに以下の記述は依拠している。

第5章

カール＝ハインツ・ラデーア

権利と、権利に寄生する正義願望

システム理論は、決定という作動の結びつきが「自己論理的」に起こるという面を強調するあまり、法の自己組織化過程において権利が主体を超えた働きをしているという面を過小評価している。そのような働きとしてとくに重要なのは、「内的不安定さ」の保持であり、可能な結びつきの「多様性のプール」の開放性の保持である。そうした働きと、社会の「外部」から生じる「正義」の追求とは両立しない。法の固有の合理性の限界内で「正義」を目指しての法の「自己超越」は可能だが、それが意味するのは、「メタ規則」の導入によって可能なことの多様性が増し、「再参入プロトコル」のおかげでさまざまな実験的試みがなされるというこ とにすぎない。それによって、権利の行使がうまくいかなかった場合に、それを踏まえての「第二のチャンス」が開かれることもあるかもしれない。

法のシステム理論における権利の周辺的（？）位置づけ

以下において[*1]試みられるのは、法の内的分出と、進化を通じての法の自己超越過程の二点の自己観察に、法のシステム理論の照準をいっそう強力に合わせることである。そのために、まずは権利の位置づけについて考察し、そこから「法の正義」に対するひとつのパースペクティヴを獲得する。

ルーマンにおいては、法のシステム理論における権利の位置づけは低いままであり、それが彼の議論の特徴である。「権利を通じて、自由のパラドクス〔自由の条件として自由の制限が必要であるというパラドクス〕の、法技術的に使用可能な展開が可能となる。つまり、排除されたものの包摂、恣意の法制化が可能となるのである。権利という枠組みのなかで、誰もが好きなように振る舞うことができるようになる……」（Luhmann 1993: 291, また一般的には1981: 45ff.）。権利は「社会において確立した互酬性の諸規範」を、より抽象度の高い次元に移行させ、それらを「さまざまな機能コンテクストにまたがって関与するローカルな相互性の義務」（482）から切り離す。メンケ（2008）が法の「脱構築《ディコンストラクション》」を展開するのは、まさにこうした議論を踏まえてである。彼によれば、権利主体のパラドクスは、主体が一方で「社会的慣習行為《プラクティーケン》の参加者として〔したがって、社会的慣習行為が含意する特定の善に準拠している者として、つねにすでに理解されている〕、他方で個人的な恣意に従って行為する者として〔したがって、社会的にはブラックボックスと見なされ、規範的には善悪以前の存在と見なされる〕法の受け手とされる点にある。「一切の道徳から自由で、恣意的に振る舞う者と見なされる個人が存在するのは、あくまでも権利主体としての人格という反省形式における〔法の——引用者〕もう一方の側面としてである」。恣意は、「法によっては把捉しきれない異他的なもの、あらゆる法的規制を根本的に免れるもの」でありつづける。

このような批判的議論に対しては、まずは、法のシステム理論の盲点がここで明らかになるという功績を認めるべきであろう。つまり、右の引用では、パラドクスの展開として現象したものが権利であると特徴づけられているが、そのように論じた場合、法システムの内部で権利がどのように機能するのかということが、それほど明らかでないのである。パラドクスの展開といった言い方は、法規範とは「自由の制限」であって、そのような制限こそが自由の条件となるのだといった論じ方を可能にするが、それだけであれば、ゼマンティク上のズレが生じたということを言っているだけのことかもしれない。つまり、古い時代の法は、何らかの集団的審級を経て定立される権利と義務の関係を、客観的に一体のものと見なしていたが、近代的法秩序においてはこの関係がばらばらになり、その結果、個人の無制限の自由がまずは前提されるようになり、その上でその自由を保持するために、諸個人の行為に制約が課せられるようになったということである。

しかし、見かけに惑わされてはいけない。まず最初に述べておかなければならないのは、権利の方でも主体の統一性など想定しておらず、権利は法の細分化された秩序の内部で、「客体的」というパラドキシカルな位置を占めているということである。そのような位置を占めることで、権利は、時間的変化《テンポラリジールンク》を生じさせ、それが権利の自己超越を——メンケは異を唱えるが——可能ならしめる。「さまざまな機能コンテクストにまたがって関与するローカルな相互性の義務」が、まさに権利を通じて止揚されるのである。ここでの強調点は、諸々の拘束の「ローカルな」性質にある。もしそうした性質が保持されるならば、ナショナルな法空間における権利の発展と分立は制限されることになるであろう。相互性の義務が「ローカルな」性格を有しているということは、法機能の——それだけではないが——分立が抑制されるということと同義だったのである。権利の場合、制約は外部からのみ課されるのではない。そのように思うとすれば、それは国家を理想化してしまっていることの表われである。権利にとって制約は内在的なものである。ただし自由主義的秩序において期待されるのは、「善い政策

（gute polizey）」のルールと「政治学（Polizeywissenschaft）」の認識に従って社会全体の利害調整ができる（Bohlender 2001）という伝統的な国家の主張に代わって、権利の行使がもたらす主体を超えた効果という社会的経験を元に「不利益の限界」が生成し、それによって権利の自己抑制が生じることである。そうした作用をもたらすという点で、権利は社会的な知識とルールの産出のための媒体なのである。

今述べたことが、より詳細にはどのようなことを意味するのかは、比較のためにちょっとイスラム法のことを考えてみればわかるであろう（Kuran 2004）。ヨーロッパ法はすでにローマ法の発展以来、ローカルな法であることを脱する傾向にあったが、それが政治的変化を引き起こす可能性は、政治的統治に関わる――近代的意味での――公法や、利害集団の特別の法的地位（手工業界の秩序等々）によって、部分的に奪われてきた。ハンザ同盟の諸都市の権利は、早い時期の脱ローカル化した（商）法が、潜在的にどれくらい変化を引き起こす可能性をもっていたかを示している。それに対して、広範な「機能コンテクスト」に法が組み込まれることで、変化を引き起こす可能性を法が自ら押さえ込んでいることを示す例が、宗教的な共同体の諸観念に強く拘束されているイスラム法である。たとえば、そうした諸観念のために、近代的な（「異人」に対しても開かれた）社会権の発展は妨げられた。早い時期のlex mercatoria、つまり近代初期の脱ローカル化した商人の法の発展が示していることは、契約上の約束が信頼されるためには、法は、まさにそれぞれの地域の伝統を超えたところで「条理にもとづく話し合いの共有スタイル」を生み出さなければならないということである。L・ローゼン（2006: 134）が「文化としての法」と呼んでいるもの、すなわち、協定、実施方法、思考形式、判断や証明のための規則等々からなる複雑で非人格的なインフラストラクチャーがなければ、法は成り立たないのである。権利が中心的なものとなったからといって、この点では何の変わりもない。むしろ中心的であればあるほどそうしたインフラの発展を促す。ルーマンは、さまざまなコードの分化という事実とコードの自律性とを物象化する傾向がある、というL・レイデスドルフ（2007: 283）の批判は、まさに法システムと権利の意義の規定の仕方にとってこそ傾聴に値するというべきであろう。

若い時期に行政官であり、行政学者であったルーマンが、法的決定を法システムの中心に位置づけ、その他の法的作動（とりわけ契約と権利の行使）をシステムの「周辺」に追いやったことは（1993: 321）、おそらく偶然ではなかったろう。そうした位置づけは、私法にとって――さらには、基本法の行使における主体を超えた創造的な契機を強調する基本法理論（Ladeur 2000b）にとっても――ほとんど説得力をもたない。公法上の権利であれ私法上の権利であれ、権利の行使こそが法システムの再生産のための機能条件であるにもかかわらず、それを一切軽視するなどということが起こるのは、権利がその動因の一部となっている自己組織化の契機を無視している場合だけである。権利は各人が好きなように行使してよいからといって、あたかも権利主体は、もっぱら特殊な「私的」利害関心の充足に役立つ私的恣意の領域を手に入れたかのような、誤ったイメージを抱いてはならない。そうしたイメージが、とりわけハーバーマス（1992: 133ff., 280ff.）のような著者たちの間で広がっている。彼らは法の産出を、主体同士の間での公的な了解過程によるものというふうに理想主義的に捉え、その上で私的権利を、たんなる政治的な権限委譲――および公的な手続きそのもの――によって限定された私的な「権限」として概念構成する（1992: 153）。私的権利が、万人による相互主体的な熟議の産物として構想された公的（政治的）権利に対して従属的でなければならないことは、自明ということになる。ルーマンの場合もまた、裁判所の決定を「生産」し、それによって法という社会の部分システムにおいて中心的位置を占めるのは、結局、法の機構であり、とりわけ裁判権である（1993: 307）。このことは、とくに「決定の強制」という点で確定的なことと見なされる（1993: 321）。これに対して、たとえば契約締結は、その内容の作成にあたっては権利が使用されるが、「作動の強制」をともなうものではない（321）。

「裁判拒否の禁止」の神話と法システムにおける「決定」の中心性

ここでちょっと寄り道をして、法システム存続のための「自己記述的」な強制と見なされている「裁判拒否の禁止」について言及しておく必要がある（参考としてFögen 2006: 37ff.だけ挙げておく）。閉鎖メカニズムであるオートポイエーシスにとってそれがもつ意義は、何度も過大評価されてきた。というのも、決定への強制は、法システムの自己再生産の閉鎖性および同システムの制度化された自律性とは、ほとんど関係ないかまったく関係ないからである。試しにナチズム体制の初期に行われた論争を想起してみればよい。そこで争点となったのは、一般的には国家社会主義的法システムと「古い」法との関係が、特殊的には「総統の意志」と「古い」法との関係が、どうあるべきかということであった（Rüthers 2007: 傍注533ff.）。つまり、「総統の意志」を最上級の法源とし、それに自由に訴えることも、法システムの「決定の強制」に十分応えたことになっただろうということである――ただし、それによって法システムの自律性は完全に崩壊してしまったであろうが。あるいはまた、民法システムの内部においても、「裁判拒否の禁止」に抵触することなく一切の改革を拒否する「司法の受動主義」がありえないわけでもない。裁判官は、彼が扱っている事案に対して法は何も答えることができないと言うわけにはいかないが、答えがないことも一つの答えであることを知っているので、たとえば、相当する請求権が存在しないので、その訴えには根拠がない、といった決定を下すことになろう。また、思考実験として、「一義的な事案」の場合にのみ法律が適用される法システムを想像することもできよう。それ以外の場合は、訴えには根拠がないとして退けられるのである（当然ながら、これもまた一つの決定規則である）。決定を下すという観点からすれば、たいていの場合スピーディーに判決が出るであろうから、そのようなシステムはきわめて効率的に機能するということになろう。しかしながら、法システムの「決定の強制」の背後には、これまでの話とはまったく違う、より複雑な考えが控えているのである。それを具体的に示しているのは有名なフランス民法典の第四条で、この文脈では頻繁に引用される条項である。ナポレオンおよび彼の法改革にとって、実際に問題であったのは先に略述したような意味での「裁判拒否」をさせないことではなく、裁判官に、新しい法に「曖昧さ」があるからといって、「欠缺を補充するために」旧来の法の伝統に立ち戻るなどということをさせないことであった。新しい法だけが民法の実践にあたっての準拠枠組みとなるようにしたかったのであり、それによって法の教義とその執行方法の刷新をも促したかったのである。これによって歴史的に対立する二つの法の層を用いて作動する可能性が生じたわけであるが、実際、たとえば慣習法の諸国では、成文法と慣習法の両方が一つの事案に適用可能な場合、方法上の問題を引き起こした。ただし、この場合は、二つの法の層の間に内容的な齟齬があってそれが問題になるということはそれほどなく、特殊な成文法を一般的な慣習法にいかに調和させるかが問題となった。こうした葛藤は、成文法を狭く解釈し慣習法を広く解釈することで克服された。同じような問題状況は――スコットランドやカナダのような――慣習法とヨーロッパ大陸の民法の伝統とが遭遇するところでもある。裁判官の決定を強要するのは、まさに決定不能というパラドクスである（このような考えは、先に言及したフランス民法典の第四条とは、もちろんまったく無縁である）。もちろん多くの事案は何らかの方法で立法者に「投げ返す」ことはできるが、それを一般的な決定の規則にしようとするなら、それはナンセンスである。なぜなら、「より良い」新しい法律もまた、ふたたび新たな決定問題を生み出すからである。それどころか、決定問題を増大させることさえあるかもしれない。なぜなら、不可避的にますます詳細になっていく法は、ますます多くの内部調整の問題をともなわずにはいないだろうからである。それゆえ、法システムは、決定の実践のために、方法上の規則、メタ規範、判断と推測の規則からなるきわめて複合的な構築物を発展させなければならない。それはまさにL・ローゼンが「法文化」と呼んでいるものであり、それとくらべると「自己記述的」な決定の強制という観念は、それだけでは複雑性が乏しい。そして、まさにそれゆえに、ルーマン（1993: 321）が周辺に追いやった非国家的なものとして制度化された法実践（契約の作成や、社会の自己組織化の文脈での実際的な権利行使、たとえば「制度的な出版の自由」の権利行使）は、法システムのオートポイエーシスにとってけっして従属的な意味しかもたないわけではない。その反対である。決定が「中心的位置」を占めるという決定の過大評価は、もしかすると法コードの「物象化」の表われかもしれない。なぜなら、そこにおいては、法手続きを自ら定めることによる法の作動が、つまり方法的な根拠づけ要請と事実確定の規則による法の作動が、もっとも容易に、法の生産活動の内的産物として描き出されうるからである。開放性（認知的）と閉鎖性（規範的）との関係は一見安定的に保たれうるように見えるが、「法システムの裁判以外の活動領域」においては（契約締結の場合のように）「合法的な利害か非合法的な利害かなどという区別が問題になることなく、あらゆる種類の利害が表明され、その実現が力のかぎり目指される」（321）。これにともなって、「周辺」においては、コード間の干渉の可能性も容認される。

法システムの「閉鎖性」はどのように閉じているか

社会の各部分システムの独自の複雑性を観察してみてわかるのは、コミュニケーション・システムは、原理的に、他を区別する自己の領域の境界を画定する際にも（自己の領域の内部での脱パラドクス化という形式においてだけでなく）、決定不能な事態に直面しているということである。「コミュニケーション・コードそれ自体は、その作動領域を完全に閉じることはできない」のである（Leydesdorff 2007: 383）。社会システムの境界においてはコード同士が「攪乱」し合うこともあれば、システム間の統制のとれた「構造的カップリング」には収まらないコード間の重なり合いが生じることもあるので、社会システムの自律化には（生物学的システムとは異なった）限界があるということも認められなければならない。これに関連して、U・シュテーリ（2000: 311）は「「根拠なき」間言説性（Interdiskursivität）」について――あくまでも生産的に――論じている。「それは、閉鎖システムの外部のどこかで機能するのではなく、まさに閉鎖システムの閉鎖がうまくいかないことに「依拠」している」。その場合、「構造化されない複雑性がつねに満ち溢れるシステムを脱パラドクス化することでシステム構成的な役割を」（311）担わなければならないのは、可変的な自己記述である。「こうした開放性と不明瞭な結びつきという契機」がシステムそのものに「作動における不純性」（308）をもたらすが、それを取り除くことはできない。このことは、もちろん法システムにも妥当する。法システムは、他のシステムからなる環境に対して、「事実」を観察するためにたんに認知的開かれているというだけでなく多様に結びついており、かつ継続的に結びついている（経験の受容、「科学と技術の水準」への訴え、一般に認められている技術規則等々によって）。そうした結びつきがさまざまな受容の定式（交通における注意義務違反としての過失、実際の経験という事実が規範形成的な力をもつことを示す危険概念等々）を通じて、規範的閉鎖性を繰り返し掘り崩すのである（Ladeur 2006b）。

以上のことは、あらためて、先に論じた権利の意義の規定にわれわれを連れ戻す。すなわち、権利は、一方では、新たな規則と規則正しい振る舞い、予期、協調パターンを生み出す媒体であり、それらの新たに生み出された規則等が、法システムの内部で法を生み出すように作用する。それはかつて伝承されたローカルな慣習がそのような働きをしたのと同様である。そして、そうした媒体としての働きこそ、そのもっとも重要な働きである。そのような方向性を指し示す権利の模範は、今日においてもなお土地所有である。ただし、土地所有がそうした役割を担えるようになったのは、ようやく近代において、つまり封建的構造が終焉した後であり、主要な経済的資源としての意義がすでに後退しつつあったときである。市民社会に特徴的な生産と経済の様式のもとでは、権利の排他的効果は自己目的ではない。つまり、文字通りの意味での自由の「空間」を開くこと自体が目的ではない。権利の排他的効果は、典型的には、協働のパートナー（たとえば生産と取引における）を自由に選ぶための前提である。もしも権利の排他的効果が権利の第一義的な働きであったならば、市民社会の秩序はあっという間に崩壊してしまうに違いない。市民的な所有権が目指すのは、その行使によってより多くの所有物を生み出すことであり、それとともに非所有者にもより多くの可能性を、ただしそれ自体が所有物に含まれるわけではない可能性を（被雇用労働の機会、新しいセカンド・ビジネスのアイディアの実現等々）提供することである。それを通じて、新しい社会的ルール、協働のネットワーク、予期、慣例、判断の基準等々が生み出され、それらの方が、裁判で明示的に判決を下すことよりもはるかに強く法の進化に影響を与える。ルーマン（1993: 322）においては、彼が「私的に生み出された法」と表現したものは、おもに組織による私的な規範の制定に関係している。そうした規範は、「法形式における刺激」へと還元されて捉えられたままであり、そうした刺激は、「法の問題」となって「裁定を仰ぐために法廷に提示」されるようになって初めて法システムの本来のオートポイエーシスに入り込む（322）。しかしながら、近代社会においては、権利にはそれ自体が法を生み出す機能があるのであり、それこそが第一義である。その機能はさまざまな個人と組織の間での協働過程を経て発揮され、法がそのつど用意している可能性よりも多くの可能性をもたらす。

権利が有する主体を超えた側面

かくして権利は、社会の知のインフラの再生産に対しても、主体を超えたきわめて重要な貢献をなしているが、教義的な概念規定で——他者に対して効力を発揮する——「排他的権利」という面が明示的に強調されてしまうと、この点は簡単に見過ごされてしまう。権利は、パラドキシカルな仕方で集団的秩序の構築と維持に貢献するが、その秩序の中心は、とくにその批判者たちからは、政治的領域において規則を明示的に理解することにあると見なされている（Menke 2008もそういう見方から出発している）。権利は分散的に、かつつねに複数の当事者を刺激するように作用するが、そうした作用の仕方は、権利行使の「任意性」ということだけで達成されるわけではなく、まさに偶発的秩序の構築とともに生じる決定不能という現象によって可能となっているのである。偶発的世界においては、共通の現実記述あるいは共通の「欲求」（とその充足の仕方）について「合意に達する」ことはありえないがゆえに、分出した各コミュニケーション・システムを通じて、個別的断片的に秩序形成が試みられる必要がある。それらの部分システムの内部では、中心のない探求と実験の過程によって、個別的断片的な試みが再生産され、そうした探求と実験の過程を通じて生み出され再生産されうる秩序は、つねに暫定的なものにとどまる（Ladeur 2006b, 2000b参照）。かくして規則、予期と行動のパターン、協働形態、知の体系等々の自己組織化は、権利の本来の働きということになる。このことは、私法にもとづく取引において規則や慣例や予期からなる独自のインフラが発展することにあてはまるだけでなく、基本法にもあてはまる。基本法もまた——提携の自由、信仰の自由等々のように明らかに集団的次元をともなった個別の基本権を超えて——たとえば、連邦憲法裁判所もその裁判においてたびたび言及してきたメディアの役割（BVerfGE 20, 162, 175:「「自由出版・報道」協会」参照）に関する分野では、さまざまな組織、行為規則、特別な予期、フォーマット等々からなる独自の「制度的」インフラを、自己組織化を通じて発展させてきた。そのように発展してきた組織、行為規則、予期等々が逆にそのときどきの基本権の教義に影響を与え、たとえば公的なものと私的なものとの範囲に関する自己理解に輪郭を与えることになる。法の「周辺」での自己組織化が可能なのは、まさに法の「閉じた形」がシステムの開放性と閉鎖性の関係をつねに安定化させられるわけではないからである（Stäheli 2000: 311）。オートポイエーシスの「実体」もまた、それによって影響を受ける（305）。なぜなら、オートポイエーシスの自ら方向づけを与える働きも、自己を他から区別する働きも、つねに不完全でしかありえないからである。オートポイエーシスは、（「現実の」）作動の次元で、無限に自己を再生産することはできない。そのことは、オートポイエーシスを、より一層分立が進んでいる自己組織化と結びつけることで明らかになる。自己組織化が含意しているのは、達成されるべき機能も、そのために生み出された構造も、それ自体が、必然的に他の自己組織化システムと交換関係にあるシステムの創発的産物だということである。他のシステムとの交換関係によってつねに新しいものが生み出されては、自己記述を通してふたたび従来の選択範囲との両立が図られる。自己組織的なシステムは新たな意味を生み出し、その新たな意味において、規則の「適用」と規則の定式化の次元との間で齟齬がないように再帰的に調整が図られ、その上で新たな変異が生み出される（Bourguignon 1989: 58, 1981, Atlan 1991b, 1991a）。

権利とは、このように齟齬がないように調整が図られるための仕組みである（けっして委譲された権限ではない）。権利主体による権利の行使によって「社会的慣習という茫漠として匿名の主権」（Descombes 2004: 449）は生み出され、行使され、変化する。このことは、従来の慣習を疑問に付し、変化させる新たなものの産出にもあてはまる。法の合理性は関係的性質を有していて、つねに新たなものが登場することを考慮に入れている。その新たなものが、それ以前には存在せず権利が行使されることで初めて実践的に生み出される新たな「観点」をふたたび導き入れるのである（Descombes 2006: 118）。権利は実践理性の核心、すなわち法的な規則は行為に向けての一般的な指示を伝えることはできないということを明らかにする（Descombes 2004: 133）。権利は、不完全な現実のなかで、法の継続的な変化を制度化する。それを通じて、諸個人の間に複雑で中心のない関係のネットワークが生成する。社会的結合は、基本的に諸個人間での明示的で合理的な了解によって成立しうるなどと信じているとすれば、それは幻想である(Descombes 2004: 393)。権利は、接続可能性と接続強制の操作であり、「結合と創造の能力」である(一般的なものとしてVédrine 2000: 20)。権利は、方々に広がった集団的ネットワークへの参与をつねにすでに前提し(言語的実践との関係でのこの点に関してはOgien 2007: 36参照)、その内部で行使される。権利の開放性が指し示しているのは「内面的な好み」(これはたんなる限界事例かもしれない)ではなく、多様な生活形式への参与であり、その内部には潜在的可能性として新たなものもまたつねにすでに存在している(よりくわしくはGroys 1992: 67参照)——そうでなかったら、権利の行使がもたらす結果はまったく「理解」されえないであろう(Meyer 2007: 23)。そして、以上のようであることによってのみ、規則に従った行為もまた可能である。つまり、規則を適用する者はつねに新しい状況のなかで決定不能な事態に対処しなければならないがゆえに、規則はつねに一般的すぎたり、狭すぎたり、あまりにも不完全であったりするし、とりわけ認知的限界にぶつかるが、それでも多様な生活形式への参与によって規則に従った行為が可能となるのである。仮に決定ではなく権利に訴えることで決定不能な事態に対処する実践がつねにすでに存在しているのでないとして、いったいどのように考えれば、そのようなダイナミックな状況への対処についてすべての当事者が合意に達するなどということがありうるのだろうか。リベラルな社会では、立法者もそうした権利に依拠した実践を考慮しなければならない。ところが、国家は、このように権利を通じて進展していく開かれた「ネットワークのネットワーク」を寸断し、そのダイナミズムを奪う傾向をますます強めつつある。国家は、ますます多くの個人が自分たちの期待を直接国家に向けることを可能とし、それによって諸個人が、社会のネットワークのネットワークに蓄積されている規則、知識、義務、可能性をわがものとしたり、それらと対決したりする必要がなくなるようにすることで、そうした傾向を強めている。そこから生まれてくるのが、社会的意味連関を作り出す、主体を超えた「シンボリックな秩序」を、社会を原子化し個々人の特殊な「欲求」を一般的な法律に引き上げようとする「想像的な共同体主義」に転換するという傾向である（Schneider 2007: 77）。

アリストテレスの「賢慮」の考えにははっきり表われているように実践的合理性には固有の価値があるが、伝統的に認知的普遍主義が優先されて実践理性の価値が軽視されてきた（Aubenque 2002, Broadie 1991, Volpi 1999）。そうした傾向は、集団的秩序を維持することにとっての権利行使の意義——こうした傾向のもとでは一切の合理性の契機が無視され私的な「恣意」へと矮小化された——についても歪んだ見方をしていた。とりわけ、権利の生産的な働き、つまりより多くの可能性を生み出す働きが、無視された。

権利は、とりわけ実践的主張は万人に共有されることはありえないという事態に対応するものであるかぎり、法システムの自己組織化の媒体である（Broadie 1991: 230）。実践の関係的合理性で問題になるのは、むしろ、自由に利用できる基準に従って決定する代わりに、行為者が蓋然的であるにすぎない知識にもとづいてさまざまな接続可能性のなかで「うまくいく」関係づけを行うことである（230）。まさにそれを可能にするのが権利であり、実践的な権利の行使が有意義な成果をもたらす場合は、他者にとっても新たな「選択」の可能性が開かれていることであろう（230）。このようにして、権利は、偶発性への対処に照準を合わせている。実践的行為の領域においては、「普遍的なものによる支配」はまったく存在しない（Descombes 2006: 308）。権利は、一つの共同体に主体が全面的かつ安定的に「帰属」することはできないということから生じる帰結を認め、複数の「生活形式」——それらの規則と規則正しさを権利が「実質的」に表現することはできない——に参与するための形式を用意することで、秩序形成における回避不能な偶発性を正当に評価する（ヴィトゲンシュタインに依拠しつつOgien 2007: 44）。権利は、世界のそのときどきの「諸断片」、つまり社会的部分システムの、自己組織化を維持するための諸条件の変動を可能にすることに貢献するのである（Descombes 2006: 289, Ogien 2007: 44）。

いずれにせよ、権利の機能、つまり予期の確実性を抗事実的に維持するという機能を、決定による拘束力へと還元してはならない。上記のような法の自己組織化は、このような決定による拘束という機能の前提として――ルーマンによって周辺に追いやられた――「他者の義務の先取り的想定」を必要とする（Nancy 2007a: 41, また Legendre 2007: 90）。「契約の有効性と効力という観念からして」契約は当然、信頼を前提にするが（Nancy 2007, 41）、法にとってはこの信頼こそが決定による介入の可能性――実際これはまれにしか行われない――よりはるかに大きな意義を有するのである。

権利を素通りする正義？

以上の考察を受けて、法の正義に対してもこれまでと違ったパースペクティヴが開かれる。ルーマンのシステム理論においては、法の正義が「偶発性の定式」として位置づけられていることについては、トイプナー（2008）によって明らかにされている。本稿もそれに依拠するものである。しかし、「決定の確実性を希求する法に反し、討議的実践としての法的正義は、法の不確実性と非決定性の新たな領域を開く」という想定には問題があると思われる。「法には首尾一貫性を保ちながら自らを存続させようとする傾向が内在する」が、正義はそのような傾向に「無秩序、反乱、逸脱、変わりやすさ、変化に対する選好」を対抗させることで成果を上げるなどというのは、これまでの考察からすれば疑わしいどころの話ではない。このような選好は、むしろ内在的に作動する権利にこそ帰されるべきである。「正義」――トイプナーの言う正義ではなく、今日広まっているそれ――が目指しているのは逆に、無秩序の抑止、確実性、公正な「状態」に対する信頼であるが、公正な「状態」などというのは作動のための武器一式の固有の合理性に依拠する法にとってはその射程外にあるものである。トイプナーは、法は「理性的根拠という分別ある土台にもとづいて決定を下すという自らの約束」（Teubner 2008）を守ることができないということを理由に、「正義の名による法の自己転覆」について語っているが、そもそものような約束は一切なされていないない し可能でもないので、「正義の名による法の自己転覆」について語ることはできない。そういう議論は、結局は法の偶発性を否定することに行き着くであろう。「理性的根拠」という理性を期待しうるのは、あくまでも法システムの固有の合理性の境界内においてのみである。そして、法システムの固有の合理性は、法システムの内的不安定さと、権利のおかげで法の自己組織化に組み込まれている継続的な法システムの変化によって、永遠の自己超越へと駆り立てられる宿命にあるのである。

法システムは、「「根拠なき」間言説性」（Stäheli 2000: 311）に対して——ルーマンが認めていた程度よりも大幅に——開かれていることが観察されるわけだが、まさにこの開放性によって、法は他の部分システムからの多様な要請との関係で、比較的高い「刺激感受性」を示す（Luhmann 1993: 225）。とは言え、それが可能なのは、結局は自己組織化過程の固有の合理性、その安定化と変化の条件の固有の合理性がそれを許容する範囲においてのみである。その詳細については、これまた一般的に規定することはできない。しかし、否定的にであれば一般的な形で表現することは可能である。すなわち、法の自己超越の働きと法の自己組織化過程を維持するためには、いずれにせよ先に挙げたような要請と期待の根底にある正義の期待に応えることはできない。そもそも内的な自己組織化によってできあがった法の固有の複雑性を超えたところで、正義は「法の一般的地平」（Waldenfels 2006b: 130）にとって不可欠でありうるのか、またどの程度不可欠でありうるのか、と問うてみていただきたい。B・ヴァルデンフェルスは、正当にも、そのような期待は「あらゆる秩序形成につきまとう偶発性において破綻することになる全体秩序を前提する」ことになってしまうだろうから、支持しえないと述べている。そのような全体秩序は、「法の生起の妨害（強調は原文）としての正義」（Waldenfels 2006b: 130）を、つまり「法の秩序を免れていることで法の秩序に属する何ものかとして」の正義を、もち出すことになるにちがいない。しかし、あらゆる秩序形成には「法外なものが付きまとう。というのも、いかなる秩序も、その偶発性において実際にそうでしかありえず、自分自身を包摂し、自分自身を根拠づける秩序は存在しないから」(130)である。これはもちろん法秩序にもあてはまることである。デリダによる法の論理構成もこの点に依拠している(Meyer 2007: 23f.)。

デリダおよびレヴィナスにおける正義

法はつねに自分自身と葛藤状態にある。なぜなら、法は別様でもありうるかもしれないからであり、この決定不能性を取り除くことはできないからである。しかし、デリダ(1991: 49f.)もまた、中心のない法の運用過程に対して法的決定の中心性を過大評価しがちである。つまり、裁判官が法律を単純に繰り返し適用することはできないという、まさにその不可能性が、「適用のまさにその瞬間」における決定を要求し、したがってまた規則あるいは状況の「完全に唯一無比の解釈」を要求するという。別のところでは、「いつの日か……出来事の思考と(「計算が可能となるようにプログラム化された」)機械の思考とが結合されうる」のだろうかとデリダは問うている(Derrida 2006: 38)。しかし、このようなパラドクスと、これとともに直面する不可能性、つまり「現在において」、まさにこの瞬間において、この決定は正義に適っているということから出発することはできないという不可能性とがもたらす緊張は、法システムの内部でつぎのようにして緩和される。すなわち、法は、法的決定のインフラとして、内部の規則と規則正しい運用、および知のストックの自己組織化が、権利に訴えることを通じて分散的に、きめ細かく進行することを想定しており、それによって先の緊張は緩和されるのである。こうした自己組織化は、決定不能性を取り除くことはできないが、法の作動の断片化によって許容可能にする。

実態はかくのごとくであるが、正義としての法の脱構築の運動(あるいは脱構築としての正義)は、「(法の——

引用者）究極の根拠は、その定義からして無根拠であり、根拠づけられていない」（Derrida 1991: 30）という点を問題にし、そこに積極的な意義を見出す。つまり、正義はつねに延期されるという。「正義は延期される正義でしかありえない」（Rasch 2000: 86）のである。デリダはここで——彼自身認めているように——レヴィナスの正義概念に接近する。それは、実存的存在としての「他者との関係」によって際立つ概念である。他者の「顔」（“visage”）こそが初めて存在へのまなざしを開く（Lévinas 1987a: 22f.）。「他者」は、ユダヤ哲学の伝統に従って、「人間概念」の狭小化——「打算的な均等性」を想定する人間概念——によってできた空席につく（Derrida 1991: 45 また Lévinas 1987a: 166f. もこの概念に批判的である）。こうした理解は、さらに——デリダ（1991: 46）によれば——ヘブライ語において聖者性と呼ばれるものに由来している。偶発性と関わる作動を基本としている世界においては、あらゆる区別の抽象的条件としてのこの世界の「外部」は、認識不能である（Rasch 2000: 76, 80）。このように世界が閉じられていることと、自分自身を産出する社会が世界を見失ってしまい、そのような状態に人間が閉じ込められていることは、あらゆる根拠づけの無根拠性に直面して、救世主による「実存の傷の治療」を希求する気持ちを呼び起こす（Rasch 2000: 86）。しかしながら、まさにそのような「外部」への訴えが、つまり世界の変革としての正義がそこから要請されるような、ということはつまりふたたび根拠づけられるような、「外部」への訴えが断たれているのである。もしそのようなことが可能ということになれば、偶発性を取り除くことができるということになってしまうが、それはできないことである。

D・コーネル（2000, Rasch 2000: 85f. は批判的）は、「偶発的世界における」他者の排除の歴史を、秩序の生成における「痕跡」としてふたたび取り上げることはできないだろうかという問題を考察している。これは可能だとしてもせいぜいきわめて限られた意味においてのみであろう。つまり、決定を「ふたたび取り上げる」ことで社会が変わるための多様な可能性を開かれた状態に保つ、という意味での「再参入」を可能とするような、一種の法のメタ規則を定めることによってである。これが意味するのは、たとえば世代間の主体性の再生産との関係でいえば、青少年の自己自身の義務づけと他者からの義務づけとを「自由な選択」（あるいは親の選択）にまかせきりにはできないということである。社会政策においても「第二のチャンス」という考え方が正義の一契機となっているが、これも「再参入」によって新たな「選択」の導入を可能にするものである。

しかし、そのような法も、「消極的《ネガティブ》な」権利の基本的論理から切り離すことはできない。というのも、「消極性」の核心は、恣意的自由に好き放題を許すという点にあるのではなく、むしろもっと根本的に、社会的秩序の「外部」はもはや存在しないということを徹底させる点にあるからである。個人にとっては、この消極性そのものに意味を見出し、それによってこの消極性を受け入れ可能にする以外に選択の余地はない（Rey 2006: 42）。これに対して、いわゆる積極的《ポジティヴ》な法には、偶発的で断片化した秩序が強要することに、諸個人が苦労して対応する負担を免除してやるという傾向がある。「援助のための法」（Baecker 1992）は、個人の特殊な願望が一般的な法律へと格上げされるなどということにならないのであれば、反対する理由はない（Schneider 2007: 79）。そのような格上げは、社会は個人に「有意味」な生を保障すべきなのに個人が社会の犠牲になっているという位置づけを認めるということである。社会的正義のさまざまな構想は、じつはそうした方向に向かう傾向がある。このような傾向は、第一に、社会の多数派は、したがってまた諸個人の大半は、「犠牲者」に何らかの給付を行うべきであるという考え方が自明視され、第二に、この多数派には、援助や治療等の効果を、つまり条件や目標や基準を、明確にすることを要求する権利がないがゆえに、ますます問題である。ここには、権利としての「援助のための法」の行使が恣意的なものであるということがはっきりと表われている。古典的な「消極的」権利の場合、その行使が成果をもたらすか失敗に帰するかは現実次第であるが、積極的な給付を行う法に対しては、明確な基準が、チェック機能を果たす「現実性」が、存在しないのである（こうした欠点を補うことができるとすれば、それは「社会権」の導入を実験とのみ見なし、したがって、消極的な自由権の行使によって成り立っている現実において失敗に終わることがつねにありうることを認める場合だけであろう）。

偶発的な秩序において「援助」がなされうるとすれば、それはつぎのような「シンボリックな秩序」を受け入れるようにするためだけである。すなわち、諸個人が示差的な言語体系に入り込み、「私」と言うことができるようになり、それによって同時に自分の願望を制限できるようになる、そうした「シンボリックな秩序」である。それによって個人に課されることになる拘束は、他の個人の意志的行為によって生み出されたのではなく（もしそうなら、その者には責任があるということになったであろう）、拘束の方が主体性の形成過程に先立っている。主体性のこのような両義性は、フランス語によってより適切に表現される。フランス語の assujettissement が示すように「主体になること」は、同時に客観的なシンボル秩序に「主体になること」を「従属させること」である（Schneider 2007: 120f., Rey 2006: 42, Legendre 2007: 86）。権利の消極性とは、有意味な生を要求する積極的な法の「本来の趣旨」から逸脱することではないし、権利は「積極的な法」の内に自分にとって必要な、あるいはいずれにせよ正当な、補完を見出すことができるという意味で不完全なものでもない。権利は、「ネットワークのネットワーク」の内部でのそのつどの新たな関係形成における遡行不能な無規定性と決定不能性を考慮に入れるものであり、関係形成における無規定性と決定不能性とは実質的に無秩序から秩序が複雑に形成されることと同じである。

政治的な正義論、つまり法を「外部」から論じる正義論は、主体と、主体を超えた社会的規則およびそれにもとづく行為との、必然的に実践的である関係を、反省によって規範を内面化した者同士の相互主体的関係へ変換し、それによってそうした行為の「犠牲者」に対する「道徳的」責任を導き出そうとする（Schmidtz 2007: 455, 一般的なものとしては ders. 2006）。そうした構想は、偶発性と関わる作動によって、つまり権利の行使によって、構築される集団的秩序がまさに客観的なものであるのに、それを、道徳的な、つまり個人に帰責される行為の関係へと変換する。そのような考え方をすれば、諸資源の不平等な配分はつねに他者の決定によるものであって自分の決定は関わっておらず、したがって正義の問題だということになる。「他的なもの」、つまり集団的秩序が有する個々の主体には還元できない契機が、「他者の」主体的行為の総和へと変換される。集団的秩序に由来するさまざまな強制は、「他者」に責任があるものとなり、その下で「不利益を被る者たち」は自分たちをその「犠牲者」と見なし、それに対抗して自分たちの「欲求」を押し通そうとする。しかし、いかなる社会も、まず諸個人に学習させなければならないのは、自分の――実際「好き勝手な」――欲求に従って行為するのではなく、「うまくいくこと」を行うことである(Schmidtz 2007: 455)。近代社会は、その境界の外部に支えを見出しうるような、もっと高尚な原理を引き合いにだすことはできないし(Drai 1997: 232)、ましてや社会的「秩序の生成」過程に対して自らを「自律的」と見なしている諸個人の「欲求」に支えを見出すような原理など、なおさらありえない。

W・ラッシュ(2000: 86f.)は、正義の道徳化という広まりつつある形式に対して、じつにうまい言い方をしている。つまり、そういう形式においては「変化しない変化への願望」が、つまり社会の絶え間ない自己変革を押しとどめることが、問題になっているという。そして、これを「拠り所」とすることが、主体を超えた関係づけのネットワークにおける「決定の結節点」である権利にのみつねに帰属させられるわけではない財の新たな分配を可能にする。こうした動向は、最終的には、システム/環境の区別をなくし、法を命令秩序へと変えてしまう方向に向かう(Rasch 2000: 88)。人は自分の稼ぎで生活できなければならない、という具合である。これは、社会の部分システムの作動が道徳化しつつあることの兆候である。宗教という前近代的な基盤から切り離された道徳的コード(善い/悪い)は、それ固有の制度的構造をもっていないので、社会の部分システムに寄生して自己複製する存在となり、メタ・コードの地位を要求する傾向がある(Rasch 2000: 91)。こうした解釈があてはまるのが、公共圏において広まっている「正義の構想」の最新のものである。

法の彼方の正義の三つの次元

トイプナー（2008）は、特殊「法的な正義」をかたくなに主張する。それは、デリダの『法の力』（1991）に言及しつつ、「法的紛争の発生源である三つの環境――社会、自然、人間――を自ら再参入させる点で自ずと区別され、これらの『法制化された環境政策』との関係で、環境にふさわしい正義の基準の設定を目指す」。これが本当にデリダが拠り所としている「法の内部での……矛盾の経験」に対応しているのか疑わしいが、今はその点はおいておこう。しかし、規範と、遡及的《リクルシーフ》に規範を変更することになる規範適用との間に、齟齬がないようにすること、つまり「合理的な根拠づけ可能性の限界」が、決定過程の無限の断片化を通じて、この限界で起こる「反省的に行われる自己記述」を「耐え難いほどまでに」高進させることはほとんどありえない（Derrida 1991: 46ff. に言及しつつTeubner 2008）。「非現実的な理想化、……ユートピア」の指摘は、最終的にG・ヴァッティモの「宗教なき宗教」を思い起こさせる。デリダ（1991: 57）が「規則、プログラム……をのり越える」正義なるものをもち出す際にも、こうした動機が働いている。しかしながら、「あらゆる計算に抵抗し、正義を与える理念」というこうした見解は、「限りなく悪に接近」する。「きわめて倒錯した計算でさえ、その理念をつねに何度でもわがものとすることができる」ということが、悪への接近を容認する理由になるのかどうかも、ここでは問わない。というのも、こうした動機はふたたび方向転換して、この「異質な正義は、しかし、予測と計算を推奨する」（強調は原文）というパラドキシカルな想定がなされるからである。ただし、これは、パラドクスの緊張を緩和して、「本来、正義にも法にも属していない」「ねばならない」へと、つまり「計算可能なものと計算不能なものとの間の対立に決着をつける（こと）」（58）の必要性へと、誘導するためである。

これによって、レヴィナスの『存在するとは別の仕方で』（2004a）に依拠しつつ、つぎのような（裁判の彼方での）法についての語りが、考慮に入れられることになる。すなわち、「それを理解し把握しようと近寄る私たち」からいつも逃げ去る語りである（Peperzaak 1984: 94）。法と正義とのこうした分裂は、「掟」（デリダもレヴィナスも概念を形成する際、その影響を強く意識しているユダヤの伝統的思想における意味での）に依拠することで埋め合わせたほうがよいのではないかという疑問がわく（この点についてはTaubes 2006: 22も参照）。掟の反対概念は「気まま」である。それは、「個々の機会のつかの間の気分」にもとづき、「その機会とのみ結びついていて、直前の機会のことは認めなかったり、直前の行いが何らかの仕方でつぎの将来の機会に対して拘束力を持つ先例となってしまうことに抵抗したりする」（Rosenzweig 1988: 130）。それに対立するのが「掟」で、それは「等しく必要なもの」を作り出す（130/ Goodman-Thau 2002: 47も参照）。そして、掟は全能幻想とは反対のもので、教えられなければならないものである（Drai 1997: 195, Goodman-Thau 2002: 48）。なぜなら、掟はけっしてそれ自体として同一ではありえないからである。そこから、掟の多声性[*2]（ここでは具体的意味でも転用された意味でも）を受け入れ、それを何度も理論的および実践的討議（絶え間ない実験についての）の対象にすることの必要性が生じる。しかし、「是が非でも必要である」との思想は、それはそれで多くの議論を排除する。つまり、その思想が示すのは、法がそれによって「根拠づけ」られるような、より高次の「原理」も社会の固有の境界をのり越えた「原理」も、存在しないということである。[*3] 掟が作り出すのは「必要なもの」であるということが、つぎのこととの結びつきを確固たるものにする。それは、掟が将来にわたって存続していくなかで、「維持可能」なものであることが実証されなければならないということである。それと対照的なのが、普遍的原理をもち出すこと、あるいは個別のケースにおける正義の追求である。それは、うまくいかない場合はいつでも、変革に向けて一層熱狂的になるだけである。

つまり、うまくいかないということは、たんに新たな不正なのであって、それは「同じものをさらにまた」適用することで、償われなければならない。正当なことにトイプナーもそのような考え方とは一線を画している。しかしながら、法の「自己転覆」という主張には、法システムの固有の合理性から排除された、正義の実体化を「再参入」させる危険が孕まれている。

私の考えでは、トイプナーの鍵となる考察には、さしあたり二つの異なった系列の思考が交じり合っている。一方は法システムの縁での「法的創造性」を論じるもので、法システムの縁は、長い間システム理論が想定してきたほど、規範的な固有の論理によって密閉されているわけではないというものである。この系列では、ルーマンに由来するシステム理論とは別に、システムの開放性と閉鎖性をもっと過程的で変化しやすいものと考える自己組織化の理論との結びつきを探求しうるかもしれない（Atlan 1991b, 1991a, Bourguignon 1981, 1989）。もう一つの系列の思考は、最近の「ポスト・ポストモダン」の文献に見られる「〈無からの創造〉指向」に依拠するもので、「始原的で構成的な状態としてのあらゆる意味地平の生成」は、無からの創造であると見なすものである（Breckman 2007: 16）。それによれば、世界への新たなものの出現、存在の「出来《しゅったい》」は、私たちを「宗教的なものの経験の境界にまで」導くそうだが、そうした新たなものの出現、存在の「出来」をあらためて思考し、顕在化させなければならないという（16）。しかし、そこで強調される「決定不能」の次元は、法理論にとっても、また正義論にとっても、ほとんど結びつきようのないものである。ありうるとすれば、いかなる秩序形成にもその秩序にとっての他的なものがつきまとい、それが「正常でないもの」をも一緒に生み出してしまうという考察としてくらいであろう。それはちょうど——B・ヴァルデンフェルス（2006b, 2006a: 9）が書いているように——「非法律的なもの」が、「法と不法という区別以前の領域」まで含意してしまうようなものである（Waldenfels 2006b: 131）。このことは、ひょっとしたら法システム内部に「法律的なもの」の境界があることを承認する可能性を開くかもしれない。一例として、適法とも違法とも言いにくい「境界事例」として堕胎を挙げることができるかもしれない。これによって提起される諸問題は、法理論にとって重大な意味をもつが、それを論じるためにはより精緻な概念の彫琢が必要であろう。[*4]

正義に適った「状態」の建設に向けてのさまざまな要請については先に簡単に言及したが、第三のアプローチはこうした要請にねらいを定めている。トイプナーは、正義に適った「状態」を、「法的正義」の高進とか社会全体の「正義化」と特徴づけているが、これらに対してなされた批判はたしかに正当なものである。だが、その批判に対してもやはり疑問に思うことがある。それは、これをもって正義の「普遍化」と捉えることは適切かということである。またしても正義という同じ概念を使っているだけになおさらである。私の考えでは、正義に適った「状態」を目指すような展開は、先に論じたように、権利を通じて制度を発展させていく法システムの自己組織化を自ら阻止するあり方と捉えるほうがより適切である。

当然ながら、以上のことはすべて、より精緻な概念の展開を必要とするであろう。本稿で行うことができたのは、それに向けてのわずかばかりの考察である。

注

＊1——共同研究者のイノ・アウグスベルク博士からは有益な助言と批判をいただいた。感謝申し上げる。

＊2——この点に、「外的構築物としての国家の理想化」に対して「文化のなかのエスニックで人類学的な部分」の独自の意義を認めさせようという重要な思想がつながっている（Goodman-Thau 2002: 50）。

＊3——掟の独自な特性をシンボリックに書き換えることと並行して現われる正義が、このように不可能なものであるということについて、さらに議論を推し進めているものとして Santner 2001: 57f., Seligman 2003: 37, 93, Paul 1996: 211.

＊4——これについては、現在、積極的に論じているものとして I. Augsberg 2008.

法、政治、レトリック

第6章

マルク・アムシュトゥッツ

法の生成

起源のパラドクスと代補

システム理論によれば、法は起源をもたない。法は中間で始まる。このパラドクスは、社会実践においては、システムそのもののなかで作られた神話によって、あるいは新たな区別の導入によって、不可視化される。「歴史的に与えられた」法の場合、それによってシステムの麻痺が避けられる。法が社会的アノミーのなかで作動する場合、たとえば戦争、革命、クーデターなどの後の暫定体制のなかで適用される法（いわゆる移行期の法）の場合には、事情が異なる。本稿は、デリダの代補（supplément）という「思考モデル」を用いて法の起源のパラドクスという考えをさらに展開することを試み、その目的のために、法の機能を予期の安定化に見るルーマンの法社会学を受け継ぐ。予期を法の代補と理解すれば、法の起源についてははるかに複雑な理解を展開する可能性が生まれる。そのように起源を理解すれば、移行期の法を法社会学的に分析できるようになる。このことが、ニュルンベルク裁判における人道に対する罪という犯罪構成要件を例に説明される。

Ⅰ　法の起源のパラドクス――移行期の法の問題から

夜、白夜――たとえば破局の日、その夜は光も差さないのに闇が足りない（Blanchot 1980: 8)。

はじめにあったのは法か、それとも不法か。あるいは第三の何かか。事実から法が生まれたのか（ex facto ius oritur)。しばしばあることだが、ルーマンはこの点についてもさらにラディカルである。法には起源がなく、中間で始まる、というのだ。「法実務はつねに、歴史的に法が与えられているような状況のなかで作動する。さもなければ、自己を法実務として区別するなどという考えがそもそも生じてこないはずである。したがって歴史的に見れば、法の始源は存在しない。出発点となるのはむしろ、つぎのことを十分納得できるような状況のみである。すなわち、すでに以前から、法規範にもとづいた手続きがなされていたのである、と」[*1]。手短にいえば、はじめにあるのは区別である。その区別が、（あらゆる区別と同じように）つねに後からはじめて成立する、これまで／これからという構成にすぎなくても、そうである。

起源がないことは、差異論理の特徴であり、その必要な出発点（Ausgang）である（それも終わり（Aus-gang）であり始まり（Aus-gang）である）、といえよう。差異論理的にみると、法はもはや「言及可能な最上位の規範」の上には立てられない（Luhmann 1993: 73)。むしろ法は、自己の主導的差異を自己自身に適用できないというパラドクスにもとづいている。法と不法の区別が存続するのは合法か不法か、法が区別できないことは、二つの側の分離の意味と関係している。この意味の本質は、一方の側から出発し、観察されるものを指示するよう――そして選ばれなかった側を待機中の隠された指示として保持するよう――、観察に強制する点にある。区別そのものは、一方の側にももう一方の側にも現われない。「観察することが区別することであるならば、区別そのものは観察のさいに観察できないままである」(Luhmann 2002: 64)。区別はシステムの盲点である(Foerster 1993)。

したがってシステムの起源は(法の起源も)、つねにパラドクスである。第一にこのパラドクスは——区別あるいは盲点として——そもそも観察の作動を可能にし、しかも法システムにおけるすべての基礎づけがドクマ的な性格をもち、したがって(神、王、理性、また最近では効率といった)「最終的な基礎」がないままであるという結果をともなう。法は自己自身にもとづく。より正確には自己の作動にもとづく。この場合の問いはもちろん、そのことが問題や遮断を生み出すのかどうか、基礎づけのパラドクスが法システムの麻痺をもたらすのか、あるいは法システムの観察をもたらすのか、というものである。一次の観察も二次の観察も、パラドクスを不可視化あるいは展開するために、確証された補助手段を利用できるかぎりにおいて、この問いにはノーと答えられる。システムのなかでは、基礎づけのパラドクスはたいてい自ら作った神話によって隠蔽あるいは外部化される(たとえば政治主権という形象が発明されることによって政治に外部化される)のに対して、外部からのパースペクティヴのなかではつねに新たな区別を導入することによっておきかえられる[*2](Luhmann 1988b: 153ff., Clam 2004a: 136ff., Teubner 1998: 583ff.)。

これらすべての観察図式は(もちろん必要な量の革新あるいは社会的妥当性をともなって)、法が(人生と同じように)静かな大河(long fleuve tranquille)であるかぎりにおいて、つまり「社会的存続」状態ではたらき、「歴史的に与えられている」かぎりにおいて、法のパラドクスを取り除ける。ところが、社会的アノミー(Durkheim 1998: 360ff.)のなかで実施される法、困難で危機的で攪乱/破壊された社会的コミュニケーションのなかで実施される法についても、この所見は成り立つのだろうか。そのような破壊された場ではたらく法の一例を示しているのが、移行期の正義(transitional justice)である(Roht-Arriaza 2006: 1f.)。この名称のもとで今日、全体主義体制や独裁体制から民主主義体制への移行に取り組む学際的な研究部門が開花している（Teitel 2000）。この研究部門は、法に関わる定式化のなかで、つぎのように問う。法はこの移行過程において何を遂行できるのか、とくに法は以前の不法を克服するために何を遂行できるのか、手短にいえば、この機能のなかでの法の機能は何か。このような法を、私はここで移行期の法と名づける。移行期の法に関して移行期の正義研究（transitional justice scholarship）によって得られた認識は——注ぎ込まれた研究費の額とは明らかに反対に——ひどく不確実で、揺らぎがあって、曖昧なままである。法に関して移行期の研究は、法学的にみておぞましい姿を捉えようとする。それは、法学者の身を何世代にもわたってこわばらせている、遡及適用というおぞましい姿である。[*3] このおぞましさの理由は、遡及適用が法理念の根本的倒錯に悩まされているように見える点にある。不法な体制に対して、その体制の転覆後にはじめて効力をもった法、転覆された側が自分たちの活動時期には従いようのなかった法を適用することは、不法の二重化——より適切には不法の拡散（dissémination）——にいきつくだけである、と論証では言われている（Meltzer 1947: 456 m. Nw.）。

　これは、容易にわかるように、一つのドグマである。なぜなら、旧法と新法のパラドクスが、それによって不可視化され外部化されるからである。どのような論証によって、このドグマは説得力をもつのだろうか。第二次世界大戦直後、移行期の法がはじめて詳細に研究された時期に（Teitel 2005: 839）、本質的には二つの論証の道筋が展開された（Meltzer 1947: 455ff.）。

　第一の道筋は、全体社会のさまざまな社会システムの間の果てしなく（ad infinitum）積み重なるコミュニケーションのリンクによって、移行期の正義の判じ絵を解読することに賭ける。この試みを代表するのが、とくにハートの実証主義である（Teitel 2005: 847ff.）。ハートの実証主義は、旧体制の腐敗した法が遡及適用によって解体される過程のなかに、道徳的に基礎づけられ法的に内面化された遡及禁止の原則（多くの法システムによって是認されているたいへん重要な道徳性の原則）が犠牲になる危険性を見て、新法を旧法に重ねて適用するのを見合わせるよう勧めた（Hart 1958: 619）。新法はつねに未来についてしか効力をもちえず、旧法に旧法の時代を代表させなければならない（Ehard 1949: 234-236）。この立場をとると、当然、そのつどリオタール的なかたちでぶつかる転覆された法と移行期の法の起源のパラドクスに、負けず劣らずパラドキシカルな問いが加わる、という問題を抱え込むことになる。その問いとは、打倒された法を新法によって引き継ぐのは合法か不法か、というものである。むき出しの権力でないとしたら、誰がこの法的な解体について判定するのだろうか。だが権力と関わりをもっても、法のパラドクスをただほかの舞台――政治の舞台――に移すだけであり、ハートが過剰なまでに道徳、法、政治を参照したように、紛らわしく終わりのないシステムどうしの共鳴のダンスに誘い込むことになる（Finch 1947: 34）。

移行期における実証主義の派手な破綻は、第二の論証の筋道の発展につながった。第二の道筋は、移行期の正義のパラドクスを相互の「往来」によって、いいかえれば法と道徳の相互的な訪問によって（Fuller 1964）、展開しようとする。「ジレンマとは……一方で秩序の要求〔いわゆる法の内的な道徳性〕に会い、他方で良い秩序の要求「いわゆる法の外的な道徳性」に会うこと〔である〕。もちろん、このような問題の叙述からは適切な定式は導き出せない。だが法実証主義とは異なり、この叙述は、お互いの生きた接触のない対立する要求、真空をとおしてお互いの矛盾を叫ぶだけの要求を、われわれに提示するわけではない」（Fuller 1958: 657, Dubber 1993: 1826）。法と道徳は、社会というテーブルについて同等の権利で交渉しなければならないのである！　フラーは、このものの見方の主要な提案者であり（Radbruch 1946の有名な立場とあまり離れていない）、転覆された体制の法はたいてい法であることをやめるほどに（外部の）道徳から離れている、という観察からスタートする。そのような場合、遡及適用される法の公布は支持されるべきである。なぜなら「私はそのような法令〔いわゆるあとづけ（ex post facto）の法〕を過去との明確な決別（sharp break）を象徴する方法と見なすだろう……」から（Fuller 1958: 661, Ehard 1949: 223）。このような論証をすると、遡及適用される法の社会的意義は必然的に不確定なままである。そのような法は、法なのか非法なのか、ホメオスタティック・システムなのか機能や作用をもたない社会的な空文（lettre morte）なのか。そのかぎりにおいて、フラーの説はまさに移行期の法の中核的な問いについて役に立たない。だが、フラーの説は美しき敗者（beautiful looser）としてはたらく。フラーの説が「過去との明確な決別」について語るとき、遡及的な法もまた社会的埋め込み（social embeddedness）を必要としていることを、パラドキシカルなかたちで示唆している。なぜなら移行期の法は、旧法と決別するのであって、社会的コミュニケーションと決別するのではないからである。移行期の法が規範的予期を安定化させる機能を充足できるのは、そもそもそのような予期を選択できる場合だけであり、そのような予期が――社会実践、慣習、慣行、習慣、規準、根強い信念（deep rooted convictions）などの形態で――移行期の社会に存在している場合だけである。そのようなコミュニケーションなしでは、法は成立せず、法の公布は反故になり、裁判は事件があっても仕事がないままである（裁判は社会的機能を遂行するかもしれないが、それが法の機能でないのはたしかである）。だがそのような予期が移行期に存在するのだろうか。この点について、このアプローチをさらに考えてみる価値があるだろう。

だがほかならぬこの見解は、結果的に力を失っている（Dubber 1993: 1807f.）。移行期の法の困難は直観的にほとんど克服不能だとみて失望し、法的、道徳的、政治的な公正さを調和させるのは不可能だろうと考えて悩み、移行期の正義研究は、移行期の法のパラドクスを不必要な仮説、いや発見のために有害な仮説として、研究部門の創設の時代から捨て去る方向に、しだいに移っていった（Roht-Arriaza 2006: 7, Huyse 1995: 51ff., Elster 2004）。今日では、「学術文献における支配的な見解は、移行期の正義は民主体制と市場経済の発展を妨げるから逆効果である、というものである。妨げ方は多様な形態をとる。裁判所への過剰な負荷、所有権の侵害、政府からの経験者の追放、国庫金の流出、複雑な技術的問題による公務員への負荷、法システムの解決不能な道徳的ジレンマへの直面がそれである」と書かれている（Posner & Vermeule 2004: 825）。だから、早い時期に学際的－全体論的なアプローチが生まれて、とくに体制転換後の歴史的、政治的、文化的、福祉論的、経営学的、社会的、技術的な必要を調整し統合するための方法を発展させようとするのは――あらゆるトレードオフ・モデルにつきものの分析の正確さを損なって――、何も驚くべきことではない（Sriram 2005: 101ff., Lutz 2006: 328, 336ff.）。だが結果的にそれが意味するのは、移行期の法の機能は実務性の祭壇に生贄として捧げられたが、それとともに社会の実存に関する問いが現われないのかどうかは明らかにされなかった、ということにほかならない。移行期の法は法的なサイコロゲーム、制度的な偶然であるという話で満足できるのか、という不快感が残る。

現代の法理論は、もちろん手をこまねいているわけではない。移行期の正義研究は証拠不十分（non liquet）であるという論証に対して、法理論は、移行期の法は通常法であり、そのはたらきは「歴史的に与えられた」法と違わない、という反直観的なテーゼによって応える（Posner & Vermeule 2004: 761ff., Meltzer 1947: 456）。このテーゼによって主張されるのは、移行期の正義の時期に遡及適用は存在しない、ということではない。むしろ、移行期の法であれ通常法であれ、あらゆる法運用は、機能しうるために、法と義務の事後的調整の技術を知っているはずだ、ということの証明が試みられる。[*4] 通常の正義としての移行期の正義というテーゼは、移行期の法も中間で始まる、と理解しなければならないのだろうか。移行期の法についても、ルーマンが通常法について述べているのと同じように、法は「すでに以前から、法規範にもとづいた手続きがなされていた、と十分納得できるような」[*5] 状況のなかでのみ作動できる、ということが成り立つのだろうか。だがこの文脈で「以前」というのは何を意味するのだろうか。すでにそれにもとづいて手続きがなされたはずの法規範とは、どの法規範なのだろうか。移行期の法はいかにして、自らがまだ法実務を行っていないときに自らを法実務として識別する、という考えに至るのだろうか。

移行期の法を（本稿のように）より狭い意味で遡及適用される法として、[*6]つまりちょうど生まれたばかりで、自己自身について二つの側——合法と不法——の分離は観察できるが、この自己の主導的区別にそったコミュニケーションは認知できない法として捉えると、今、立てた問いに単純なイエス／ノーの答えはないことが認識できる。移行期の正義の理論のたえまない探索によって、この不快な認識状態にいたった理由がぼんやりわかる。一方で、法理論のなかには移行期の法を十分説得的にするドグマを発見できない。他方で、この説は移行期の法について社会学的（法外在的）観察とドグマ的（法内在的）分析を十分明確に区別してこなかった。私は以下で、われわれが移行期の正義の法社会学的な認識（それは再‐参入（re-entry）というかたちで法ドグマティークに再導入されうる〔Teubner 1998: 574ff.〕）を得るために十分な性能のある観察図式を利用できる場合にはじめて、納得のいく移行期の法のドグマが展開されることを示したい。そしてそれは、われわれが、正統性の麻痺を克服する法の起源について、問題に適合した複雑な理解を必要としている、ということを意味する。私のテーゼを具体的に述べると、つぎのようになる。

⑴差異論理的な観察においては、移行期の法が「歴史的に所与の」法といかにして区別されるかは言われないし、移行期の法はそもそも法なのか、またどこまで法なのかも言われない。なぜなら、法システムの盲点はまさに盲目だからである。だから、二つの法のカテゴリーのそれぞれの始まりは不可視のままである。この点について先に進むためには、機能的観察が必要である。なぜならそれによって、通常法とは異なり移行期の法は顕在的な期待を安定化させない、という問題への新たなアプローチが開かれるからである。移行期の社会では、暫定的な法システムの選択に適した予期は、まだ形成されていないか、十分明確には形成されていない。だから、法は法であるために予期に依存しているのだろうか、という問いが立つのである。

(2)この問いに対して私は、予期は法の代補（supplément）であり、ロゴス――存在形態としては法――の秘密だが不可欠な補足であり、それなくしてはロゴスが一貫性をいちじるしく失う、と答えたい。だが、いかにしてこのことを表現すべきであろうか。たしかに予期は法の「源泉」ではない。差異論理的な考察だけでなく、法システムのオートポイエーシス、つまり法は自らを成り立たせている要素を自ら生産するという事態も、これに反している。法の代補としての予期という考えを展開するためには、はるかに要求度の高い起源の構成が求められる。われわれはそのような構成を、ジラールの基礎的人類学、つまり彼の贖罪説の原典を超えた展開に見出す。そのようなやり方によって、予期――法との差延（différance）における（またその逆）――は法実践のために必要な差異のマトリックスを用意することが示せる。それによって、ただ妨害するだけの形而上学的な論証を免れる、法の起源の非原初的な構想にまで進める。だがそれとともに問われるのは、移行期の正義の代補、すなわち移行期の法の実務をそれに見合った差異のマトリックスをもちいて行う機能的等価物は存在するのか、ということである。

(3)私の提案は、潜在性の概念をもちいて考える、ということになるだろう。ずっと以前から、システムのなかには、システムが見ることができず作動上利用もできないが、一定の条件のもとでは「期待権」として作用が及びうるような構造が存在しうる、ということが知られている。その場合の問いは、潜在的な予期は社会のなかで、法の作動が自己の社会性を導き出すもとになる差異のゲームを展開できるのだろうか、というものである。明らかなことだが、そのような事態は、形而上学的な参照枠組みのなかでは、法と社会的な予期秩序の同時的な接続が欠けているために、観察できない。これに対して、法創造の起源という観念を――以下で試みるように――差延に移すと、物事は違うように見える。そうすると、移行期の法を潜在性に向き合わせて、できることなら、これまで隠されていた区別をこの法カテゴリーの観察のために同定することが、まったく現実的になる。それによって、移行期の正義の難問を解きほぐすために、たしかな足場が得られる。

II　法の代補としての予期――ルーマン、デリダ、ジラール

正義――それがあってはじめて世界は存続するのですが――の根拠は非常に曖昧模糊とした秩序のうちにあります。しかしこの秩序（あるいは無秩序）の上には間断なく統制力が働いています（Lévinas 1968: 163）。

ルーマンの法社会学（Luhmann 1987: 27ff.）の偉大な発明は、周知のように、当為を事実性の定式に帰した点にある。この定式では、「法が解決するのは、時間問題である。時間問題が全体社会のコミュニケーションのなかで生じてくるのは、継続的なコミュニケーションが……自己自身のうちで完結しえない場合である。そのときコミュニケーションは、その意味を時間的に拡張するために予期に定位し、予期を表明する」（Luhmann 1993: 125）と述べられている。予期はこの場合、個人心理学的にではなく、コミュニケーションの意味の時間的側面として理解される。同時にその結果として、時間的に安定した予期の確実性という法の機能が確定する。そうなると法は、時間的結合の確実性のために予期に依拠しなければならないから、場合によっては予期が現実に合致せず違背されることを甘受する（そうするしかない）。そのため法は、紛争にあらかじめ判決を下さなければならず、「社会的な党派性」を示さなければならない。それはシンボル化によって行われる。法規範はそれに対応して、シンボル的に一般化された予期からなる構成物のように見える。「それによって、一般化され状況から独立したかたちで参照がなされるようになる、というだけはない。シンボルはつねに、それ自体としては不可視の、

あるいは不可視になるかもしれないものを表わしもする。ここではすなわち未来を、である。シンボル化によって社会は……特殊な安定性と特殊な感受性を獲得する。われわれは、シンボルによって何が思念されているかを知りえないがゆえに、シンボルに依拠するのである」(Luhmann 1993: 130)。したがって規範の機能は、社会が予期のレベルで不確実な未来に対する準備をしようとする点にある。

ルーマンが自らの法社会学に関連して、「全体としてみると法システムは、…予期(の)…予期…の確実性を基礎として、(作動する)」(Luhmann 1993: 146f.)と述べるとき、予期は法の一種の「条件」を示していると見なさなければならない。予期のない法は機能がない――そして機能がなければ、法は死せる惑星である(このことは、移行期の法にとって、さらに詳細に立ち入るべき問題を投げかける)[*7]。だから、どのような関係のなかで予期と法の作動は互いに向き合うのか、と問われる。それは遺伝的/因果的関係ではありえない。法は自己の作動の反照性にもとづいて分出するという理由だけとっても、そのような関係ではありえない。ルーマンはこの点についてむしろ運命論的に語っている。たしかに法は、社会における無数の予期の叢生状態に対して制約と規律を与えるように作用することによって、何が公式的な意味で合法ないし不法であるのか確認できるようにする。ただし近代社会においては、法は共予期すなわち予期の予期という条件を拘束的な決定前提の形式にもちこむことができない。法はこの条件に対して無関心なままである(Luhmann 1993: 148)。ルーマンはここで――私には意外なやり方に思えるが――実証主義の思想財にもとづいて議論する支配的な法理論を取り入れる。「個人が法を利用するためには、利用者の動機や利用者に降りかかってくるプレッシャーといった社会的文脈から法が抽象されている必要がある。あるいは、法が個人としての利用者のほうから切り離されていなければならない、といってもいい」(Luhmann 1993: 149)。そうなるのは、社会がここで「法システムを社会的なしがらみから解き放っ…た」(Luhmann 1993: 149) ことに対する代償を支払っているせいである。だがそれとともに――ここでだけ重要なことだが——予期と法の関係は計器任せの飛行になり、身体も顔もない運任せのゲーム（alea）になる。

今日、ルーマンの運命論の動機を再評価にかける十分な理由がある。「社会実践という建造物の上に立てられた」ものとしての法に取り組んだリアリズム法学者（Legal Realists）の路線に沿って（Patterson 1990: 956, Cohen 1935, Llewellin 1930）、法理論における近年のアプローチは、社会的な予期秩序と法の作動の間のつながりは、ルーマンが一九九三年に考えていたよりも密であると想定している。少なくともそのような意味で、現代の法律的な論証論は理解されるべきである。この論証論は、システム内部の制約条件（constraints）の裁判所や官庁による決定の自由度は「公式の」決定より明らかに大きいと評価するが、本当はせいぜい関連のある法適用の決定伝達の働きをしているにすぎない（Larenz 1991, Bydlinski 1991）。それとともにこの論証論は、まだほとんど評価されていないが明らかに振動している、社会的な予期による法の作動の基礎づけをより緊密にするという目標を、自らに課す（Ladeur & Augsberg 2005, Müller & Christensen 2004, Christensen 1989, Christensen & Kudlich 2001, Christensen & Fischer-Lescano 2007, Seibert 2004, Goebel 2001）。非常によく似た仮説を用いて、今日では、社会のなかで進行し、循環し、互いに刺激をあたえ、強化し、最広義の「社会的」規範性を診断し、法が固有の規範性を構築するために協働的にそれを引き合いに出すことを確認する、（「社会的な反省の実践」［Teubner 2004: 11］と捉えられる）規約理論も議論をしている。しだいに成立しつつある法グラマトロジーという専門分野も、同じ方向を指している。すなわち、法テクストは記号の分化を示しており、エクリチュールの「反復可能性」のなかで記号の分化の意義をたえず変化させ、そのかぎりにおいてコンテクストを超えて社会（社会的予期）と法（法規範）の相互刺激を促進し、いやまさに強制し、加速する（Moor 2005, Amstutz 2007）。

だが、はじまりや起源の形而上学的な構想が（先に述べた理由から）[*8]これ以上進められないとしたら、予期と法の関係はいかにして理論的に捉えられるべきだろうか。ルーマンはかつて、法システムのなかの決定システムの分出は、予期の上に立てられた法システム自体の基盤の浸食に向かう可能性がある、と注釈をした——そしてわれわれはこの注釈をさらなる考察の出発点に採用したい。そうすると、法システムは最終的に自らを「政治的に支えられた組織と」見なすほかない。[*9] 普通はたしかにそういうことはない。それによって示されているのは、予期が法にとって奇妙でよく見えない不可欠性をもっている、ということである。私はテーゼをつぎのように先鋭化させたい。すなわち、予期は法に対して「補完の論理」(Dupuy & Varela 2002: 249) に立ち、したがって法の代補 (supplément) を形成する。これが、さらに示されるように、起源の問いに対する、その複雑性にふさわしいやり方での答えである。[*10]

代補 (「代補の概念」〔Derrida 1967: 208〕) は、多くの概念と同じように同時代の哲学を生産的に刺激してきたが、デリダの『グラマトロジーについて』の第二部に由来する。そこでは、この概念が、ルソーの『言語起源論』のきわどい読解——デリダ自身の言い方では、魅惑的であると同時に危険な読解——のなかで、伝統的なロゴス中心主義を脱構築している (Dooley & Kavanagh 2007: 24, Courtine 2007: 21ff.)。デリダは、文字言語が言語、音声言語 (parole) に対して二次的なものであるという考え方に、きっぱりと反対する。本当は、文字言語はロゴスに対して (Nancy 2007b: 121f.) 一つの代補であり、奇妙な両義性つまり「身代わり〔文字言語〕がその代理人たるの役割を忘却し、それ自身音声言語の欠乏と不具性とを補足しているだけなのに自ら音声言語の充溢性を僭称するようになる……宿命的な必然性」[*11] をもっている。代補は、これに対応して、独特かつ必然的なかたちで組み合わせられている二つの意味で理解しなければならない。一方で、代補はロゴスを補足し、まさにロゴスがうわべだけ完全に見えるために気づかれないままになっている、ロゴスのなかの空白を埋める。だがそれとならんで、代補はもう一つの意味内容、つまり代理、代表という意味内容をもつ。「これは代理的補足である。それが付加されるのは、ただ代理をするためにだけである。それは、の＝代わり＝にやって来る、あるいは挿入される。……あるところでは、あるものは……代理委任で補われてはじめておのずから満たされることができ、自らを実現することができる。記号はつねに事物そのものの代補である」[*12]。代補の二つの意味は「外面」(Lévinas 1961) であり、代補は補足しようと代理しようと、つねにロゴスに対して異物的であり、外面的であり、周辺的である。代補は個別的な出来事ではなく、痕跡 (archi-trace) であり、起源の不在 (absence d'origine) としての起源的不在である。またそれとともに認識されるのは、代補が本来はじまりを指し示すための道具だということである。それを明らかにするためには、いささか探索を行う必要があるだろう。

代補は、自律的にふるまい、自らを自足的であると理解するロゴスとの対立が、必然的に「内部から〔ロゴスの〕自律性の要求を掘り崩す悪循環 (circulus vitiosus)〔を〕……始める」(Dupuy & Varela 2002: 249) ようなやり方ではたらく。そのような事態が起こるのは、代補がロゴスと奇妙に絡み合った相互関係にあるからである。ロゴスは完全無欠で純粋に見えるにもかかわらず、代補がなければあらゆる一貫性を失うだろう (Sallis 2007: 43)。代補は余計なものであると同時に不可欠なものに見える。しばしばデリダが述べた哲学と文字言語の関係の例に象徴されるように、「直接的に真理に到達することが哲学の理想であるから、筋道だてて考えれば、哲学は表現するために自らが利用できる唯一の手段である文字言語を拒否するはずである。単刀直入にいえば、哲学はSと書く。

S「それは書く行為ではない」……(Dupuy & Varela 2002: 250f.)

ここでは何が補足の論理をもたらしているのだろうか。もっとよく見ると、補足の論理がロゴスと代補を循環的因果関係においていることがわかる。システム理論的に言えば、補足の論理はこの関係を作動上閉じたものにしている。起源についての問いは、「最終根拠」についての身動きがとれなくなる議論から、はるかに生産的な差延（différance）に移る——そうすればすぐに「……代補とは差延の別名である」（Derrida 1967: 215）ことがわかる。このような等置を用いて、デリダは代補説の一つの次元をもち出すが、それは「構成的な、産出的な、根源的な原因性」と書き直すことができる（Derrida 1972a: 9）。差延は代補の働き方のなかの「生成的運動」を指示しているが、生成的運動は空白を埋める意味にも代理する意味にも[13]含まれておらず、この間非常に有名になったデリダの「正書法上のひどい過失」（Derrida 1972a: 3）によって白日のもとにさらされる。「われわれの言語の慣用においてanceという語尾が能動態と受動態の間で未決定にとどまること、これをとくと考えてみる必要がある」[14]。つまり差延は、つねに受動的なものと能動的なものの間にある（Bass 2007: 417f.）——あとで見るように、予期と法の関係についての決定的に重要な考え方。差延も「語でも概念でもない」（Derrida 1972a: 9）が、代補と同じように言語理論の周辺領域で作られた。デリダの出発点は、差延の場合には、ソシュールの記号論である（Derrida 1972b: 42ff.）。ソシュールの記号論によると、記号の同一性はその記号が発せられる時点でその記号がほかのすべての記号から区切られることによって保証される（de Saussure 2005: 158ff., N230ff.）。記号の正確な輪郭は、その記号がほかのすべての記号ではないものであることによって得られる（Derrida 1972b: 37f.）。ソシュールは記号の意味論的な意味を、能動的に内容によってではなく、受動的に差異（「eをともなう差異（différence）〔Derrida 1972a: 4〕」）によって記述しなおしている。したがってその意味は、恒常的に新たな差異を生み出す開放システムにおける機能である。「こういう連鎖関係があるからこそ、各「要素」は——それが音素であれ書記素であれ——当該の連鎖ないし体系のなかのほかの諸要素の……痕跡から出発して構成されるのである」[15]。

この背景のもとで、差延（改めて言うが、これは「語」でも「概念」でもない）のなかにいかなる考え方が込められているのか、理解することができる。デリダの言葉で言えば、「différanceと書かれるものは、たんに能動性ではないようなものによってそうした諸差異、そうした差異効果を「産出する」戯れ運動であるだろう。とはいえ諸差異を産出する差延がそれら諸差異以前に、何らかの単純な、それ自体において変様されない無―差異的な現在＝現前者のうちに存在しているということではない。差延は非‐充足的な、非‐単一的な「根源」、諸差異の〈構造化された差延する根源〉なのである。だから「根源」という名はもはや差延にはふさわしくない[*16]」。この光のもとで見ると、代補（「差延の別名」であることに注意）のダイナミックな側面が現われてくる。代補は、たんに代理する補足ないし補足する代理としてロゴス内部ではたらくのではなく、ロゴスと生産関係に入っていく。代補は、ロゴスのなかで意味を生み出す差異をもたらす――なぜなら、ロゴスのなかで問題となるのは、肯定的な意味ないし意義の内容ではなく否定的な境界づけであり、戯れ（jeu）つまり互いのなかに沈殿することによって意味を生み出す差異の戯れだからである。「一方で諸差異は戯れる……。他方で諸差異自体は結果である。差異はすっかりできあがった姿で天空から降ってきたわけではない……。〔差延は〕言語が、あるいは一切のコード、一切の送り返しシステム一般が諸差異の織物として「歴史的に」構成される、そうした運動〔を生み出す[*17]〕」。「戯れ（jeu）」「結果（effet）」「諸差異の織物（tissu de différences）」。デリダの言葉の選択は、代補が（差延と同様に）つねに能動態と受動態の間にあることを、おのずから明らかにしている――それによって起源の観念を、伝統的な形而上学的思考、直接的‐因果的観念のなかで作られてきたよりも、際限なくはるかに複雑にする。

代補の論理は、社会的予期と法システムの困難な共同作用を、ルーマンの法社会学でこれまでなされてきたよりも正確に把握するために、いかにしてこれ以上助けになるだろうか――これが今、問題である。予期は法の代補であるというテーゼは（これ自体がロゴスの位置に移るが）、この二つの要素の関係が受動的か能動的か「決定不能」であることを含意しているように思われる。予期は受動的に法の「秘密の空白」を埋めるだけではなく、それと同時に能動的にこの空白を、意味を孕んだもの、作動的なもので満たす。このテーゼを根拠づけたければ、

「社会的‐具体的」になるために、ルーマンやデリダの理論構築の高い抽象レベルを去らなければならない。ところが、そうなるとかなりの困難に陥る。それは、法社会学や法理論のレベルでは、これまでそもそも根拠づけ作業が接続できる思考モデルが存在しなかったからである。いいかえれば、法秩序に関するさまざまな説は、代補や差延という形象（これらはほとんどつねに形而上学的である）の彼方で展開されている。[*18] だから法学説の外部で探索しなければならない――たとえば（そしてとりわけ）人類学的研究のなかに、代補のカテゴリーのなかで考えることを知っているアプローチがあることを、確認できる（Dupuy & Varela 1992）。具体的にはジラールの基礎的人類学（Girard 1972, 1978, 1982, 1985）が問題となる。そのデリダ的な思想内容は、とくにマッケナ（McKenna 1992）によって印象的に確認された。

私のテーゼを裏づけるために、ジラールのアプローチをまったく特殊なやり方で用いることにしよう。私は彼を寄食的に利用する。つまり、ジラールは法社会学も法理論もやっていないので、彼の研究はそのまま（tel quel）では利用できない。つまり彼の研究は、社会的予期を法の代補として捉えることが何を意味するかについて、何も言明していない。彼の研究の言明の価値は、社会秩序の創発を神聖なものの視点からあとづけるという、まったく異なる目的にある。ではなぜここでジラールに関連づけをするのだろうか。その理由は、ジラールの理論が法社会学や法理論において青写真のように利用できる特別な構造をもっている、ということで説明したい。[*19] ほかの言い方をすれば、ジラールの理論は、新たな参照、反響、共鳴で満たすために当初の内容から抽象される理論構想のためのモデルとして利用できる。語のもっとも字義通りの意味で、ジラールの理論は「パラダイム」を提示する。このパラダイムは、（ジラールの場合のように）神聖で文化的なものの発生についてのアイデアをもつことを可能にするだけでなく、ほかの形態の社会秩序形成についての考えをまとめることもできる。この限られた紙幅のなかでジラールに深入りしても、法の代補としての社会的予期というテーゼについてこれまで述べられたことのない新しい洞察を得るという目的は果たされない。その目的はむしろ、このテーゼを根拠づける論証を、首尾一貫した体系にすることのできる理論デザインを特定する努力によって果たされるだろう。簡潔明瞭に言うと、ジラールに取り組むさいに問題となるのは、彼の理論を覆うアーキテクチュアであって、彼の理論そのもの――彼の上位構造や下位構造の寄食的横領ではない。

ジラールの文化の起源の説は、一方ではミメーシスの仮説にもとづき、他方ではいわゆる無知（méconnaissance）の仮説にもとづいている。第一の仮説は、われわれが熱望するのは他者が欲するもの――「対象物」――にほかならない、ということを意味している（Webb 2002: 2f.）。それによって始まるミメーシスの対抗関係を、ジラールは、抗争のエネルギーを蓄積し、社会のどんな風向きのなかでも暴力を制御しようとする「機械」と解している。ミメーシスは――模倣と反対に――無意識的であり、そのかぎりにおいて（心理のレベルではなく）コミュニケーションのレベルに移されていると言ってよい（Girard 2004: 66）。ミメーシスは自らがまわりを回る「対象物」を離れ、暴力を孕んだ敵対へと変異する。「対抗者のミメーシス的魅力が増大すると、抗争の対象となっていた物は徐々に姿を消していく傾向があります。対象物はライバル同士の死闘のうちで引き裂かれ、ずたずたに切り刻まれ、破壊されてしまうのです。……ミメーシスが純粋な対立関係になるためには、対象物は消え去るか……しなければなりません。そうなると……ミメーシス的危機は拡大し、どんどん激化することになります」（Girard 2004: 76）。そうなると、社会のなかで支配するのはむき出しの暴力である。太古や古代の文化は、スケープゴートを発明することによって、この事態に対応した。恣意的に生け贄を選び、それに続いて神聖化でもある生け贄を捧げる儀式を行うことによって、社会全体に種をまかれた暴力はスケープゴートという一点に集中され、それによってミメーシス的危機は解消される（Girard 1992: 29ff.）。そこから儀礼、神聖なものが生まれ、反復されると制度に濃縮される。そしてジラールの目には、そのような制度とともに創発するのが文化である（Dumouchel

1992: 80)。

この最後の点は、ここではこれ以上の関心を引かない。ここでの文脈でより重要なのは、そのような制度はジラールにとって前提なしには機能しない、ということである。ここで問題となるのが第二の仮説、無知の仮説である（Girard 2004: 85ff.）。神聖化されたスケープゴートのメカニズムがはたらくのは、それとともに起こる不正が無視される場合だけである。なぜなら生け贄は——ここにその意義があるのだが——恣意的に選び出されるのであって、それは生け贄に罪がないことを意味するからである。生け贄のミメーシス的危機やそれによって誘発される暴力との関係は、いかなるかたちでも存続する必要がない。社会的凝集をふたたびもたらすためには、生け贄の無罪が社会に対して隠されたままでなければならない。さもないと生け贄は、罪ある者の役割、正当な憤激の暴力の標的になる排除された者の役割を演じることができないだろう。制度は無知にもとづく。これがジラールの偉大な教えである。

ジラールの理論体系は、起源、始源、源泉、「零時」が放棄されているというだけの理由で、まっすぐ立っていることができる。マッケナ（McKenna 1992: 50）が詳述しているように、ジラールは起源をミメーシス的努力におきかえる——より抽象的には差延におきかえる。形而上学的に考えられた根源的なもの、起源的なもの、始源的なものは、すべて排除される。それによってジラールの理論は、代補の形象と収斂する独特の構造をもつようになる（Dumouchel 1992: 77f.）。文化的制度は、ミメーシス的欲望が向けられる「対象物」に還元することができない——本来の意味で「底なし」である——から、一見すると自立的、自律的で、それ自体として筋道立った自足的なロゴスに見える。だがそれはただの外面で、脱構築には耐えられない。[*20] ジラールの制度は、無知のまま追放される生け贄にどうしても依存している。それはつねにもう組み込まれている。それはずらし（「先延ばし」）——暴力による暴力のずらし——である。スケープゴートは代補である（Dupuy & Varela 1992:7)。

法の代補としての予期という私のテーゼを根拠づけるために、ジラールに正確にならうなら、それはジラールの理論枠組みのなかでの反対語のおきかえを意味する。だがいかにしておきかえるのだろうか。第一に、古代社会では暴力の蔓延につながる模倣的なライバル関係という観念は、いかにして近代の文脈に翻訳できるのか、と問わなければならない。この文脈で正しいイメージが見出されるのは――おそらくデュムシェルがもっともはっきりと見ているが――、考え方を暴力ではなく複雑性に切りかえる場合である。ジラールの人類学は基本的に形態生成的な理論だから、つまり新しい形態の創発を説明することのできる理論だから、近代社会においては、ミメーシス的対抗関係――私は以下で真の近代性を背景に破壊的な争いという反対語の方を好んで使う――が高度化した複雑性を指し示す、というところから出発しなければならない。[*21] したがって私の出発点は、破壊的で闘争的な努力は社会のなかでシステムの複雑性をまき散らす（Luhmann 1981a: 101）、ということになる。それとともに改めて、「コンフリクトは……システムの複雑性の膨大な増大に〔つながる〕」（Luhmann 1981a: 102）というルーマンの法社会学との接続が見出される。まさにこの視点から、ジラールの古代社会とは異なり、複雑性を「停止する」ためにスケープゴートの姿が引き継がれることはない、という事態が認識される。この事態は、ジラールの生け贄の地位にくるものは何か、という問いを誘発する。この問いに答えを与えるためにはコンフリクトが、現在の法社会学にまで入り込んでいる見方とは逆に、必ずしも否定的に位置づけられているわけではないことを、考慮に入れなければならない。コンフリクトは、肯定的、創造的、生産的なものであることもある。なぜなら社会は、予期を構想し、変形し、一般化するために、まさにコンフリクトを必要とするからである（Luhmann 1981a: 105）。コンフリクトがなければ、複雑性をともなうシステム上の関係における基本的メカニズムのデザインには至らないだろう。ここから私のアプローチの建築様式が帰結する。ジラールの理論建築においてスケープゴートが占める位置は、ここで構築される理論においては社会的予期にとってかわられる。理由は以下の通りである。

予期は、対応する関係様式を制度化することによって、社会的複雑性を「差異化する」ものであり、したがって近代においては機能的等価物として、ジラールの場合にはパラドキシカルな方法で暴力によって暴力を「停止する」生け贄の代わりとなる。そして、スケープゴートが儀礼のなかで構成され、そこから聖なるものが生まれるように、予期は破壊的な運動のなかで形成され、法システムによる選択を申し出る。だがこれですべてではない。ジラールの思考構造を寄食的に利用した理論形成からは、さらに一つの帰結が生まれる。予期の場合には、無知が強力な役割を演じる。スケープゴートの無実についての無知と同様に、予期についての無知が存在する——それも具体的には、法による、法のなかでの予期についての無知が。予期は、法の秘密の共演者である。つまり予期は、隠された、気づかれない、社会的なことが見えない俗語、社会的な隠語や特殊用語を法運用の言語に「翻訳」し、社会と法の間をいわば多言語的に「媒介」する、つなぎの文脈である。ルーマンは、法が予期を見えないようにしていく事態を、法システムにおける決定システムの性能の限界と結びつけた。「決定システムによって、複数の規範的予期が同時に生じるための条件を、拘束力ある決定前提のかたちに高めることはできない。決定システムは、ある人に個別的な権利と義務を授けることはできる。しかし、ほかの人すべても同時にそれについて予期しているということを……保証できはしないのである。決定システムの視野のなかには、規範的予期における相互的確証という前提は入ってこない。……あるいは、その前提を、法的に重要な事態として扱うことはないのだといってもよい。決定システムは、このような規範的予期の制度化に対しては、あくまで無関心である。法的には、そんなことは問題にならない。他人が規範的予期の貫徹に強く固執しているからといって(あるいは、固執していないからといって)、そのことを論証として利用したり、提訴したりすることはない。決定システムの境界は、この種の情報を通さない。フィルターをかけてしまうのである。「妥当している法」が公式に提示される際には、こうした契機は脱落してしまう」(Luhmann 1993: 148)。

最後の文には、「公式の」法は予期を知らない、と続けなければならない。だがこれは話の終わりではない。逆に、秘密の概念性のなかで迫害者の共同体が知らないこと、つまり無実(生け贄は犯人ではないから)を主張しているジラールの生け贄のように、予期は法の秘密のなかに書き込まれている。予期は、聖なるものとの関係におけるスケープゴートのように、法の代補である――ルーマンなら「非公式」の法と言うだろうし、エールリッヒ(Ehrlich 1989)なら「生きている」法と言うだろうし、カヴァー(Cover 1983)なら抵抗のテクスト(text of resistance)と言うだろう。その意味で予期はデリダの差延の印である。予期は社会の複雑性の扱い方を秩序づけ、複雑性によって複雑性を「差異化する」と言えるだろう。だがそれは、代補における生産的なものを明るみに出す産出の連関のなかでしか起こりえない。予期は法における生産的な表現、法運用における可能性の開拓として機能する。この観点から見れば、予期と法の関係は、「生成運動」のなかで法における差異のゲームが展開される枠組みとなるマトリックスが生み出される、という意味で超越論的である。手短にいえば、予期は(ここで述べたように非因果的、非根源的な意味で)恒常的な新しい差異化を提案する「力」であり、新しい差異化はそもそも法のなかではじめて、法運用に社会的意義を与えるために必要な意味のストックを生み出す。予期という代補がなければ、この法運用は空虚なものだろうし、社会との関係がなければ、いわばモナド的なものだろう(これこそまさに、ルーマンが、分出した法が予期の上に立てられた自らの基礎を浸食し、ただ政治権力の支えのおかげでなおも存続できる可能性を指示するときに、論じている状態である)[*22]。

今、建てられた法と予期の関係を解明する理論構造物は、われわれをどこに連れていくのだろうか。第二の契機は、さらなる前進のために重要である。まずこれまでの詳論は、代補という姿を用いれば、非因果的、非根源的で、明らかにいかなる形而上学からも展開される法の起源の構成を構想することに成功することを示している。

つぎにこの詳論は、法と社会的予期の機能的連係も解明した。この所見は、社会学的な法概念にとって重大である。社会的予期との接続がなければ、法は機能をもたないままである。その場合、法は政治、教育、ゲーム、あるいはそのほかの何かでありうるが、機能的な意味における法ではない。この二つの認識を見て、移行期の法の社会的機能はどうなっているのか、とここで問うべきである。

Ⅲ　潜在的予期と移行期の法の生成——ニュルンベルク裁判を例にして

想像しがたいという語は、割り切れず、限定できない語である。きわめて便利な言葉だ（Antelme 1957: 318）。

私は、この問いを抽象的に（in abstracto）ではなく、具体的な例をもとに扱いたい。その例とは、ニュルンベルク重要戦犯裁判における第四訴因である（Taylor 1992, Maser 1979, Steinbach 1999, Heydecker & Leeb 2003, Serpico 1994）。この訴因が示されているのは、一九四五年八月八日の国際軍事法廷（International Military Tribunal; IMT）憲章にかんするロンドン協定の第六条c項である（Überschär 1999: 289ff.,〔Anhang 3〕, Taylor 1992: 645ff.〔Appendix A〕に再録されている）。そのテクストはこう書かれている。「人道に対する罪　すなわち、戦前または戦中に民間人に対して行われた殺人、殲滅、奴隷化、強制移送、そのほかの非人道的行為、または犯行地の国内法に違反するか否かにかかわらず、法廷の管轄圏内にある犯罪の実行の際の、またはそれと結びついた政治的、人種的、宗教的理由にもとづく迫害」（Finch 1947: 22ff., Taylor 1992: 84, 582f., 1971: 31, 100, 216, 1950: 29f., Maser 1979: 382, Steinbach 1999: 35ff. 参照）。ニュルンベルクで一六人の被告が有罪を宣告される根拠となったこの訴因（Gruchmann 1961:

299）が投げかけた法学的問題は多数あり、ここではそれについての包括的な議論を提示することはできない。もっとささやかに、ニュルンベルク裁判の経過と波及効果をグローバルな社会的視点で述べることはできる。私の問題設定はさらに狭く、つぎのようなものである。すなわち、ニュルンベルクで行われたロンドン協定第六条c項の適用は、法の始まり、法の創発、法の生成と見なせるのだろうか。この移行期の法は現実的にも機能する法なのだろうか。あるいはこれはむしろ政治ではないのか、より正確には「政治的に支持された法」つまりニュルンベルクの手続きに懐疑的な多くの論者が「勝者の司法」と名づけたものではないのか。[*23]

これらの問いは、戦争犯罪法の実践という底辺に行くことを余儀なくさせる。そしてそうすると——これは具体的なもののパラドクスであるが——事態はすぐに曖昧になり、その輪郭はたちまち明確さを失ってぼやけてしまう。国際軍事法廷憲章の第六条c項についても事態は同じである。法学者の間では、判決が戦時中に（とくにドイツで）法学的妥当性を有していたかどうか——それとともに判決が事後的な（ex post facto）性格をもっているか否かについて、論争がある。[*24] これによって法律的な新天地に足を踏み入れることになる、という点は異論がないだろう。「裁判は、憲章のなかで「人道に対する罪」として示された大量残虐行為の告発のような、法における画期的革新を告げようとした」（Borgwardt 2005: 411）。この点を越えて意見はわかれる。論争の核心は、ニュルンベルクにおける人道に対する罪の犯罪行為のレパートリーがラディカルな革新か否か、あるいは法学的な新しさに反して、それまでの国際法の実践のなかにそのような禁止条項の痕跡が見出されることはないのか、という問いにある。この場合には、そしてこの場合のみ、この点で国際軍事法廷の遡及的な法適用は除外できるだろう。ロンドン協定の第六条c項に法の基礎となる前史があることは、とりわけアングロサクソンの法律圏で主張されたが（Taylor 1992: 582f.）、たいていはそれと同時に、すでに述べたように法学的見地からはいささか懐疑にさらされざるを得ない道徳的論拠に立ち戻る。[*25] ヨーロッパ大陸では、国際軍事法廷憲章の第六条c項はラフに言えば（grosso modo）、国家社会主義の恐怖が力をもっていた時代、普通の国内刑法に対応している、という論拠を用いて同じ結果に到達する試みが何度も行われた（Burchard 2006: 807）。ロンドン協定によって人道に対する罪の禁止条項は初めて国際戦時法のなかに明瞭に記録されたにもかかわらず、国際法の舞台では禁止条項の背後にまさに国内法から導出された重要な実践がある。この意味で、たとえばイエシェック（Jescheck 1952: 298）やダーム（Dahm 1961: 300）は、人道に対する罪は政治的に動機づけられ体系的に行われた普遍法的な犯罪行為（たとえば殺人や傷害）である、と論じている（Reibstein 1961: 332, Verdross & Simma 1976: 226, Bush 2002: 2357）。

この道は法技術的には行けるだろう。だがこの道は犯罪行為のレパートリーの主導的理念（idée directrice）と適合するだろうか。この道は最終的に国家社会主義の残虐行為のすさまじさを矮小化しないだろうか。慣例的な意味における殺人としてのユダヤ民族やほかの人間集団の根絶——それはまったくのカテゴリー錯誤である（Bauman 1989）。いずれにしても——これだけが私にとって問題なのだが——これによって、ロンドン協定の第六条c項は重要戦犯裁判の間、法社会学の観点から見て機能的な法だったのか、という問いに答えられるわけではない。なぜなら、普遍法的な事実構成要件によって安定化された予期は、ジェノサイドやそれに類する残虐行為とともに現われる予期とほとんど共通点がない。普遍法的に安定化された予期は、十分に「初期化」されていないので、国際軍事法廷憲章の第六条c項の代補として役立つようにはたらくことができない。

一九四六年における人道に対する罪の禁止条項の遡及作用的な性格を論破しようとするこうした試みの主要な法律的問題は、おそらくほかのところに、つまりロンドン協定第六条c項の歴史的な関わり合いにある。ボルクヴァルトは、ニュルンベルクにおける規定の発生と処理を厳密に再構成し、その遡及適用は未来の研究においても完全には排除できず、ニュルンベルクでは第四訴因によってそれまで知られていなかった小片が戦争犯罪法のモザイクのなかにはめ込まれたのではないかという疑念は余すところのない論駁によっても崩しがたいということを示した（Borgwardt 2005: 437ff.）。ボルクヴァルトの出発点は、ハーグ陸戦条約には一八九九年版も一九〇七年版も、（提唱者の名をとって）マルテンス条項として知られている前文条項があった、という確認である（Bassiouni 2002: 262ff., 286ff.）。それによれば、戦時中の人民は、文明化した人民の慣習、人道の法、公共良心の要求から生まれる規則の保護のもとにある（Borgwardt 2005: 438）。ここには疑いなく、強調されたロンドン憲章の第六条c項との類似性を示す国際法の規範がある。この点の分析をやめようとすると、つぎのような推論が浮かんでくる。すなわち、一九四六年にはすでにある程度時間の経った法が存在していたのだから、国際軍事法廷による第四訴因にもとづく有罪宣告は、遡及適用として成功していない（Taylor 1992: 84）。

ところがボルクヴァルトは、重要な（ことによると苛立たしい）錯綜に注意しなければならないと指摘している。ハーグ陸戦条約は、総加入条項（clausula si omnes）つまり条約に加入していない国家が戦争に巻き込まれたとたんに条約は適用可能性を失うという規定を含んでいる（Borgwardt 2005: 438）。そこに悪魔が現われる。第二次世界大戦に巻き込まれたさまざまな国家が、ハーグ条約に署名していなかったのである。総加入条項のために、ハーグ条約は適用不可能だった。このことは、国際軍事法廷憲章の第六条c項にとって何を意味するのだろうか。ニュルンベルク裁判の時期には、歴史的に見ると、人道に対する罪の禁止条項は、総加入条項がハーグ陸戦条約の関連性を排除した状況ではまだ適用されていない状態だった。そのかぎりにおいて、ロンドン協定第六条c項の適用は、まさにそこに含まれる犯罪行為のレパートリーの最初の貫徹となった。またそれとともに、ニュルンベルク法廷にもう一度後付けの幽霊が現われるが、法廷はそれに印象づけられはしなかった。「法廷は一九〇七年のハーグ条約を慣習的国際法の宣言であると認識し、人道に対する罪のような革新的告発に関する判断をマルテンス条項という柔軟な基礎の上に組み立てた」[*26]。

だがこうした司法の認識があるにもかかわらず、ニュルンベルク裁判の第四訴因のまわりには、相当苦労しな

い と法廷の外では暴けないという印象を与えるちょっとほろ苦い後付けの匂いが漂っている、という事実は残る。われわれは問いに結論を出す必要はない。本稿で追求している目的のためには、一つの仮説にもとづいて考えるだけで十分である。それは、国際軍事法廷憲章第六条c項は判決の時点で遡及的な性格を身につけた、という(すでに示されたように一定の説得力をもっている)仮説である。この仮説によって、われわれは、移行期の法が投げかける法社会学や法理論の諸問題のストックを、十分な観察資料を用いて取り上げることができる。ここでの文脈では、この仮説からつぎのような問いを立ててみたくなる。人道に対する罪の事実構成要件が一九四六年時点で実際に遡及する法だったとき、そのような所見の法社会学的、法理論的な帰結は何であろうか。われわれはそこに、「政治的」法、社会的に機能をもたない法、非法を認めるべきであろうか。これらの問いは、ここではドイツについてのみ追究されるが、それはニュルンベルクの被告がみなドイツ市民だったからである。詳細に検討されるべきは、国際軍事法廷の判決が下されるときにドイツ社会では、ロンドン協定の第六条c項が差延の運動のなかで安定して作用する基礎となる予期が形成されていたかどうか、という点である。顕在的な予期が形成されるためには、一九四六年はまだ時期尚早だったが、戦前戦中におけるドイツ国内の国家社会主義のプロパガンダは、これから見るように[*27]、多くの社会的領域においてコミュニケーションの潜在性をもたらしており、ルーマン(Luhmann 1984: 458)の定式化では「コミュニケーションを可能にし、方向づける、しかるべきテーマの」恒常的な「欠如」をもたらしている。だが顕在的な予期の不在は、ロンドン協定の第六条c項が法の代補を欠いている(そしてそこから生じる先述のような諸帰結をともなう)[*28]ことを意味するのだろうか。

この問いは否定されるべきである。機能的にはたらく法的処理を可能にすることが問題である場合、法と顕在的な予期の同時性は破棄できる、という想定が適切なように思われる。デリダのいわば密閉された定式化を真面目に受け取れば、差異を形成する差延の運動は「何らかの単純な、それ自体において変様されない無‐差異的な現在＝現前者」のなかで起こるわけではない。[29] それとともに示唆されるのは――それが本稿での私のテーゼだが[30]――、顕在的な予期だけでなく、潜在的な予期も法の機能性を高めることができる、ということである。だが、潜在性という難しいシステム理論の概念で何を理解すべきなのだろうか。この概念の中心には、システムは自己自身が接近できない構造ないし機能をもつことができる、という考えがある（Luhmann 2002: 67ff.）。あるシステム（たとえば科学）がほかのシステムを当のシステムとは異なる視点から観察する場合に、このことがある程度はっきりする。「科学は分析を行うさいに、具体的な環境についての知識や観察されるシステムの進行中の自己経験には適合しない概念的抽象化〔を用いる〕」（Luhmann 1984: 88）。それによって何が得られるのだろうか。なかんずく――ここで関心があるのはこれだけだが――科学はそれによって、すでに述べたように観察されるシステムには見ることのできない構造や機能を解明することができる。この不可視性にはさまざまな理由がありうる。コミュニケーション過程のなかでのテーマ選択における無知に起因することもありうるし（純粋に事実的な潜在性）、知識の不可能性によって制約されていることもあるし（事実的な潜在性）、ある機能すなわち潜在領域が顕在化すると崩壊してしまう危険が発生するので存続している構造が潜在的な構造から守られるべきだという事態に帰せられるべきこともある（構造機能的な潜在性、Luhmann 1984: 458f.）。いかなるカテゴリーがあろうと、潜在性はつねに一つの期待権であり、「予期構造の形成の〔一つの〕可能性であり、歴史的な理由からまだ見えていないか構造的な理由から妨げられている、システムの意味指示の一つの可能な再編の〔一つの〕可能性である」（Luhmann 1984: 399）。

この潜在性概念――つまりその「期待権」の次元――は、法が作動様式の方向づけをし直すや否や、そのかぎりにおいて、潜在的予期が法の共演成分として機能しうることを示している。別の言い方をすれば、潜在的予期は、存在するかぎりにおいて、再編された法の内部的差異の戯れのなかで必要とされる生産的な表現を展開して、代補をきわだたせる潜在的可能性をもつ。だがそのためには、法における進化的飛躍（evolutionary jump）（Amstutz 2001）が潜在性の「解放」として作用することができなければならない。これが意味しているのは、何ら形而上学的なことではなく、デリダのいう運動である。新しい法は「構造選択の諸要求を〔反映することができ〕」なければならない（Luhamn 1984: 460）。つまり潜在的予期の選択性に見合ったものでなければならない。新しい法のなかではそれに対応して、潜在的予期がいわば事実として（ipso facto）複雑性によって複雑性を「区分する」――しかも、法と予期の同期的接合が時間軸の上で展開したことが、ある役割を演じることなく。潜在的予期によって準備された差異の生成的運動（mouvement générateur）は、すでに示したように法の社会的な意味ストックの形成にとって不可欠であり、まだきわめて概括的かもしれないが、代補としての傾向を何ら変えるものではない。

移行期の法にとって、この洞察は重大である。この洞察は、代補のある移行期の法と代補のない移行期の法の区別を導入する。破壊された社会に、遡及的にはたらく法の代補として展開する潜在的予期が存在するならば、この法は社会的な機能性を獲得するだろう。この法は、触発された予期が顕在化する場合と同じ意味で（無条件に同じ程度ではないにせよ）、予期を安定させるようにはたらく。これに対して崩壊という社会的アノミーのなかで潜在的予期が欠けているならば、移行期の法の代補がないのだから複雑性による複雑性の「区分」は起こりそうにない（あるいはほかのシステムによって法として受け取られる）。そのような法は、もっぱら政治ないし（軍事的）力である。そのような法は、社会における機能性を獲得することができるが、それはほかの時期においてのみであり、ここでは立ち入らない過程のなかで予期秩序が（再）構築された不確定な未来においてである。

この代補のある移行期の法と代補のない移行期の法の区別を考えると、こう問いたくなる。この区別には意味があるのか。この区別は、想像を絶する破壊、不気味な爆撃地帯、廃墟でのもっとも原始的な洞窟生活、そのほかの社会的な「零時」(Gerhardt 2005, Dagerman 1980, Zuckmayer 2007) の諸形態という環境のなかに移されていることを考えると、無益あるいは慰みにすぎないのではないのか。そのような環境のなかでは、提案された区別は、観察対象につねに不可避的に過大な要求をする科学的観察の基礎以外のものでありうるのか。ここで改めて、「過去との明確な断絶 (sharp break with the past)」というフラーの議論を思い出すべきだろう。[*31] たしかにこの議論を絶対的な意味で、つまり打倒された体制のなかに存在していたすべてのものとの徹底的な決別という意味で理解することはできる。だがそうすれば、崩壊した社会の廃墟のなかで発見され、移行の始動と加速という目的のために利用できる、わずかではあるがまだ影響力のあるとりわけ潜在的な社会的資源を、あっさりと捨ててしまうことになるだろう。むしろフラーの定式は、異なるように読むべきではないのか。それも、残存している法と社会の機能的総合を利用することによって、できるだけ早い再建のチャンスを高めようとする、敏感な移行期の法のための最終弁論の意味で。「法による移行」を真面目に考えれば、崩壊した不法体制のなかを生き延びた生命力のある力 (forces vives) に新しい法を接続することは避けられない。さもなければ、移行期の法はいかなる理由からであれ語られた寓話であり、おそらくは象徴であり、せいぜい力の誇示であるが、間違いなく法ではない。崩壊した社会とそこに留まる社会組織に注意を払いつつ移行期の法を構想したいと考えることは、近代法の敏感さの理念 (Nonet & Selznick 2001)、法の近代の自己反省性に対応している。

ここで、以上のような潜在的構造とその移行期の法にとっての意義についての一般的な議論を終えて、最後に国際軍事法廷憲章第六条c項に戻らなければならない。とりわけ、一九四五年五月八日の崩壊したドイツにおいて、言及した刑法規範の代補として展開され、社会的に機能する法として出現させることのできた潜在的予期は存在したのか、という問いに。歴史的に見ると、これはたしかに法理論家の能力に過剰な要求をするもっとも難しい問いである。現代史研究において異論の余地がないのは、国家社会主義のドイツ社会における予期構造の分析が、体制によって遂行されたとてつもない国家テロとそれ以上ない重さのイデオロギー的プロパガンダによって大きく妨げられている、ということである（Longerich 2006: 10ff.）。これに対応して、これまで発表された研究は不統一な結果に終わっている。だがこの間の膨大な（もちろんそれに見合って多様な）歴史的データのストックは、一九三三年から一九四五年についてロンドン協定第六条c項の法律的内容に接続する潜在的予期の存在が少なくとも説得力がなくはないように見せてくれるものについて、一定の指標を提供してくれる。ここでは二つの簡潔な指摘をするにとどめざるを得ない。

「最終解決」が秘匿されていることは、体制が投票による委託によってではなく自律的に動いてきたことの重要な証拠である、というカーショーの一般的な確認から始めよう（Kershaw 1979: 281ff.）。この秘匿戦略のとくに印象的な例は、ジェノサイドの痕跡の体系的な消去（たとえば一〇〇五特殊部隊[*32]）やヒムラーのポーゼン演説のなかで語られなかったこと[*33]（non-dits）である。国家社会主義時代の世論の研究の領域からは、ほとんど見渡せないほどの多様な業績のなかから、ロンゲリッヒの最新の研究に言及すべきである。この研究の考察は、「ユダヤ人問題」に関する世論を間接的に推論するために、公式報告やさまざまな出所の私的手記をよりどころにしている。とくに治安部門の世論報告に関して、ロンゲリッヒ（Longerich 2006: 315ff.）は、ユダヤ人排斥の合意が社会のなかに欠けているのを修正するために当時不可欠とされた国家プロパガンダの表現として新たに解釈される、という問題提起をしている。ロンゲリッヒは、一九三三年から一九四五年の間に大々的に行われた体制のプロパガンダ・キャンペーンについて、同じテーゼを主張している。この繰り返し新たに行われる非常に集中的な努力は、とくに「広範な急進的反ユダヤ主義の合意」が国民のなかに欠けていた、という事実を反映しているのだろう（Longerich 2006: 320ff.）。ロンゲリッヒは、体制によって「ユダヤ人問題」のために作られた規範に関わらざるをえない国民の憤懣についてさえ語っている。そしてこの憤懣は、集中的に追及されるほど、大きくなっていく(Longerich 2006: 321)。ここで述べた意味でのもう一つの指標は、いわゆるT4作戦の話である。一九三九年一〇月に、ヒットラーは司令部のさまざまな責任者に「安楽死」として粉飾された「生きるに値しない生命」(つまり精神疾患や遺伝疾患の人びと)の抹殺の権限を与えた。きわだっているのは、秘密保持の措置のレベルの高さであるが、それはとりわけ、ヒットラーとその司令部のいう意味での安楽死が非合法で、当時効力のあった刑法二一一条に違反していたためである(Klee 1983: 207)。安楽死の理念に賛同するプロパガンダによって国民を納得させる試みは失敗した。[*34] クレー(Klee 1983: 206ff., 269ff., 333ff.)は、一九四一年八月二四日の公式の(だが実際には尊重されない)安楽死中止に導いた抵抗が国民のなかにあったことを指摘している。ヒットラーは、自らこの問題の抗議集会の目撃者となって、「今やすべてに終止符を打つ」と決定せざるをえなかった(Klee 1983: 340)。

ここでもわれわれは、実態について決定をする必要はない。だがわれわれは一つの仮説を用いて、つまり先に言及されたほんのわずかな指標が、ヒットラー主義の社会のなかで対応する潜在構造の存在を表わす信号としての価値をもっている、という仮説を用いて考えている。この仮説にもとづけば、国際軍事法廷憲章第六条c項は、先に述べた理由から、社会化された法、そのために必要な代補として存在していたように思われる。そうなれば、この決定に関する論争は不要になるだろう。[*35] それは、この社会学的認識を再-参入(re-entry)として法ドグマティークのなかにもち込み、そこで作動に利用する用意があるかぎりにおいての話だが。[*36] 人道に対する罪の移行期の法は、この場合にはすでにニュルンベルク判決の時点で機能する法、短くいえば「法」であったように思われる。

移行期の法に関する以上の詳論は、何を教えるのだろうか。私はただ一点に集中することによって、結びという意味で法の生成というテーマの円環を閉じたい。「歴史的に所与」の法も移行期の法も、それぞれの起源を見れば、形而上学的に述べられてきたはずがない。それは、もつれたヒエラルヒー(tanbled hierarchies)、矛盾、意味崩壊、リオタールの争異（différend）の驚きにいきつくだけである。ルーマンはこの起源のパラドクスをもつ問題を実り多い観察レベルに引き上げた。そのレベルでは、法の生成をめぐる問いを安心して放置できるかもしれないが、移行期の正義とおそらくは「政治的」法から出発する疑問を呼び起こす振動はないだろう。法と社会の接続が自明でないとしたら、法が社会的アノミーのなかで動くとしたら、事態はどうなるのだろうか。このような問いは、システム理論的な起源のパラドクスがさらに展開されるべきで、いわば補完を必要としていることの徴候である。この補完というのは正しいキーワードである。デリダの代補によってはじめて、法と社会の相互接続の徹底した理解が可能になる。法の代補は、すでに示したように、生成的運動のなかで法に社会性を付与する差異を示す社会的予期の姿をしている。この差異の戯れのなかで法が生まれる。この非‐原初的、非‐形而上学的な意味において、「事実から法が生まれる（Ex facto ius oritur）」という素晴らしく両義的な格言は当たっている。

注

＊1――Luhmann 1993: 57, さらに op. cit.: 138 を参照。「そして通常性／規範性の混合形態（それは、信頼できないもの、予期されないこと、不意打ちから区別される）のほうが、つねに先行する。まさにそれゆえに、この段階に到達した法は、あたかも以前から法が存在していたかのように過去を読み込むのである。法は「始源」を必要としない。先行して存在していた伝統に結びつくことができるからである。全体社会が法の分出を可能にした場合には、法は自己言及システムへと閉じることができる。そして、既存の規範的素材を取り扱えるようになるのである」

＊批判的‐建設的コメントと前進のための助言をいただいた、コルネリア・ボーン、オラーフ・ディリング、ヨハネス・ヘルムケ、ファイオス・カラファス、マルセル・アレクサンダー・ニグリ、グンター・トイプナー、ならびにピア・ズンバンセンとオレン・ペレスが組織し、二〇〇七年七月五‐七日にオニャティ法社会学国際研究所で開かれた、「ルーマン以後の法」というテーマのワークショップの参加者に感謝する。

＊2――この戦略は（そして不幸にも反対語を選択した場合の限界は）、たとえばKoschorke 1999: 57に見られる。「システムから見て、始源が考えられるのは、その始源が自己自身を超えて虚構の大昔まで延ばされるかぎりにおいて――その始源がつねにもう起こってしまっているかぎりにおいてのことである。大昔は、すでに制度化された主導的差異をもちいたシステムの過去への投影である。大昔は、それが「技術的に」作り出された時期とは一致しない」。「技術的に」作り出されたという考え方はパラドクスを隠蔽する――だがそう長い間ではない。これは、区別の二つの側の選択が恣意的には成功できないことを示している。

＊3――Ehard 1949: 230を参照せよ。これに関しては当然区別をしなければならない。遡及適用の概念は、ヨーロッパ大陸の法領域とアングロサクソンの法領域では、一般基準ができないほどに異なっている。この問いについての詳細はBurchard 2006: 827f.を参照せよ。本稿では、この区別をさらに追究する必要はない。

＊4――そのような技術として、Posner & Vermeule 2004: 793-796が例示するのは、⑴より高次の法の援用（自然法にまで至る）、⑵名目法の適用（打倒された体制、たとえば再選されなかったアメリカ合衆国の政権において、真剣に考えられず、そのため採択されなかった法規範の）、⑶再解釈された法の公布（打倒された体制の法に新たな意味を与えるために）、⑷時効規則の拡大（旧法に対する違反を新体制においても追及するために）である。

＊5――上記二一三頁を参照せよ。

＊6――上記二一五頁を参照せよ。

＊7――下記二三二頁以下を参照せよ。

＊8――上記二一三―二一四頁を参照せよ。

＊9――Luhmann 1993: 147,「政治的に支えられた組織としての」法システムという概念は、誤解されやすいので、慎重に扱わなければならない。この概念によって言及されるのは、政治的な立法手続きではない。政治的な立法手続きは法律を生み出し、その法律が法を刺激し、固有の作用を行うように促すが、法のオートポイエーシスの諸条件が何らかのかたちで操作されるわけではない（くわしくはAmstutz 2003を参照せよ）。「政治的に支えられた法」という考え方の核は、それとはまったく異なる。ここで問題となるのは立法手続きではなく、法を「人為的に」生きながらえさせるために、政治が権力によって社会に介入するという事態である。だがこの「人為的」な法は（少なくともその極端な現われ方においては）、もはやオートポイエティック・システムではなく、政治的作動（opérateur politique）である。人為的な法は政治的司法のアリバイとしてはたらくが、政治的司法は、ほんとうは（現実に存在する法システムがないので）司法ではなく、政治システムの作動である。テキストのなかで「政治的に支えられた法」や「政治的法」について語られる場合には、この現象が述べられる。

＊10――もちろんLuhmann 1993: 546はこの論理構成の潜在的可能性を見ていたが、注目に値する論証の眠りのなかで代補の姿を転倒させている。「この種の解決策〔伝統のなかで広く流布した、ロゴスと代補の関係のヒエラルヒー化〕は秘められた恣意性を隠蔽するもの

である、というように「脱構築」することは、もちろん可能である。しかしだとしたら、脱構築そのものを脱構築しうるということにもなるだろう。というのはこの種の遡行がいきつく先は、起源ないし端緒のパラドクスにほかならないのであり、あらゆるシステムは、起源・端緒をつねに引きずっているからだ」。もちろんルーマンは、脱構築の矛盾の論証を試みるさい、論理的失敗やそのほかの失敗を求めているわけではない。だがそれでも、形而上学をまずいったん脱構築によって降ろしたのちに、「脱構築の脱構築」によってふたたび積み込むのは、何が重要でありうるのか、と問われる。

＊11———Derrida 1967: 208.

＊12———Derrida 1967: 208.

＊13———この代補の二つの意味については上記二二四頁以下を参照せよ。

＊14———Derrida 1972a: 9.

＊15———Derrida 1972b: 38f.

＊16———Derrida 1972a: 12. この起源の考え方についてはCaputo 2007: 144ff. も見よ。

＊17———Derrida 1972a: 12f.

＊18———この適切な複雑性をもった法学的な法の起源の理論がないという所見の唯一の例外は、非-法的な意味素材の創造的誤解というトイプナーの説である（Teubner 1996b, 1998）。「誤解」の概念のなかで、「誤」は革新を、「解」は革新が真空の上ではなく既存の意味素材の上にうち立てられる状況を記述している（Teubner 1998: 581）。この概念的な武器を用いて、トイプナーは、「始まりの」法は「かのように」という解決を発明するというかたちで、起源のパラドクスに取り組んでいる。「〔法の〕回帰的作動が無から（ex nihilo）始まることはありえない。それはすでに存在している何かと関係するしかない。……そしてこの「何か」が存在しないなら、まさにそれを発明しなければならない！……解決は……これからの回帰的作動の基礎としての、過去における具体的な法的作動というフィクションである」（op. cit.: 583）。過去のどこと結びつけることができるかという問いに対して、トイプナーの答えは「フィクションは……外的条件に依存している。法的素材として誤解されうる非-法的な意味素材が十分に存在していなければならない」（loc. cit.）である。この地点で、この理論を評価するわけにはいかない。トイプナーの理論も遅かれ早かれパラドクスの永劫回帰につきあたる、ということで十分である。非-法的な意味素材はいつ始まるのか、非-法的なシステムにおける作動はいつ始まるのか。デリダの代補説にもとづくテクストのなかで展開されるアプローチは、この文脈で、形而上学的起源が真空でも「かのように」という解決でもない比例的向上関係によっておきかえられるというメリットがあるかもしれない。

＊19———青写真（Blaupause）という術語は、ここでは文字通りの意味で、つまり辞書的な意味で考えられている。「白い地に青い線の青写真、あるいは湿式鉄塩法による青い地に白い線の青写真（鉄青版（Eisenblaudruck）とも言う）」http://dict.leo.org/ende?lp=ende&p=hPXz..&search=Blaupause(besucht am 9.1.2008)

＊20――だが「脱構築はものを壊すのではない。むしろ幽霊のような、漢字学的な戯れに参加する」(Caputo 2007: 142) ということに注意せよ。

＊21――Dumouchel 1992: 77ff. これについてはDupuy & Varela 1992: 8も参照せよ。「ミメーシス的メカニズムは新しい複雑化を産出することができ、単純なものが複雑なものを生み出すことができる」

＊22――上記二二四頁を参照せよ。

＊23――誤解を絶つために言えば、ロンドン協定の第六条c項の禁止条項は、道徳的には無条件に正しいし、まさに文明的な掟を提示していることは、少しも疑いがない。反対に問題となるのは、ニュルンベルクの時代に法社会学的で法理論的な法が提示されたのか、という問いだけである。克服されるべきは法学的観点と道徳的観点の盲目的混同である。たとえば――多くを代表して――Taylor 1950: 117が述べたように、「たしかに国際法は欠如しているが、ニュルンベルクにおける被告が罪を帰せられた行為が不法だったことを知らなかった、と真面目に主張することはできない……」

＊24――Sussman 2007: 691を参照せよ。「ニュルンベルク判決――実際には法廷そのもの――が、人道に対する罪を含めてそれまで国際的な位置づけのなかった犯罪行動のカテゴリーを立てたことを批判された」。この意味でWright 1947: 43ff. も参照せよ。

＊25――上記二一六頁を参照せよ。

＊26――Borgwardt 2005. ニュルンベルク法廷の慣習法的なテーゼは、人道に対する罪という犯罪行為のレパートリーが歴史上適用された例が(そもそもあったとしての話だが)非常に乏しいという当時の状況を見れば、問題なしとしない。Bassiouni 2002: 262ff., 286f. これに対向する考えとしてはとくにFogelson 1990: 866を参照せよ。

＊27――下記二四二頁を参照せよ。

＊28――上記二三二頁以下を参照せよ。

＊29――より詳細には上記二二七頁を参照せよ。

＊30――すでに述べた上記二一九頁以下を参照せよ。

＊31――上記二一七頁を参照せよ。

＊32――一〇〇五特殊部隊は、東部におけるユダヤ人殲滅の痕跡を消すために、一九四二年半ばから強制収容所の囚人たちから編成された。これについてはSpector 1990を参照せよ。

＊33――Internationaler Militärgerichtshof Nürnberg 1989 : 145f.「諸君らの多くは、百の遺体が一緒に横たわるとき、五百の遺体あるいは千の遺体が横たわるとき、それが何を意味するかを知っているだろう。この任務に耐え、そのさい人間的な弱さを度外視して品よくふるまうことによって、われわれの団結は固くなった。この任務は、けっして書かれたことがなく書かれるべきでもない、われわれの歴史の栄光のページである……」

＊34――この目的のためには、映画まで撮影された。Klee 1983: 342ff. を参照せよ。

＊35――上記二三五頁以下を参照せよ。

＊36――上記二一九頁を参照せよ。

第7章

ファティマ・カストナー

謝罪をめぐる世界劇場

法と赦し、記憶の関係について

世界各地に、血なまぐさい過去の経験と向き合っている社会がある。それらは既存の国家的・国際的な刑事裁判システムという厳格なメカニズムを通して過去を取り扱うのではなく、真実和解委員会の設置を通じて対応している。本稿では、現在行われている過去の清算にまつわる論争とは異なって、デリダによる赦しの概念およびルーマンによる記憶理論の分析を手がかりとする。それによって、委員会の設置を、不正の取り扱いに関する司法のオルタナティヴとして解釈するのではなく、また社会的和解のプロセスというカテゴリーで評価するのでもなく、社会全体としてのアイデンティティを創造する社会的な実践として描写したい。

法と赦し、記憶の関係におけるデリダとルーマン

それは期待しえないことだ、とルーマンは彼の著書『社会の法』のなかで書いている。法システムは、憲法と政治の複雑なカップリング関係のなかに位置しており、領土的に境界づけられた国民国家の要件として歴史的にはヨーロッパにおいて発展してきたのだから、世界社会のレベルでそれに対応するものを見つけることは期待できない。それどころか、彼の診断によれば、法というものがヨーロッパ的な奇形にすぎず、世界社会が展開していくなかで次第に消えていくことすら十分にありうるという(Luhmann 1993: 585f.)。

しかしながら実際には、国際政治の法化が終焉を迎える兆しはない。逆である。現在、グローバルな法化プロセスはまさに進行中であり、それはわれわれの今日の目線からすれば、いずれにしても不可逆的なプロセスであるように見える。金融および経済のグローバル化の結果として、いわゆる「ハードロー(hard low)」と「ソフトロー(soft low)」による網の目のような構成体が世界規模で形成されている。また現在、専門領域ごとに分裂しつつ世界規模で独立した活動を行っている法廷やほかの紛争解決機関が爆発的な増加を見せている。そうした人権レジームの枠組みのなかで、グローバルな立法あるいは裁判実践が生まれている。それらはただ未来のイメージや計画として空想のなかにあるのではない。それらはすでに、規範の複合体によるグローバルなシステムを具体的に進展させている(Teubner 2003b, Fischer-Lescano & Teubner 2006)。

しかしながら、世界規模で自律的な法生産実践が増加しているという事実によって、さしあたりルーマンのネガティヴな診断が否定されたように見えたとしても、影の問題設定、すなわち、世界社会の水準における社会構造的、経済的、またとりわけ文化的挑戦に際して、法がどのような性格の変容を被るのか、またそもそも変容を

被るのかという問題設定は残されている。

法のさらなる断片化というこのプロセス――その亀裂は、主権を有する国民国家の秩序維持と紛争解決の要請に従って領土的に規定されているのではなく、全体世界の社会問題状況との関連で政治的に規定されているのだが(Luhmann 1971)――を、ジャック・デリダは、政治哲学の観点から、危険な挑戦としてよりもむしろ、彼が法の脱構築と呼ぶものの具体的な例と見ている。脱構築がもっぱら美的見地からなされる非政治的で哲学的な手習いであるというこれまでの批判とは対照的なこの見解を、デリダはさらに、つぎのような挑発的な主張にまで強める。いわく、「脱構築とは正義である」(Derrida 1991: 30)。すなわちそれは、市民社会の新しいアクターが数多く登場していることや、彼らによって新しいかたちの法の道具化と干渉が行われていることを眼前にして、法の妥当性および成立の前提が継続的に変化を被っていくという意味において、正義なのだという(Derrida 1996: 101f.)。デリダによれば、こうして、つぎのことが説明されうる。すなわち、なぜ、一方では、まだ大部分においてたんに主権国家間の条約からしか成っていない現行の国際法が、法の執筆者(国家)と法の宛先(世界市民)との根本的な非対称構造の否認という意味において、諸々の正当な法を問い直すためのプラットホームとして貢献しているのか、他方で、国際法によるこのような挑戦的な文脈のもと、諸々のアクターが、国際法という名を語ることで自らに耳を向けさせることによって、国家的権威を超えたところでなぜ初めてそのようなものとして注目の対象となるのか、ということである(Derrida 1996: 136-153)。デリダは、こうした社会政治的な変化と、法の失効という考えを、あるひとつの可能な正義として考える。「これほどわずかにしかはっきり思い浮かべたり表現したり描写したりすることのできないものが正義なのだ。正義はそのために待っていてはくれない。それは待っていてはいけないし、待つ必要のないものである」(Derrida 1991: 30)。

こうした世界社会的な変容の評価にとって決定的なのは、一方での政治化と他方での法化との間に相互的な構成関係があるということである。このような創造的な社会的緊張関係のなかにあって、デリダは、彼の存命中、社会運動の批判的かつ積極的な代弁者であった。こうして、たとえば、彼が南アフリカのアパルトヘイト体制批判に早くから参加していたこと（Derrida 1987）、またイスラエル－パレスチナ紛争に、彼の出身国であるアルジェリアにおける暴力的な市民戦争に、アメリカ合衆国における死刑制度に、母国フランスにおける入管法に、そして人権侵害一般に対して批判的にアンガジェしていたことの説明がつく。また、それを背景として、彼が非常にドラマティックに、しかしシニカルというわけではまったくなく、世界社会的な「謝罪劇場（Theater des Pardons）」と彼が呼んでいたものに関心を示していたことの説明もつく。それによってデリダが視野に入れていたのは、歴史家のアネット・ヴィヴィオルカが「証人の時代（Ära des Zeugen）」と呼んだ世界社会的な発展である（Wieviorka 1998）。すなわち、ある特定の記憶、追憶、過去を抜本的に見直す文化という、グローバルに広まった社会実践のことであり、文化的、民族的、宗教的文脈にかかわらず現在世界中に広く存在している――不正を法的に清算する様式に完全に取って代わるまではいかないまでも――それを新たな長期的調整の論理へと投げ込むような社会実践である。

世界のラテン化（Globalatinisierung）――赦しと和解に関する世界規模のディスコースの基礎

このようなグローバルな「謝罪劇場」は――デリダによればそれは「記憶のユニバーサルな緊急性」を指すのだが――これまでさまざまなかたちをとってきた。すなわち、公的な歴史描写の批判や歴史上の出来事から締め出された部分の再考慮から、ありとあらゆる種類の記念やセレモニーの隆盛まで。例としては、系譜研究とルーツの整理、資料館の創設と公共の閲覧にむけた開放、あるいは博物館や記念史跡の開設などがある。どのようなかたちがとられるにしろ、二〇世紀の道徳的および政治的大惨事を目の当たりにして、まずはドイツで（Assmann 2006b)、やがてニュルンベルク裁判の持続的な道徳－法的影響力の結果としてほかの多くの国々において、悔恨のシーンが世界的に津波のごとく押し寄せてきたかのようであった。その際、公的な謝罪は特別な役割を果たした。それは過去の不正の公的な承認として、すなわち、国家の責任の承認として、したがってそのような不正はもう二度と繰り返さないという予防措置として受け取られた。こうした種の行為のなかで、おそらくもっともシンボリックな行為は、ドイツ元首相のヴィリー・ブラントのものである。彼は一九七〇年一二月九日、ワルシャワ・ゲットーの犠牲者のための記念碑の前で、敬意の込もった追憶の表情をにじませながら跪《ひざまず》いた。それによって、それまでは存在したことのなかった世界規模の公的謝罪の時代と、洪水のような悔恨の表明との開始が告げられたのだった。これによって、記憶と謝罪のグローバルな儀式が行われはじめ、そのもっとも驚くべき現われとして、今日では、真実和解委員会というものが世界規模で作られている（Kastner 2007b参照)。

実際、八〇年代の中頃から、血塗られた過去との対決を迫られていると感じた社会が世界中で、真実和解委員会というコンセプトに手を伸ばしている。言ってみれば、国家的および国際的な刑法システムの発展の風陰で、その時々の社会的紛争の可能性に対して――あれほど苦労して築き上げたグローバルおよびローカルな裁判権の刑事訴追システムが有しているよりも――もっと説得力があり、もっと接続能力のある紛争解決の道具立てが、ローカルな水準でもグローバルな水準でも使用可能になりはじめているように見える。実際、過去三〇年間という短い間に、ラテンアメリカ（Oettler 2004)、アフリカ、アジア、中欧、東欧、そしてアラブ世界（Slyomovics 2005参照）の国々において五〇件を超えるケースを挙げることが可能であり、そのようなポスト・コンフリクト状況にある諸社会は、不正の清算の際に、国内の刑法にも国際的な刑法にも頼ることなく、真実委員会の創設というコンセプトに賭けている[*1](Hayner 2001, Freeman 2006)。また、さらなる真実委員会が今も創設されようとしているか、創設を宣言されたか、あるいは議論のなかにある。弾圧や市民戦争、また国家による集団的暴力という包括的な人権侵害が、最近になっても行われていることを見れば、むしろ、国家的および国際的な裁判権というシステムの有効性は明らかに疑いたくなる。このようにして、つぎのような意外な現象を見ることができる。すなわち、起こってしまった不正を集合的かつ抜本的に再検討することを「修復的正義」という意味において目指そうとする非‐法的な紛争解決の様式(Ash 1997, Weitekamp 2002)が、純粋に刑法的で法的に厳格に組織されたメカニズムに対して優位にあることが認められるのだ。

不正の清算の手段として、法律ではなく、赦しと和解という芝居を利用して過去を克服しようとする文化がグローバルに広まっていることとあいまって、それぞれの社会が自らの過去や歴史について有している見方も、またこれを集合的に記憶する方法も、変わってきている。それによってさらに、純粋にキリスト教的なゼマンティクに対して、ともかくこれまでは与えられてこなかったようなグローバルな正当性と妥当性の空間が開かれるようになっている。デリダが「世界のラテン化(Globalatinisierung)」(Derrida 2000a: 10)という概念で把握しようとしていたのは、まさにこのような驚くべき展開のことである。世界規模で見られる「赦しにまつわるシーンの繁茂」(Derrida 2000a: 10)は、こうした見解から見れば、ラテンにルーツをもっている。すなわち、ローマ‐カトリック教会というラテン系のキリスト教が――もちろんそれは、ユダヤとイスラムという強力な伝統と否定しえない繋がりをもっているのだが――、このような世界的な劇場の発祥地となっている。そこでは「アブラハムの言葉」(Derrida 2000a: 10)によってグローバルな和解と赦しの議論が上演されており、その演出には、デリダが指摘しているように、日本や中国といった、それ自体はヨーロッパ的起源もキリスト教的由来ももっていない諸社会もまた参加している。

しかしながら、赦しとは何のことだろうか。今日、まったく異なる紛争状況や、さまざまな社会政治的、民族文化的文脈において——東ヨーロッパにおけるソヴィエト連邦の消滅や壁の崩壊の後であれ、ラテンアメリカにおける軍事独裁の崩壊やアフリカにおけるアパルトヘイトの終焉の後であれ、あるいは現在、モロッコのようなアラブの国においてであれ——アブラハムの言葉で赦しが乞われるのはなぜなのか。誰が赦しを乞い、誰が赦しを与えるのか。

赦しのアポリア

いつもの当惑させるようなやり方でデリダは、赦しをまず、予想可能な領域を越えたところに位置づける。すなわち、「赦しは、赦すことのできないものだけを赦す。人はそこにおいてのみ赦すことができるし、あるいは赦すべきである。赦しが在るのは——在るとしての話だが——赦すことのできないものが存在するところにおいてのみである」。デリダによれば、赦しは、「不可能なものの試みとして、異常なものとしてとどまるべきである」(Derrida 2000a: 10)。

彼の思考が特定の構造をもっていることをデリダは否定しているとはいえ——その構造とは内在的プログラムや調和的直観の表われでありうるのだろうが——彼のテキストのなかには、何度も繰り返され、いわばライトモチーフとなっている問いの布置連関を見て取ることができる。中心となっているのは、デリダのテキストが繰り返し取り扱い、またおそらく脱構築的な実践の決定的インスピレーションとなっているであろう、不可能なものの可能性という思考パターンの分析であるように見える。この思考パターンは、抽象化のある特定のレベルで不可欠でありながら、かつ暫定的なものとして描写されているように見え、また構成的でありながら二次的な要素として描写されているようにも見える。赦しは、このような、可能なものの秩序と不可能なものの秩序との間の不可避的かつ創造的な緊張関係を説明可能にする、原則的には無限にある一連の可能性のひとつの例であるにすぎない。その際問題となっているのは、不可能なものに対する可能な関係を、可能性の条件として精査することであって、たんなる不可能性のロジックを主張することではない。この関係もまた、デリダは因果的にも、またたんに二項対立的にも――主観対客観、経験可能なもの対経験不可能なもの、内在対超越といった相関関係という意味で――考えているわけではない。そうではなく、スペクトルとして、すなわち、収拾不可能な、すぐに移りゆく、しかしながらすでに与えられている関係として捉えている。デリダは、つまり、一方でポジティヴに規定された可能性と他方でネガティヴに規定された不可能性という伝統的な区別図式をたんに反転させただけではなく、両方の要素を互いに織り合わせたのである。可能なものは不可能なものの次元と、逆に、不可能なものは可能なものの次元と織り合わされている。このような相互の絡み合いによって暗に示されているのは、可能性の条件が、いつでも不可能性の可能性の条件をともなっているという、非不可能性（Nichtunmöglichkeit）のロジックである。であるとすれば、不可能なものとの関係なしには、いかなる旧来の堅固な秩序も、意味の統一も、システムもないことになる。すなわち、それらの基礎にあるのは、収拾不可能性や閉鎖不可能性、開放や非拘束性というダイナミズムである。そしてそのダイナミズムはたしかに固定的で具体化された考察からは逃れているものの、にもかかわらずコースから外れるときのドリフトによって、つまりその逸脱によって影響してくるのである。

　このように、まさにデリダによってすでに論じられてきた正義や贈与という概念を思い起させる規定の仕方によって、赦しもまたひとつの神秘的な概念となる。しかしこの概念はそれによって実践的有意性を失うわけではない。正義が、法の境界の外に位置する法の可能性について考えをめぐらせ、それを必要とすることで法を「強化」し、そしてつねに法との関連で正義を立ち上がらせるために法を必要としているのと同じように、法も——それがたんなる盲目的な機械装置でないのであれば——それを通して初めて自らの正当性を維持することのできる正義との想定上の関係なしには存在しえない。このことはしかし、逆に正義が法なしには存在できないということは意味しない。正義は、自らの対照項——すなわち、法が（まだ）合法なのか不法なのか区別していないスキャンダラスな不正——と関係することによって初めて、正義の本来の次元にふたたび現われる。このことが、規範はスキャンダラスな規範への抵触によっていわば「発見」されるのだというルーマンの鋭い洞察を思い起させるのは偶然ではない。まさしくエミール・デュルケムの公憤（colère publique）という意味において、これはつぎのことを指している。すなわち、規範は、直観とは逆に遡及的に、つまりその侵犯による副産物として生じるのであって、規範がすでに存在している場合にのみ規範への抵触が指摘されうる——いかにも法律家が論じそうなことだが——のではない。法を必要とする環境と対峙することによって初めて、法は、自らの内的な解釈および説明プロセスを始動させるのだが、結局それは、すでに体系化された諸規則にもとづいて環境を分類することになるか、あるいは新たな諸規則を、法の回帰的な作動枠組みの内側で「発明」するかにとどまる（Luhmann 1993: 581）。デリダによればしかし、まさにこのことが、現存の法秩序を支える正義という暗黙の想定なしには不可能なのである（Menke 2000: 175f.）。したがって正義とは、たしかに法のむこう側、つまり法の外に位置するのだが、しかし、ただ法を通してのみ識別されうるものである。クリストフ・メンケは以下のように説明している。「正義と法の間の緊張関係の脱構築による開示は……、いかなる政治にも収拾されえないが、しかしあらゆる政治にとって効力をもつ経験として、すなわち政治の限界、したがってその遮断として」（Menke 1994: 286）行われるのだと。

同様の構造上の関連を、デリダは経済に対する贈与の境界の引き方によって説明している。すなわち、経済の原則とは「交換、循環、返還というアイディア」にある。だが贈与は、この原則を遮断する。「贈与が行われたなら、それによって贈られたものは……贈り手に返還されてはならない。贈与は循環してはならないし、交換されてもいけない」(Derrida 1993: 31-35)。社会的相互作用の枠組みのなかでは、返礼に対する期待やいかなる裏の意図もない純粋な贈与というのは不可能である。この意味においてデリダは、贈与を「ギフト(毒)」として語る。というのも、それが人間の間の領域においてはつねにすでに汚染されたかたちで現われるからである。

このように、法と正義、交換と贈与に関するあらゆる語りが、いわばスペクトルとして作用するような、いかなる現在においても全体として集めておくことも思い浮かべることもできない不在を指し示しているという微妙な力学が、デリダが彼の著作のなかで繰り返しテーマ化している脱構築の中心的なモチーフを成している。別様に言うなら、デリダ的なテキストの介入によって探知されているのは、一種の家宅捜査や幽霊のロジックなのである。ゆえに、こうした「憑在論(Hantologie)」(Derrida 1996)が赦しという概念の考察においてふたたび見出されたとしても不思議ではない。彼がつぎのように言うことができるのもそれゆえである。すなわち、赦しは人間的な相互作用や打算といった相対的なもののなかにではなく、ただ絶対的なもののなかにのみ存在するのだが、しかし「条件づけられていないものと条件づけるもの」の両面はいわば不可分なかたちで互いに織り合わされているのだ、と。正義や贈与と同じように、赦しもまた不可能なものの地平においてのみ可能である。そのようなものとして赦しは「言い表せないもの」、「不可能なものの経験」(Derrida 1991: 32-33)なのであり、すなわち、それは計算不可能なものや予測不可能なものの経験なのである。そこで経験されるものは、可能な経験の地平を超越している。デリダによる企てには、あらゆる経験と可能性の地平の超越だけがそもそも経験と呼びうるものであるという、アポリアの洞察が貫かれているといえる。

だがデリダは、赦しを、経験の特異な要素であるとして、個人的かつ準‐宗教的な出来事へと切り縮めてしまう。そうして赦しは、たとえばハンナ・アーレントの言う意味での政治的概念へと変容したり、あるいは一般化したりできないものとなる。アーレントに言わせれば、赦しとは、罰せられうるものの領域において可能である。法や掟による秩序の彼方に赦しはない。それとともに彼女は、ホロコーストの文脈における文明の崩壊や人間の深淵での経験を視野に入れ、赦し得ないもの、償い得ないものがあるということから出発する（Arendt 2003: 231）。しかしながら、とデリダはつぎのように問う。「赦され得ないものこそ、そもそも、赦しのために存在している唯一のものではないのか」（Derrida 2000a: 11）と。というのも——彼の論じるところによれば——赦しが不正と報復の規範的交換システムの枠のなかでのみ認められるのだとすれば、それはたんなる代償であって贈与ではないからである。「贈与があるときは、いかなる互恵性もいかなる返還もいかなる交換も、また反対贈与も借りもあってはならない。もし相手が、私が彼にあげたものを私に返してきたり、借りとして負ったり、あるいは返礼をしなくてはいけないとしたら、それは贈与ではなかったことになる」（Derrida 1993: 22f.）。「もし人が、赦せることだけを赦す用意しかないのなら……、そのとき赦しという観念は蒸発してしまうだろう」（Derrida 2000a: 11）。すると人は、現行の法律の分類システムにもとづいて行動し、自らの特別の状況における特別なもの、推論不可能なもの、異常なものについての問いの可能性を、法律という一般的なものに対して検討してみることすらなくなる。デリダによれば、交換や弁済といった従来の生活世界的なイメージや思考パターン——彼は法の秩序をそのように理解しているのだが——のなかで考えることをやめてはじめて、システムにとっての他者が視野に入ってくる。と同時に——履行と弁済という社会的ゲームに逆戻りする気がない場合には——それによって、懐疑に満ちた経験という完全な孤独に身をゆだねることにもなる。デリダは、はっと手を止めることや、息も止まりそうなほどの忘我の状態（Ent-rücktsein）という「常軌を逸した（ver-rückt）」、まさに「狂気じみた」シチュエーションに、驚くほどの力点を置いて固執する。「それはもしかすると、歴史、政治、法の通常の成り行きに不意打ちを喰らわす革命のように生じる唯一のことなのかもしれない」(Derrida 2000a: 12)。こうして赦しという意味は最終的に、もともとの準‐宗教的な単一の経験地平の開示という意味から、必然的ではなくとも可能な出来事として、期待可能なものの秩序の境界を少なくとも潜在的にはある瞬間超越するような暗黙の生成的原則へとずらされていく。それはしかし、自覚的に振る舞う個人の超然とした行為としてはもはや考えられず、予測のつかない他者の「到来」や「侵入」という計算不可能な行いとして考えられうる。

ここで、赦しに関する可能な倫理についてのデリダの大げさな語り口は、批判しようと思えばすることもできるだろう。しかしながら――デリダが言わんとしていたことに従うなら――純粋な赦しという観念にもとづいてその構造化が行われている赦しの議論がグローバルに繰り広げられているということも、実際に観察されるのである。たしかに、キリスト教の神話学という意味でも、贈与という考え方の意味でも、純粋な赦しが実現しているわけではない。実現したところで、いずれにせよそれは明確に手にしようとした瞬間に消えてしまうのだ。にもかかわらずそれは、ある意味、コースを外れたドリフトとして生産的に作用を及ぼしつづけてくる。すなわち、赦しに関するグローバルな政治は――真実和解委員会の世界的な隆盛によって明らかになったように――赦しという経験の規定的かつ潜在的な可能性の結果として、たしかにある特定の「色褪せた赦しの次元」(Derrida 2000a: 10) を生み出したものの、個人を超えるという語義通りの意味で社会にとっての赦しを実現したわけではない。これが、純粋な赦しが社会関係へと「移される」ということである。このような「色褪せた赦しの次元」の議論が、現在、「法と政治の言語全体を、またいわゆる宗教の復活という解釈そのもの」(Derrida 2000a: 11) をかたちづくり、「過度に規定」している。こうしたことは、暴力に満ちた過去との対峙のなかで真実和解委員会を設立した社会を経験的に眺めてみればすぐに見て取ることができる。近い過去に大混乱を経験した社会の現在というのは、きまって、その過去からの社会全体としての断絶の結果として存在するのであり、たいていの場合は今もまだ暴力、不信、不安定そして道徳的荒廃などに刻印されている。と同時に、どのようなかたちであれ、まずは社会を落ち着かせることが生き延びていく上で不可欠であるように見えている。そしてこれが、使い物にならなくなった制度、枯渇した資源、脆弱な安全保障、そして非常におびえきった、分断された住民という環境のもとで達成されなくてはならないのだ。このような観点で、集合的なトラウマの体験が、国内および国際的な公共圏からの圧力、特定の時間的期限や特定の手続きといった縛り、また特定の道徳-倫理的期待を背負って処理されなくてはならないとしたら、社会的な赦しというのは、どのようなかたちをとることができるのだろうか。社会全体にわたってもたらされるべき和解が、被害者と加害者の双方によって生きられた、あるいは記録された記憶の客観的信憑性を必要としているなら、赦しはどのような機能を果たすことができるのか。ここで生じているのは、根本的にパラドキシカルな問いである。すなわち、今まさに変革の過程にある社会が、文明の崩壊という自らの歴史を背負いつつ、しかしそれを社会的連続性という媒介のもとで記憶していく必要性に、どのように応対するのかという問いである。別様に問うなら、自らのアイデンティティの断絶を、断絶ではないように記憶する不可能性は、どのように克服されるのか、ということになる（Goedeking 2004, Assmann 1997, Assmann 2003, Assmann 2006b）。

社会の記憶、あるいは――過去との繋がりと社会的自己構成の関係について

システム理論的見地からすれば、変革の最中にある社会にとって問題なのは、自らの歴史のそのような劇的局面において過去をまざまざと想起することではなく、また過去それ自体でもない（Luhmann 1997: 576f. 参照）。こ

のことは、さらに言えば、問題なのはいちいち過去を現在にもち込む記憶ではなく、現在における過去と、現在における未来との同一性を作動的に開示してみせるパラドキシカルな作動なのだということである。ルーマンによれば、出来事にもとづいた社会システムも個人的な心的システムも、それぞれの作動様式に応じて独立に組織化された記憶を発展させている。現在のたいていの記憶論争——モーリス・アルヴァックスにつながる伝統をもち、集合的記憶を共同体的な過去の産物として捉える問題含みの記憶論争——とは違って、ルーマンにとって記憶とは、過去の産物ではない。記憶とは、現在における観察の産物である。ルーマンは従って、社会的記憶というものを、もはや、どのような性格のものであれ集合的記憶の史料館や保存メモリとしては捉えない。そうではなく、作動的な出来事という枠組みのなかで、出来事から出来事への特定の接続をほかのシステムより保証しやすくするような作動形式として、すなわち反省的に構造化された社会システムの特殊な作動形式として捉えている（Luhmann 1996b: 307ff.）。それゆえに、社会システムは、記憶を自らの構造的条件としてつねに同伴しなくてはならず、それによって、一方ではシステムの統一性が初めて形成され、また他方では自らにとって観察可能にもなる。このような、ミュンヒハウゼンを思い出させる自己‐存在論化の契機は、知覚と注意についての規則性を有する心的システムにも、特殊な期待構造を自らの作動に対する選択的指令としてもつ機能システムにも、どちらにも当てはまる。社会システムは、社会的な要素の単位であるコミュニケーションにもとづいて自らを再生産する。このような理論視角からはつぎのようなことが言える。すなわち、社会の記憶は、たしかにコミュニケーション的な記憶ではあるが、しかしパーソナルなシステムによっても社会的システムによっても独占的に表象されることはない。そうではなく、むしろ、コミュニケーションの自己組織の産物として形成される。そこから社会に対してもたらされる根本問題とは、したがって、個人とのアナロジーにおいて「集合的記憶」を同定することよりも、むしろ、それぞれ固有のシステムの論理を基礎とし、それゆえに記憶や追憶に関する固有の機能特殊的なゼマンティクを形成している多くのシステム記憶が同時に作動しているなかで、それらをいかにしてシンクロさせるか、ということにある。ルーマンによれば、このような、自らも参加している多声的なコミュニケーション関係——彼が社会構造とゼマンティクとの非因果的な相関関係の産物として描いているもの——の調整を引き受けるのは、シンボリックに一般化されたコミュニケーション・メディアである。そのことは翻って、社会構造の変化にともなって、同時にコミュニケーションの結びつきの選択性と偶発性のレベルが変化するということを意味している。したがって、特定の過去に関するゼマンティクの沈積と、そのような、社会の自己描写の安定化を目的とした構築物との関連づけは、複雑なコミュニケーション的出来事の帰結として描写されうる。システム理論的な解釈によれば、このことに、さらなるコミュニケーションを志向し構造化するという決定的な機能が内属しているのである。

私見によれば、このようなコミュニケーション論的解釈によって——その認識論的基礎についてはここでさらに詳述することはできないのだが（これについてはKastner 2006および2007aを参照のこと）——社会分化のプロセスを、区別が生成するための基盤として描くことを可能にする手段——G・スペンサー＝ブラウンの形式演算という意味で——が用意される（Spencer Brown 1997）。社会の記憶との関連で言うなら、それはこういうことになろう。すなわち、コミュニケーションや行為、行動の形式はすべてある区別をもって始まるのだから、それは同時に、それぞれに応じた記憶と忘却の領域も生み出しているのだと。このような前提から見るなら、真実委員会というコンセプトは、過去の再検討のための社会的からくりだと理解することができる。すなわち、変革中の社会が、自らの暴力的な過去について記憶していることを同時に忘れることができるということによって、新しい自己描写のかたちを発見可能にするような過去の再検討である。真実委員会をこのように描写することによって問題となっているのは、「実際はどうだったのか」ということを明らかにする歴史的真実ではなく、赦しと和解のプロセスでもない。むしろ、変革中の社会が真実委員会によって実現しているのは、集合的な結びつきを醸成するような過去についてのコミュニケーションを始動させることである。それらは、紛争回避や社会的な行動およびコミュニケーションの関係の安定化という具体的課題をこなしていくための可能条件を用意する。問題となっているのは、一方での完璧な忘却と、他方での幸せな関係性という反事実的な空想の間にオルタナティヴを探すことではない。そうではなく、暴力的な過去についての知が、ある特殊な方法で「記憶されて」いられるのは、それが同時に、関連する数多くのシステム記憶の枠組みのなかで、やはりある特殊な方法でそのつどふたたび「忘れられ」てもいるからだということである。このような、多元的に想定された過去を多局面的に捉える視点からすれば、真正な過去の清算の結果として和解の政治が成功するという、よく知られた基準についての問いは重要ではなくなる（Zimmermann 2006）。行われた犯罪行為の残忍さと恐ろしさを目の前にしては、いずれにしても、いかなる人間的悲劇——まさにデリダの言う意味で——の手続きも妥当ではありえない。このようなプロセスは、それがいわば教育的な効果をもたらして初めて価値をもつことができる。したがって、決定的に重要なのは、安定的かつコミュニケーションに定位した世界を作るために、さらなるコミュニケーションの可能性が接続していくことのできる特殊なコミュニケーションの原型を、「教育的契機」（Osiel 1997）という意味で提議し条件づけることである。このようにして、その社会を襲った蛮行についての語りが可能になるのであり、また、直接当事者となったローカルな公共圏と、マスメディアによって繋がった世界公共圏とが同時に準拠することのできる基本的で普遍的な価値というものを想定することが可能になる。そしてこのことは、双方の公共圏の水準が、規範的期待や反応形式、また知覚やコミュニケーション様式においてラディカルに異なっているにもかかわらず、可能になるのである。[*2] そのようにしてのみ、真実委員会が紛争解決の審級として世界中に創設されていることが確認できるにもかかわらず、それらが、語義に忠実な意味で「成功」といえる委員会の仕事を今日に至るまで実際はまだひとつも成し遂げていないというおかしな状況を説明することができるのだ。

チリと南アフリカにおける展開について簡単に触れておくことは、以上のことを明らかにする手助けとなるだろう。どちらの国の事例においても示されうるのは、過去の不正の社会内的な処理のプロセスにおいて、委員会の仕事が、どれだけさまざまな機能をそのつど引き受けているかということである。たとえばチリでは、かつての不正なシステムの支持者と民主主義者とが、委員会には同数参加した。この権力関係の結果として、つい最近の過去について、事実上の過去とはかなり異なる解釈が提示された。すなわち、政府側の人間たちによる激しい弾圧と左派の反対グループによる抵抗とが、多かれ少なかれ同等の暴力行使であると分類されたのだ。歴史上の事実によれば、大衆を侮辱するような犯罪行為の責任は、大部分において軍事政府にのみあることが確証されるにもかかわらず、である。ところが、このような「歪んだ」過去の構築によってコミュニケーションの変異領域というべきものが生まれ、そこでさまざまな路線の――被害者協会、人権活動家、労働組合、教会そしていくつかの政治政党といった――市民社会的な連盟が持続的かつコミュニケーション的に展開していくことが可能になり、最終的には、ピノチェト支持者の立場の評判が、実際、社会的に相当下落するという結果をもたらした。委員会の仕事は、過去に関する「真実」を暴露はしえなかったが、委員会業務という枠組みのなかでさまざまに動機づけられた真相究明のためのコミュニケーション的実践は、チリ社会が、自らの政治的力関係において変化し、それによって同時に自らのアイデンティティにおいて変化するという結果をもたらした。真実委員会の設立は、もともとは、軍事独裁政権の支持者たちの抵抗に際して、裁判手続きの代理として召喚されたものであるにもかかわらず、結果的に、このような過程によって初めて、刑事訴訟手続きが可能となったのである（Wenzl 2001, Goedeking 2004参照）。

このような所見は、委員会がグローバルに伝播していく際の複製の原本として使用された南アフリカの委員会モデルを例にしても説明しうる。南アフリカの事例は、チリの例よりもっとラディカルに、真実和解委員会が否応なく選択的な、ということはつまり架空の再構築作業を行うことを見せてくれる。彼らは、事実上はまだ存在していない大衆――ポスト・アパルトヘイト体制――を、コミュニケーション的な討議過程において新しく「創作」しなくてはいけなかった（Anderson 2005）。そもそものスキャンダルが、つまりアパルトヘイトという人間蔑視の体制が、そのようなものとしては確定されなかった理由も、ここにある。大量の人間の追放や権利剝奪は、事実、審議されなかった。かつての体制の枠組みのなかでそのような犯罪的行為が合法であったかぎり、その違法性は問われないままになっている。アパルトヘイトという不正のそもそもの特徴は、それが法のかたちをした不正であったことに核心があるのだが、そのことは視野の外に置かれている。つぎのような南アフリカの振る舞いはさらなる例として挙げられるだろう。すなわち、彼らは、自らを苛《さいな》んでいる南アフリカの過去の、テロリストめいた活動や相当程度内部に広まっていた暴力という側面を、近年、何重にも隠蔽しようとしている。被害者の物語と加害者の物語は、一義的な二項対立に分類するには明らかにそぐわないものである。すべての人の感情的狼狽を考慮し、また被害者のパースペクティヴと被害者のパースペクティヴを一様化することに加担しようとしないのであれば、ここで問題になっているのがどのようなかたちであれうまくいった、あるいはうまくいかなかった過去の清算なのではないということを、もう一度心にとめておく必要がある（別様にはZimmermann 2006）。むしろ重要なのは、委員会業務のなかでの強制的メカニズムがもつコミュニケーション的創造性によって、社会政治的なコミュニケーション空間を開示することである。集合的記憶とアイデンティティの物語が、作動的に利用可能なシステム記憶へと沈積し、そのようにして新たな社会描写の正当性の確立に寄与することは、そのようなコミュニケーション空間において可能になる。変革の過程にある社会の自己描写が、完結したかたちでポジティヴに確定されえないとしても、それが、この不可能なものを生み出そうというコミュニケーション的努力として存在するのは、まさにこのようにしてである。このようなコミュニケーション的プロセスは、いわば、これから挽回を目指して発展していくための進撃の足場として機能――しなくてはいけない、というのではないにせよ――することができる。そのように読み解くなら、このプロセスは同時に、世界社会の周辺における社会的分化過程の触媒とも言えるだろう。それゆえに、真実委員会の業務において問題となっているのも、社会システムの機能の代理プログラムやオルタナティヴなプログラムなのではない。かつての法なき社会における法の復活ということが問題なのでもない。そうではなく、まずはたんに、明確な実践をふたたび機能させ、また機能させつづけるための「ノーマルな」コミュニケーション関係を可能にすることが重要なのである。不正を問い直すための将来的なメカニズムや政治的改革がそれを参考にすることのできるようなコミュニケーションのひな型は形成することができるし、それを繰り返すことによって安定もしうる。

委員会の、高度に人工的な、劇場の演出や法定での判決の抽象的な様式化を思い起こさせるようなやり方もまた、このような解釈の裏付けとなる。目指されているのは、きわめて実存的で感情的かつ道徳的に負荷の高い出来事から、「記憶のマネージメント」を強いるような手続きを通して、その破壊的な影響力を取り除くことである。個人的な――つまり言葉の本来の意味で、分かち合うことの不可能な――人間の深淵における経験は、舞台進行のある特定のセットのうえで、「把握可能な」言語的行為へと順々に並べられ展開されていく。このようにして二つのことが達成される。ひとつには、暴力とテロが占めていた場所を、コミュニケーションによって代替させる人工的距離化であり、もうひとつは、社会を全体として清算するのではなくても、個々人のトラウマを明確に表出可能にするようなディスコースの、つまりは「赦しの舞台」の拡大である。こうして赦しの境界が決められる。コミュニケーション的な観点から見るなら、「謝罪劇場」は、政治と法という閉じた作動様式の彼方で働いており、それによって、システムの作動の生起に遡及的かつ継続的に影響を与えうるような社会規模の「喪の作業」を可能にする和解のゼマンティク的空間が開かれうる。そこから、被害者と加害者の共通の物語が形成――されなくてはならないわけではないが――されうる。このことはしかし、デリダが注意を促していたように、個人的なトラウマにも個人的な赦しにも当てはまるものではない。個人的な赦しは社会のコミュニケーション的現実においては粉々に砕けてしまう。というのも、赦しは、被害者と加害者の間にある交換が生じるやいなや、「第三項」として「(すでに)仲介している」(Derrida 2000a: 16)からである。

注

＊1――これまでに設立された委員会のリストとその比較はHayner (2001) で見ることができる。ハイナーが世界各地の一五個から一八個の真実委員会にもとづいているのに対して、合衆国の国立平和会館図書館は三〇個以上の真相委員会をリストアップしている。たとえば、つぎのような国における委員会である。アルゼンチン、ボリビア、ブルンジ、チャド、チリ、東ティモール、エクアドル、エルサルバドル、ドイツ、ハイチ、フィジー、マラウイ、モロッコ、ネパール、ナイジェリア、パナマ、ペルー、フィリピン、シエラレオネ、南アフリカ、韓国、スリランカ、ウガンダ、ユーゴスラヴィア、ジンバブエ。

＊2――調査委員会という枠組みで行われた赦しと和解の議論について、アレックス・ボレインは、暴力的な過去に関する「真実」の三つの構築水準を区別している。すなわち、事実的真実、個人的真実、そして社会的あるいは対話的真実である。それらはすべて、人権侵害、ならびにそれを許したり推進したりした構造を記録し分析することを目的としている。事実的真実は、当事者である家族に、その一員である人間の亡骸についての具体的な情報を伝える。個人的真実は、理論的には、その真実を述べる人にとってカタルシスをもたらす効果をもつ。最後に、対話的真実とは、その社会を受け入れるような真実である (Boraine 2000)。

法の迷い

第8章

ライナー・マリア・キーゾウ

法律

未来の物語。デリダ-ルーマン学会の集まりが催される。ある資料の発見が紹介される。ところどころわからないところがあるが、ルーマンの弟子とデリダの弟子との会話が録音されたものである。両法学者は、法理論の適応の仕方について話し合っている。法における差延。法と政治の構造的カップリング。この法と政治との「間《あいだ》」という空間は何なのだろうか。いかにして法から決定へと至るのであろうか。かつて法の歌を聴き、法の力を感じたのは誰か。いわゆる法の適用に際しての断片化、破綻、整合性の欠如。昔話。シュミット、カフカ、バタイユ、ケルゼンが登場。また狡猾《トリッキー》な法律家たちも。法律の適切な理解にもとづく「正しい」決定可能性とのメランコリックな訣別。中国人は、法と判決について何と言うのだろうか？　アフリカ人は？　トリュフォーの物語の最後と死への小旅行。

I　プロローグ

それには難点があった。たしかにメモリーは無事だったが、まったく問題がないというわけではなかった。音がしない部分、細切れの部分、ザーザーという音、そして何よりも人の声を補うか〔代補するか〕のようにノイズが入り交じっていた。つまり、つねに全部というわけではなかったが、何はともあれ、聞き取ることはできた。そのような難点のあるメモリースティックだった。

当時、デリダ－ルーマン学会の集まりは一〇年ごとで、これはその集まりのときのものである。光陰矢の如し、メンバーと実に数十年にも及ぶ繋がりをもつ一二〇歳の会員もいた。デリダが亡くなってすでに一〇〇年近くが経ち、もはやデリダやルーマンに関心をもつ者が――贔屓《ひいき》目に言っても――右肩上がりで増える状況ではなかったので、マイアミに集まったのは、かくしゃくとしてはいるもののきわめて少数の高齢者だけという寂しい状況であった。相変わらず出席者の関心を引いていたのは、いつどこで、そしてなにゆえに、エーリングハウゼンの住人（ルーマン）が、しばしばパリの人間（デリダ）に注目し、考察の対象とし、何らかの判断をし、つまり受け入れたのに対し、パリの人間はエーリングハウゼンの住人を――礼儀正しさは老いた男たちの装飾品であるのだが――それほど重要視しなかったのか、という問題であった。それについて会話が交わされ、講演が行われ、討論も行われた。しかし、集会がもっとも盛り上がったのは、かかる発見された資料が紹介されたときであった。

それは一個のメモリースティックであった。擦り傷がついていて、防護キャップもなく、今では考えられない子どもの小指ほどという旧式の大きさであり、材質も今のものとは大幅に異なっていた。そもそも、そのような装置は存在しなかった。今や人間は、生まれたときから、伸縮自在で透明で、それと気づかれることのない第二の皮膜に覆われていることがわかっており、それによってさまざまな機能を、とりわけメモリー機能を果たす部分を身体にいくらでも設けることができるようになっていたのである。そのスティックは、ガラス製の講演台の上にあり、ジェレミー・アイゼングルプが以下のような若干の説明を行った。

このスティックは、偉大な普遍文法学者ユージン・ハンチェヴィッチの遺品のなかから、より正確には屋根裏部屋で見つかった。ハンチェヴィッチは、さまざまな講演や討論、それにさまざまな大会で「録音」していたらしい。つまりこっそりとメモリースティックに保存していた。そのなかには、カルロ・ギンズブルグがローマで行ったホッブズとテロリズムに関する有名なディナースピーチ（9・11から六年後であった）もあった。また何年も後のものだが、「万物の権利」世界大会での、遺伝子操作やナノテクノロジー、そのほかの科学技術によって生み出された人間と豚のハイブリッドに、言語、発言、意思の権利を認めることに関する討論も収められていた。さらに後のものとして、人間や犬や子どもや老人だけでなく、それらのあらゆる部分の権利が——つまり足のつま先の権利（当時は、とりわけ歩道のとがった縁を気にしていた）から髪の毛の権利（自動車の屋根の化学薬品による影響から護る）に至るまで——文書化されるほど、つまり基本権の条項として記載されるほど、事細かに人権、基本権、憲法上の権利を分化する努力、とりわけドイツによる努力の成功例も録音されていた。普遍文法学者がこうした問題に関心を抱いたのは、たとえ足のつま先であれ、自分たちの権利を自覚するならば、コミュニケーションを開始するかもしれないという可能性を排除できなかったからである。そして、つま先がコミュニケーション可能なら、ほかの部分もコミュニケーションを始めるかもしれない。以上である。

＊　＊　＊

ある会話。登場するのは二人の男。完全に特定することはできないが、おそらく二〇一〇年頃であろう。どうやら「法と社会」の集まりであるらしい。当時の様子を完全に再現することはできない。当時、北米で行われる法社会学の大会はたいてい大規模で数千人の参加者がおり、同時開催される部会もきわめて多数だった。ハンチェヴィッチがパネルディスカッションを録音したのか、それとも廊下あるいは食堂での会話を盗み録りしたのかはよくわからないが、飾り気のない発言、それどころか過激で明け透けな発言から察するに、おそらく後者であろう。また、会話の両人がどういう人物なのかも、やはりはっきりしない。わかっていることは、一方の男がルーマンの信奉者、弟子、あるいは専門家であり、もう一方がデリダのそれであることだけだった。両者の話すドイツ語には、だからといってドイツ人とは限らないが、とにかく訛《なま》りがなかった。おそらく二人とも法学者であろう。そうそう、当時はまだルーマンとデリダに取り組む者がたくさんいたのだ。だから、この二人の話し方や話の内容を精密に分析したところで、特定の名前にまでたどり着くことはできない。録音されているのは会話体であり、そのほとんどが日常語的な言葉でやりとりされていて、学術文献のなかに、その会話に対応する表現や述語を見つけることはできないからだ。アイゼングルプは前腕の内側、手首の関節のすぐ上のところを押して再生を開始した。「最初に話しているのは、ルーマン派の人です」

II　会話

ルーマン派の男　アメリカ人ときたら、まだまだ全部とまではいかないが、ようやくルーマンを翻訳したと思ったら、さっそくルーマンにむしゃぶりついているね。アリゾナにももうルーマン・ゼミナールがあるそうだ。

デリダ派の男　どうして君がやっているルーマンの受けは、デリダほどじゃないんだろうね。アメリカ人ときたら、フランス語なんか一言だって喋れないくせに、「ダッコウチク」の話はできるときている。どこの大学でもだ。しかし、アメリカであれどこであれ、ルーマンがデリダほど受けることはまずないだろうな。差延はセクシーだが、システムはどこまでもドイツ的だからね。前者はエロティックだが、後者は即物的《ザハリッヒ》だ。構造的カップリングで女の子とヨロシクはできないだろ。デリダの『弔鐘（Glas）』、それなら女の子はうっとりとして君の腕のなかさ。〔その本でデリダがしたように〕ヘーゲルの法哲学なんかもち出したらいちころだよ。女の子が君の腕のなかでうっとりしたら、とにかくこう言うんだ。もうちょっと待って、もうちょっと待って。何度もだ。そうしたら女の子たちは、「差延ってこういうことなのね」と理解するよ。遅くともベッドのなかかどこかでね。さっき本の紹介があったけど、そのときはいたかい。

ルーマン派の男　『法の歌』のことかい。（Fögen 2007）

デリダ派の男　そのとおり。

ルーマン派の男　いなかったけど、それが？

デリダ派の男　まあ、本の紹介はどうでもいいんだけれど、興味深かったのはインビトウィーンだ。ドイツ語だったらダッツヴィッシェン、〈間〉《あいだ》だね。フェーゲンは晩年の著作で〈間〉にこだわっていたけど、デリダとルーマンにとっても、それにカフカにとってもかな、主要な関心対象ではないにせよ、関心対象の一つだ。つまり、どうやって法律から決定に至るのか、そこで何が起こっているのか、ということだよ。大いなる飛躍？　もちろん、構造的カップリング、あるいは何らかの延期が起こっているということになるんだろうけど、いったいそこで何が延期されるんだろうか。法律の解釈、理解、包摂？　実際、激しい論争が行われた。ギャーギャーわめいている者もいたな。馬鹿馬鹿しい。法のなかでは何も延期されたりしないし、何らかのコミュニケーション世界と別のコミュニケーション世界が連結されるなんてこともない。ただ決定が行われるだけだよ。ああ、決断主義者カール・シュミットはどこにでもいるってことだ。

ルーマン派の男　で、カフカは？

デリダ派の男　ああ、哀れなカフカ。だいたい特性のない輩〔ルーマンがよく引用するムージル『特性のない男』〕は、写真ではいつだって貧弱で臆病そうな若者に見えるものだけど、特性がないからこそ、パリで映画館や売春宿に行ったりした可能性はあるな。ま、何をしたってあいつは哀れなソーセージ野郎だけどね。何とも言えず間抜けた話なのは、あいつも一応法律家だったということだ。カフカと法についてくだらないおしゃべりがしょっちゅう行われるのも当然ってわけだ。もっと間が抜けてるのは『掟の門前』についてのおしゃべりだ。主人公の田舎者は、掟のなかに簡単に入れたにもかかわらず、入らなかった。ただそれだけの話で誇大妄想が広がって、掟がスーパー法とでも言うべき背景的パラダイムであるかのように論じられる〔デリダ『カフカ論――「掟の門前」をめぐって』〕。残念ながら、この点ではデリダは最悪だったと言わざるをえないね。しかし、それを言うことは誰にも許されない。もちろん私にだって絶対ダメだ。

ルーマン派の男　ルーマンはいつも言っていたよ、「希望は大いにある。ただ、私たちにはない！」ってね。これはカフカに関しても当てはまる。実際、すべての人びとが、カフカについてシステム理論的な著作分析をやるなんてことになったら、大爆笑だ。ルーマンとともにカフカへ。年老いたルーマン自身が、カフカについてほとんど何も書かなかったことが解せない。とにかく君の師匠のようには書かなかった。あらゆる希望を雲散霧消させてしまう人だからね。とにかく解せないね。振り返ってみると、ルーマンはたいへんな懐疑家だったな。彼の弟子たちはそのことを忘れている。要するにコンピュータゲームの研究者みたいなものだな。システムフリーク。たぶんルーマンもカフカについて何か書くべきだったのだろうな。ただし、書いたからといって事態は何も変わらなかっただろうけどね。

デリダ派の男　私も書くべきだったと思うね。模倣は何と言ったって現代風（アラパージュ）だからね。もっとも、そうじゃない時代なんてあったか疑わしいけどね。小物は大物のまねをする、そして小物が大物になることはごくまれだ。ほとんどない。

ルーマン派の男　ま、そうだろうね。ところで、さっきの歌の話はどうなったんだい。

デリダ派の男　あ、そうそう。どこまで話した？　そうそう、インビトウィーン。ドイツ語の「ダツヴィッシェン」のすばらしい訳だ。〈間（あいだ）〉というのは、要するに存在論そのものだね。私に言わせれば、第三者の存在論だな。だって、〈間（あいだ）〉というかぎりは、とにかく二つのものが区別されて、その区別のなかにある何かを指しているはずじゃないか。差延は、結局そこに時間をもち込むだけの話だ。意味理解が延期されるというふうにね。しかも、その幽霊は、ルーマフェーゲンがうまい言い方をしていて、「幽霊のような〈間（あいだ）〉」なんて言ってたな。しかも、その幽霊は、ルーマン、デリダ、それにカフカのいずれのところにも同じように出現して、フェーゲンによれば、この〈間〉《あいだ》が三人を不安にし、刺激したというんだ。彼女の直観はなかなかたいしたものだ。それにしても英語はじつに優秀だね。インビトウィーン。ところで、それが何を意味するのか、君は本当にわかってるのかい。

ルーマン派の男　〈間〉《あいだ》のことかい。

デリダ派の男　もちろんだよ。しかし、それだけじゃない。当然ながら、そのイメージについても誰も話題にしてこなかった。あまりにも凡庸な考えと、あまりにも多くの空想力が必要になるからね。デリダだったら、それで一冊本を書いちゃっただろうけどね。つまり、中間物、あるいは、まさに間の物、つまり〈間〉《あいだ》にある物、についてね。ちょっと空間的に考えてごらんよ、その内部の構造を。いいかい。それは薄手のカーテンと厚手のカーテンの間くらいの密度をもっている。つまり、中くらいの厚さで、半分透けて見えるしろものだ。だから、インビトウィーンとは、半分透けている、不透明でもなければ透明でもない半透明のもの。半絹的な、何となくいかがわしいやつだ。そう思わないかい。それでもってこの空間に、法律と判決の結合が成立するというんだ。めちゃくちゃ面白いね。バタイユは昔、空間は浮浪者でありつづけると言ったけど、それは正しかったね。空間が何を生み出すのかを言うことは難しい。とにかく一定していないからね。まさに海千山千の詐欺師みたいだ。ということで、ドイツ語の原語「ダッヴィッシェン」の存在論は、「インビトウィーン」という半絹的ないかがわしいものになるってことだ。法律の輝き。金の縁取りの輝き。

ルーマン派の男　ふうん。今の話がわけのわからない思想《パンセ》じゃないとすればだ。さて、いったい理性はどこに残っているんだい。

デリダ派の男　君の言う理性とは、おさらばしちゃったよ。理性は僕らを殺す。これまた昔の議論を見ればわかることだ。間違いなく君のお仲間の一人が、〈間《あいだ》〉は幽霊のようなものだというフェーゲンの議論は、あまりに詩的にすぎると思った。そこで、ルーマンちゃん的講釈を垂れた。立法は法ではなく、法の変更であり、したがって政治である。政治は、選挙を通して先だって決められてはいるのだが、改革妄想に取りつかれていて、判決の一貫性とは対立することとなる。法が自律的であるのは、法が政治から、したがって制定されている法律から、解き放たれているからだ。そのことは裁判官たちも支持している。裁判官といった人をもち出さないで言えば、「バカモノ、ソレガ裁判ダ！」ということだ。そこで立てられる問いは、法（司法）と政治（制定法）という分離された二つのシステムがどのように連結されているのか、というものだそうだ。そこで彼は、君のほうがよくわかっているだろうけど、お師匠さんの言っていることをあれこれもち出したよ。

ルーマン派の男　その議論は知ってる。もしかしたらルーマン自身、そのことを面白がって穏やかに笑っていたかもしれないね。ルーマンはいつだったか、私には弟子はひとりもいないと言っていた。まあ、自分の言ったことに関して後から起こることを、あらかじめ選んでおくなんてことは、誰にもできないからね。私も一語一語読んでいくなんて好きじゃない。ところで、年老いたルーマンはまったく違ったね。ルーマンは自分で考えたことや書いたことについて、いつも不思議がっていたよ。奇妙な、相互に矛盾する、文字通り不合理な事態についての不審の念。いつも抱いていたね。いったいぜんたい法律を作る、あるいは判決を下すということはどういうことなんだろう、ということについてよくよく考えてみるときにね。法律は作られちゃいけない。判決は下されなければならない。法律がそこにあるかないかはどうでもいい。法律の基礎づけのパラドクス、認識ぬきの、決定不能な決定のパラドクス。法律は無限に解釈可能で、判決がそれを断ち切る。別の言い方をすると、法的理性は終わってるということだ。だって、もはや法律が、あらゆる法的決定が合理的であるための基礎ではないとすれば、いったい何が残ってるっていうんだい。もちろん法律家たちはいまだに法的決定の合理性を信じているけど、彼らは毎日、まったく違うことを経験しているんだ。法律と判決との間に何があるというのか。謎だ。ルーマンにとっては、間の空間をどう展開したところで、残るのは「謎」だけだ。しかし、謎といえば、ルーマンのような人が、後で改めて結合させるために、物事を区別し、分化させ、分離するというのも、これまた謎だね。悪くはないけどね。ただ、こうした作動のなかに隠れている謎めいたもの、私に言わせれば共約不可能なものだけど、それを人びとがわからないっていうのは、間が抜けた話だよね。本当は神秘が潜んでいるところで賢く話を組み立ててしまう。辻褄を合わせてしまうんだ。私は、こういう話をすると、いつも必ずカフカの話を思い出して、どうにも頭から離れなくなる。ある老人の話でね、その老人には、若者が馬に乗って隣村まで行こうと決心するなんてことは想像だにできないことだったんだ。なぜなら、馬で隣村まで行くには、うんざりするくらい普通の長さの人生を費やしても、時間が足りないからなんだ。法律家たちは、こんな謎には構っちゃいられないだろうけどね。ルーマンは謎が大好きだったんだ。

デリダ派の男　無限の法。そういうことだろうね。それには一生でも足りない。そういえば、レヴィナスは法律家ではなかったけど、いつも他者を探し求めていた。絶えず、何度も何度も、つぎつぎと。デリダはそれが好きだった。法を無限に他者に拡張していくことと、意味理解、認識、決定を無限に延期していくこととは、じつはそれほど違うことじゃないんだ、理念としては。無限への騎馬旅行……。

［ここで音が途切れ、ノイズとガタガタ鳴る音がし、ときおりよく聞き取れないつぶやきが聞こえた。「正義の名において」という誰かの声がし、「信仰」という別の声が聞こえ、「宗教を作る」というまた別の声が聞こえた］

デリダ派の男　……と理解される。知ってるかい？　討論参加者のなかに、法社会学のことなら何でも知ってますみたいな奴がいてさ。歴史的－釈義的ポマードの匂いをプンプンさせながらフェーゲンをこねくりまわしてみせたことがあった。もちろん、ついでにルーマンとデリダもだ。何と言ったって二人は、カフカも合わせて、フェーゲンのヒーローだからね。ということで、結局、ルーマン、デリダ、カフカ、フェーゲンの四人だ。順番はどうでもいいんだ。とにかく、その男が、デリダの『法の力』の例の有名な箇所、つまり、法は維持されると同時に破壊され、決定には決定不能なことが幽霊のように住み着き、無知の闇のなかで性急な決定が下される、という三つのアポリアに言及している箇所について、これで決まり！みたいな説明をしてみせ、そしてのたまわった。法律家たちは、決定の狂気をついに把握したにちがいないとさ。笑わせないでくれよ。狂気をハアクする、だって。それだって一つのパラドクスじゃないのかい。彼はさらに付け加えてこうも言った。したがって法律はたんなる玩具にすぎない、ってね。無内容な玩具。まさにカフカ的だ。私に言わせれば、田舎者的でもあるけどね。

ルーマン派の男　うん、まあね。言い方を別にすれば、たしかに君の言っていることは間違いじゃないよ。それに、君の言っていることを翻訳したら、じつはルーマンの言っていることとそれほど違わない。いや、部分的には翻訳なんかまったく必要ないよ。まったく同じことを言っている。

デリダ派の男　笑わせてくれるね。いいかい。ルーマンは法律家だった。それは決定的な違いだ。君は『法の力』を読んだのかい。そんなに単純ではない。よく読んでごらんよ。フランス嫌いの思想的先入観なしに、著者にじっくり寄り添いながら、もちろん正確にだよ。

ルーマン派の男　それはそうかもしれないけど……。

デリダ派の男　まあ、とにかく読んでごらんよ。きっと驚きまくると思うよ。それについて私は論文には書かなかったし、これからも書かないけどね。ひどい目にあうからね。信奉するものが何もないよりは、何かの信奉者でいるほうがましさ。そうでなければ、何もできないよ。ということで、じつのところ私の師匠は心のなかでどんなことを書いていたのかねえ。

ルーマン派の男　どうせその答えをすぐに教えてくれるんだろ。敬愛する君のことだから。

デリダ派の男　さっきの三つのアポリアと決定の狂気のことは覚えてるだろ。決定されうるのは決定しえないことだけ、そうでなければ認識だけで十分だということになってしまうから、という話。ルーマンとデリダは、もちろん言語は違うけど、ほとんど同じ言葉づかいをしている。まさに脱構築主義、ポスト構造主義だ。でも、君の師匠ルーマンには違いに対する繊細な感受性がある。法律と決定（判決）、政治と法との繊細な差異に対する繊細な感受性がね。私の師匠デリダにはそれがまったくない。唯一のごちゃまぜソースがあるだけだ。さまざまな差異が、いわばすべてを飲み込む差延のなかで消滅してしまうんだ。あらゆるものがごちゃまぜ。いつもいつもそうなんだ。だいたい『法の力』という題名からしてそうだ。法律の弱さについても語るべきじゃないかい。そうすべきだよ。とにかくデリダは異常としか言いようがないほど、法律が確固としてあることが大好きなんだ。何が法で何が不法かについて、つねにバランスが保たれ、調整され、規格化されている、という面をデリダは一貫して見るんだ。それでいて断絶、不整合、切り離し、好き勝手、断片が実際明らかに存在すること、まさに無知の闇のなかで決定を下すことの狂気や、新たな規則がつぎつぎと作り出されることを、しつこく主張する。でも、法の力のなかで、この両面はいったいどう絡み合っているのか。あるときは法律と法が等しく、あるときは法が正義と等置される。それでいて数行先に行くと、それらはお互いに別物であるかのように書いてある。そこでまた熱心に、とりわけ「正しく」――いいかい、よく考えてみてくれよ、タダシクだよ――それらの包摂が試みられる。で、法は「計算の要素」になり、客観的法に則った行為が可能になり、適切で正しい規則が「適用される」ようになる。法律は突然「計算可能」なものになり、裁判官はなんと「計算機」になってしまうんだ。もちろんいつもこんな調子だとは言わないけど、かといって珍しいわけでもない。

ルーマン派の男　何だか伝統的な法律実証主義《ゲゼッツ》のような話にも聞こえる……。

デリダ派の男　たしかに。しかし、まあ、そうとも言えない。ダッコウチク・マフィアはいつだって当然そこに書かれるべきことをただ読んでいるだけだ。つまり、法律はつねに適用されることでつねに破壊されるという例の議論だ。つねに延期することのアポリアとパラドクス、あるいはつねに破壊することによる、つまりまさに判決による法の無限性、解釈の無限性、これらのアポリアとパラドクス。破壊の試みはどこまでも繰り返される。

さらなる破壊を可能にするための破壊。これこそが、私がいまだに師匠の議論に魅了され、翻弄されるところなんだ。これは、法律と法の構造をないがしろにする野生《ヴィルト》の思考だ。計算、規則、理性、合理性、秩序、支配、統一等々、あらゆる希望を雲散霧消させてしまう。ただ、理解できないのは、あらゆる希望を雲散霧消させた後でも、その傍らに、下に、その背後に、どこであれ、とにかくそれらの間に、あるいはそれらの真ん中に、どうしてこうした法学的な理性数学が存在するのかなんだ。

ルーマン派の男　うん、そうだねぇ。たぶんデリダは法律家ではないからじゃないか。法律家ではない人たち、つまり世間一般の人。法律家の目から見たら、デリダも世間一般の人と何ら変わらないね。彼らは、どういうわけかつねに法の存在を信じている。法律に対する評価も高い。彼らに、法律はそんなに単純に、つまり直接、まわりくどくなく、〈間《あいだ》〉ぬきに、テキヨウなんかされないってことを、教えてやってくれよ。デリダのせいで、こうした素人理解がどんどん広がった。そうは思わないかい。

デリダ派の男　そうかもしれない。いずれにせよデリダは、法のあらゆる次元での断片化を、つまり個々の法律、学説、判決の各次元での断片化を、いい加減に考えすぎた。ラディカルさが不十分だったと思うね。ある意味では構造主義的すぎた、十分ポスト構造主義的ではなかった、とも言える。法律に関してデリダは、世間の人びとが思っているよりもずっとポストモダン的ではないんだ。そうは言っても、私から見ればポストモダン的だけどね。確か、フーコーが以前、たぶんブラジルでだったと思うけど、哲学は「つねに、無知にもとづく法に関する問題を扱って」きたということを指摘してたな。それに哲学者は……。

〔録音状態はますます悪くなりつつあったが、とうとう何も聞き取れなくなってしまった。そこでアイゼングルプは、「先送り」した〕

デリダ派の男　……一二頭目のラクダ。法に関するこのラクダの御者たちの話は本当に面白いね（トイプナー編『ルーマン　法と正義のパラドクス――一二頭目のラクダの返還をめぐって』参照）。ベドウィン人の哲学だね。抜け目のない法学。あの国では狡猾《トリッキー》な法律家が必要なんだろうね。

ルーマン派の男　まあ、あまり規範的にならないことにしようじゃないか。私たちに何が必要か、すでに知っているというわけじゃないんだから。たしかに君の師匠のデリダは、世界を救済しようとして新しい法律を作ることを支持した。対してルーマンは地に足をつけたままだった。まさに控え目な人だったからね。観察者以上の人ではなかったということだよ。

III　エピローグ

「以上です」。そう言いながらジェレミー・アイゼングルプはふたたび聴衆の方にむきなおり、目の前に座っている小集団にむかって、さらに一言二言、言葉を発した。彼は、当時すでに数十年も前から法理論の分野で示されてきた瓦解の徴候について、成果は見てのとおりであることなど、ぼそぼそと語った。そして、力をこめて言った。こんなことにはならなかった可能性は当然あっただろうが、ルーマンやデリダといった大物の受容は不可避であった、本来ならば、彼らについてこそ論文が書かれるべきであった、たとえ代補的な悪循環がいやおうなしに起こったにせよ、書かれるべきであった、と。そして、結局、その場合も問題になるのは法律、自己自身を記述し、何度も何度も廃止されては新たに作られる法律であり、『グラマトロジー』の最後の数頁で展開されている、砂漠の泉に関する驚くべき解釈をもう一度読んでみるべきだと。そこでは、ルソーが、愛と会話の最初の炎が燃え上がるのを目撃し、その自然哲学者をデリダがじっと見つめている。自己自身を記述する法律。ルーマンならば、そこから何かを捻り出したかもしれない。アイゼングルプは憂鬱な気分になった。それまでもしばしば感じていたことだが、非因果的なものの力をまたしても感じたことが大きな理由だった。非因果的な力が、ずっしりと彼にのしかかった。まさに法律こそが、法的なものと社会的なものの根本原因《ウアカウザ》である。しかし、そうした法律に何の根拠もなく、また何の根拠も与えないとすれば——彼は、ルーマン、デリダ、カフカ、フェーゲンのほかにケルゼンも仲間だと思った。まさにそのことを、フェーゲンが『法の歌』のなかで指摘していたことを、なおも陰鬱な気分に浸りながら思い出した——、法律には根拠もなく、また基盤もないとすれば、私たちがその上を歩いている氷は、実際には薄いということになる。かつて氷のたとえでこのことに言及したのはニーチェである——どういうわけかニーチェもまた上記の人びとの仲間である。薄いが、いまだに私たちを乗せている氷。だが、あとどれだけもつのだろうか。

それから彼は、中国人とアフリカ人、それに彼らの法律観念について何やら語った。彼らの法律観念は実際のところまったく理解できなかったし、つい先ほどの途切れがちの会話よりもはるかに理解できなかったのだが、それは今やきわめて重要な事柄になっていたのである。この点でもルーマンとデリダは、もはや時代の最先端ではなくなっていた。まさに古いヨーロッパであった。最後にアイゼングルプは、ある映画〔トリュフォー『突然炎のごとく』〕について語った。それは法律と自由とのディレンマをあますところなく描いたかつての有名な映画であった。ジェレミー・アイゼングルプは、自分たちとは違う時代の作品の不可解なところを話題にしては、聴衆の注意の焦点をずらし、彼らを混乱させることが大好きだったのである。デリダなら脱中心化、あるいは「中心を狂わす」とでも言ったかもしれない。かくして彼は、昔の愛の物語について話した。恋愛の当事者はジュールとジム、それにカトリーヌである。ジュールはドイツ人、ジムはフランス人で、彼らは大の親友であり、先の大戦を経てもそれは変わらなかった。カトリーヌはフランス人で、ドイツ人のジュールと結婚しているが、ジムとも親しく、彼を愛してもいる。彼ら三人はいつも一緒である。映画の最後に、カトリーヌはジムに車に乗ってほしいと頼み、彼を乗せると小桟橋の上を端まで走って行く。そしてさらに、水のなかに。ただ、それだけである。理由なし。生と死。最後の最後に、火葬が終わって建物から出ようとするジュールはふと思い出した。「そういえば、カトリーヌはいつだったか、彼女の灰をどこかの山から風のなかに撒いてほしいと言ってたな。でも、それって禁止されているんだよな」

誰が法律を理解できるというのだろうか。

監訳者あとがき

正義の社会理論は〈不〉可能か？

デリダとルーマンが提示した理論、すなわち「脱構築」と「システム理論」、これらは二〇世紀後半以降のヨーロッパにおける学問的成果の双璧であるとともに、この理論に接近する者を悩ましつづけてきた難問でもある。編者トイプナーは、この両者を所与のものとする研究者を集め、正義について論じさせた。その際、かかる議論の出発点を、「デリダ、ルーマンについて」ではなく、「デリダ、ルーマン後」とし、そのうえで「正義は〈不〉可能か？」と問うた。これが、本書 Gunther Teubner (Hrsg.), *Nach Jacques Derrida und Niklas Luhmann: Zur (Un-)Möglichkeit einer Gesellschaftstheorie der Gerechtigkeit,* Stuttgart 2008 (Lucius & Lucius) である。

そもそも正義の議論は、われわれの先学たちが展開してきた哲学・思想の系譜と同様、旧くギリシャ哲学にまで遡ることができる。それは、さらにキリスト教神学を経て近代に至る議論のなかで、形而上学的ないしは存在論的な基礎づけをもって、展開されてきた。その基底には、厳然たる真理および絶対的な価値への確信が連綿として流れていた。

しかしこの確信は、二〇世紀初頭に喧伝された「諸科学の危機」以来、ある困難を突きつけられるに至った。すなわち、かかる「危機」を契機に、絶対的な真理という想定は相対化された。またさらに、文化人類学などの諸成果により、単一の価値に定位する知の在り方は、多様性・多元性の指摘の前に立たされることとなったのである。もはや「真理」を真理として、「価値」を価値として論じることは不可能となった。このような学問全般におよぶパラダイム転換のなかで、正義をかくかくしかじかのものとして画定することはできず、称揚される正義は、数ある正義の一つとして理解されることになった。こうして正義への確信は揺らぐことになる。

　とはいっても、眼前の問題に対する判断と、それを介した正義の実現に対する要求がなくなるわけではない。正義とその実践は、いかなる困難の指摘があったにせよ、求めつづけられる。そこで採られた途は、相対化された諸正義を超えた超《ハイパー》正義を問う必要のない議論の前提とし、それを大上段に掲げる（人権、自由、エコロジー）もの、あるいは正義を実現させるための諸条件（制度、手続き、プロセス）を議論の対象とするものであった。

　正義の議論の困難さに立脚するならば、正義を直截に語ることは不可能となる。他方、正義の有用性・実践性に鑑みた打開策は、正義への直接的な言及を行わない。結局いずれにおいても、正義がそのものとして語られることはない。

　デリダおよびルーマンの議論は、まずもってこうした正義の議論の困難を白日の下にさらした。すなわち脱構築は無垢の真理などというものが不可能であることを示し、システム理論は真理とされるものにからみつく超越的な文脈をしりぞける。デリダは正義を語ること、そのことが正義を裏切るものであるとする。ルーマンは、正義を社会のなかで構築された（擬制された）ものとする。

　両者は、正義の困難・不可能性を指摘し、これを問題として議論の先に突き放すのではない。むしろ、この問題を議論の出発点に据える。すなわち、困難なるものが正義であり、不可能なるものが正義なのである。この出発点により議論は、正義の不可能性の指摘から、この不可能な正義がどのようにして可能なものとされているかへと移動する。デリダは、正義の汚染をつねに暴きつづける。そこからは、暴きつづけること、つまり脱構築しつづけること、これが正義を導きうるかどうか、それが問題となろう。ルーマンは、正義を他様にもありうる可能性（偶発性《コンティンゲンツ》）から再定式化する。ここからは、社会の諸々の場面において、個別的かつ普遍的に正義と資するものがいかにして現象しうるかが問題となろう。どちらにあっても、その射程にあるのは、正義の存在やその到達点ではなく、不可能な正義について語ることの可能性／不可能性であり、したがって「正義の議論」の可能性／不可能性への問いである。

　この可能性／不可能性への問いを成り立たせる空間、それはとりもなおさず、われわれの棲まう社会である。社会においてなされる正義をめぐるあらゆるディスコースが、正義に関わる一切の所作を可能にする。この社会においてわれわれは、いかに正義が不可能であろうとも、なにごとかを「正義」として理解し、その「正義」のもとに、あるいは「正義」を目指して判断し、行動しようとする。「正義」が、正義として社会において機能していること、それは虚構であり、擬制である。しかし、かかる虚構・擬制が可能となっているという正義のこの実在《リアリティ》にトイプナーは問いを向ける。

　本書において各論者は、「自己を超越する正義」（G・トイプナー）、「正義による破壊」（J・クラム）、「官僚的な正義」（A・シュッツ）、「パラドクス」（C・メンケ）、「法固有の合理性という理性」（K－

H・ラデーア）、「代補を欠いた過渡的正義」（M・アムシュトゥッツ）、「正義の名における法の効力停止」（F・カストナー）、そして風刺・アイロニー（M・A・キーゾウ）を提示し、これらを用い、われわれの社会にあって、「正義」を正義として成り立たせうる（擬制させる）もろもろの道具立てを描出する。ここに、正義の社会理論の〈不〉可能性を問う「デリダ、ルーマン後」の場所《トポス》がある。

なお、執筆者、翻訳者は以下の通りである。

執筆者

グンター・トイプナー　Gunther Teubner（フランクフルト大学名誉教授）
ジャン・クラム　Jean Clam（フランス国立科学研究センター（CNRS）研究員）
アントン・シュッツ　Anton Schütz（ロンドン大学スクール・オブ・ロー上級講師）
クリストフ・メンケ　Christoph Menke（フランクフルト大学哲学研究所教授）
カール゠ハインツ・ラデーア　Karl-Heinz Ladeur（ハンブルク大学名誉教授）
マルク・アムシュトゥッツ　Marc Amstutz（フライブルク大学法学部教授）
ファティマ・カストナー　Fatima Kastner（ハンブルク社会研究所研究員）
ライナー・マリア・キーゾウ　Rainer Maria Kiesow
（フランス国立社会科学高等研究院（EHESS）教授）

翻訳者

監訳・巻頭言・第8章　土方　透（聖学院大学政治経済学部教授）

第1章　青山治城（神田外語大学外国語学部教授）
第2章　大森貴弘（常葉大学教育学部専任講師）
第3章　吉岡剛彦（佐賀大学文化教育学部准教授）
第4章　毛利康俊（西南学院大学法学部教授）
第5章　庄司　信（日本赤十字秋田看護大学非常勤講師）
第6章　徳安　彰（法政大学社会学部教授）
第7章　渡會知子（横浜市立大学国際総合科学部准教授）

ヨーロッパ（とくにドイツ）では、今もってなお、このように理論を根本から問う作業が精力的かつ地道に行われ、さらにそれらが学問的成果として公刊されている。こうした学問的風土と社会的環境を見て、われわれは研究者が何たるかを、そして研究者として提示し、展開し、死守しなければならない学問の常なる現在を、肝に銘じるべきであろう。

本書出版にあたっては、新泉社の石垣雅設社長、編集の竹内将彦氏に、今回もお世話になった。こうした専門書を地道に出版しつづける両氏の職人魂と良心に、心から敬意と感謝を表したい。

二〇一四年二月　大雪の東京にて

土方　透

Köln: Neuer ISP Verlag.

Wieacker, Franz (1967) *Privatrechtsgeschichte der Neuzeit unter besonderer Berücksichtigung der deutschen Entwicklung. 2.* Aufl. Göttingen: Vandenhoeck & Ruprecht.（鈴木祿弥訳『近世私法史』創文社，1961年）

Wiethölter, Rudolf (1969) Recht und Politik. Bemerkungen zu Peter Schwerdtners Kritik. *Zeitschrift für Rechtspolitik 2:* 155-158.

Wiethölter, Rudolf (1989) Ist unserem Recht der Prozess zu machen?, S.794-812 in A. Honneth, T. McCarthy, C. Offe & A. Wellmer (Hrsg.), *Zwischenbetrachtungen: Im Prozess der Aufklärung. Jürgen Habermas zum 60. Geburtstag*. Frankfurt: Suhrkamp.

Wiethölter, Rudolf (1994) Zur Argumentation im Recht: Entscheidungsfolgen als Rechtsgründe?, S. 89-120 in G. Teubner (Hrsg.), *Entscheidungsfolgen als Rechtsgründe: Folgenorientiertes Argumentieren in rechtsvergleichender Sicht*. Baden-Baden: Nomos.

Wiethölter, Rudolf (2003) Recht-Fertigungen eines Gesellschafts-Rechts, S.1-45 in C. Joerges & G. Teubner (Hrsg.), *Rechtsverfassungsrecht: Rechtfertigung zwischen Privatrechtsdogmatik und Gesellschaftstheorie*. Baden-Baden: Nomos.

Wieviorka, Annette (1998) *L'Ère du témoin*. Paris: Plon.

Wittgenstein, Ludwig (1989) Philosophische Untersuchungen, S. 234-580 in L. Wittgenstein (Hrsg.), *Werkausgabe Bd. 1*. Frankfurt: Suhrkamp.（藤本隆志訳『哲学探究』大修館書店，1976年）

Wright, Quincy (1947) The Law of the Nuremberg Trial. *American Journal of International Law 41:* 38-72.

Zarka, Yves Charles (2000) L'invention du sujet de droit, S.3-30 in Zyrka, Yves Charles, *L'autre voie de la subjectivité. Six étude sur le sujet et le droit naturel au XVIIe siècle*. Paris: Beauchesne.

Zimmermann, Roland (2006) Südafrika: Das Beispiel einer geglückten Erinnerungspolitik?, S. 161-198 in: J. Landkammer et al. (Hrsg.), *Erinnerungs-Management. Systemtransformation und Vergangenheitspolitik im internationalen Vergleich*. Paderborn: Wilhelm Fink.

Zuckmayer, Carl (2007) *Deutschlandbericht für das Kriegsministerium der Vereingten Staaten von Amerika*. Frankfurt: Fisher.

des zwölften Kamels: Niklas Luhmann in der Diskussion über Gerechtigkeit. Stuttgart: Lucius & Lucius .（土方透監訳『ルーマン　法と正義のパラドクス』ミネルヴァ書房，2006年）

Überschär, Gerd R.（1999）*Der Nationalsozialismus vor Gericht: Die alliierten Prozesse gegen Kriegsverbrecher und Soldaten 1943-1952*. Frankfurt: Fischer.

Varela, Francisco J.（1992）Whence Perceptual Meaning? A Cartography of Current Ideas, S.235-263 in F. J. Varela & J. P. Dupuy（Hrsg.）, *Understanding Origins: Contemporary Views on the Origin of Life, Mind and Society*. Dordrecht: Kluwer.

Verdross, Alfred & Simma, Bruno（1976）*Universelles Völkerrecht*. 1. Auflage, Berlin: Dunkker & Humbolt.

Vesting, Thomas（2007）*Rechtstheorie: Ein Studienbuch*. München: Beck.

Védrine, Hélène（2000）*Le sujet éclaté,* Paris: Librairie Générale Française.

Vismann, Cornelia（1992）Das Gesetz ‚DER Dekonstruktion'. *Rechtshistorisches Journal 11:* 250-264.

Volpi, Franco（1999）The Rehabilitation of Practical Philosophy and Neo-Aristotelianism, in: Robert C. Bartlett/Susan D. Collins（Hrsg.）, *Action and Contemplation. Studies in the Moral and Political Thought of Aristotle,* Albany: SUNY Press, S.3-25.

Waldenfels, Bernhard（2006a）*Grundmotive einer Philosophie des Fremden,* Frankfurt a. M.: Suhrkamp.

Waldenfels, Bernhard（2006b）*Schattenrisse der Moral,* Frankfurt a. M.: Suhrkamp.

Walzer, Michael（1992）*Sphären der Gerechtigkeit: Ein Plädoyer für Pluralität und Gleichheit*. Frankfurt: Suhrkamp.（山口晃一訳『正義の領分』而立書房，1999年）

Webb, eugen（2002）Girard, Sacrifice, and Religious Symbolism. *Psychomedical/Journal of European Psychoanalysis 14:* 〈http://www.psychomedia.it/jep/number14/webb.htm〉（besucht am 15.1.2008）

Weber, Max（1968）*Gesammelte Aufsätze zur Wissenschaftslehre*. Tübingen: Moht & Siebeck.

Weber, Max（1976）*Wirtschaft und Gesellschaft.* 5. Aufl. Tübingen: Mohr & Siebeck.（世良晃志郎訳『法社会学』創文社，1974年）

Weick, Karl E.（1985）*Der Prozess des Organisierens*. Frankfurt: Suhrkamp.

Weitekamp, Elmar G.（2002）*Restorative Justice: Theoretical Foundations*. Cullompton: Willen.

Wellmer, Albrecht（1993）Freiheitsmodelle in der modernen Welt, S.15-53 in Wellmer, Albrecht, *Endspiele: Die unversöhnliche Moderne*. Frankfurt/Main: Suhrkamp.

Wenzl, Ingrid（2001）*Der Fall Pinochet. Die Aufarbeitung der chilenischen Militärdiktatur*.

Brauschweig: Vieweg.

Teubner, Gunther (1996a) Altera Pars Audiatur. Das Recht in der Kollision anderer Universalitätsansprüche. *Archiv für Rechts-und Sozialphilosophie* (*Beiheft*) *65:* 199-220.

Teubner, Gunther (1996b) Des Königs viele Leiber: Die Selbstdekonstruktion der Hierarchie des Rechts. *Soziale Systeme 2:* 229-255.

Teubner, Gunther (1997) Im Blinden Fleck der Systeme: Die Hybridisierung des Vertrages. *Soziale Systeme 3:* 313-326.

Teubner, Gunther (1998) Die Unmögliche Wirklichkeit der lex mercatoria: Eine Kritik der théorie ludique du droit, S.565-588 in M. Lieb et al. (Hrsg.), *Festschrift für Wolfgang Zöllner zum siebzigsten Geburtstag*. Köln: Heymanns.

Teubner, Gunther (1999) Ökonomie der Gabe - Positivität der Gerechtigkeit: Gegenseitige Heimsuchungen von System und differénce, in: Albrecht Koschorke und Cornelia Vismann (Hrsg.), *System – Macht – Kultur: Probleme der Systemtheorie,* Berlin: Akademie, S.199-212.

Teubner, Gunther (2003a) Der Umgang mit Rechtsparadoxien: Derrida, Luhmann, Wiethölter, S.25-45 in C. Joerges & G. Teubner (Hrsg.), *Rechtsverfassungsrecht: Recht-Fertigungen zwischen Sozialtheorie und Privatrechtsdogmatik*. Baden-Baden: Nomos.

Teubner, Gunther (2003b) Globale Zivilverfassungen: Alternativen zur staatszentrierten Verfassungstheorie, *Zeitschrift für ausländisches öffentliches Recht und Völkerrecht 63:* 1-28.

Teubner, Gunther (2004) Coincidentia oppositorum: Das Recht der Netzwerke jenseits von Vertrag und Organisation, S.7-38 in M. Amstutz (Hrsg.), *Das Recht der vernetzten Wirtschaft als Rechtsproblem*. Zürich: Schulthess.

Teubner, Gunther (2005) Dreiers Luhmann, S. 199-211 in R. Alexy (Hrsg.), *Integratives Verstehen. Zur Rechtsphilosophie Ralf Dreiers*. Tübingen: Mohr Siebeck.

Teubner, Gunther (2006) Die anonyme Matrix: Zu Menschenrechtsverletzungen durch „privat" transnationale Akteure. *Der Staat, Bd. 44:* 161-187.

Teubner, Gunther (2008) Selbstsubversive Gerechtigkeit: Kontingenz- oder Transzendenzformel des Rechts?, 本書所収.

Teubner, Gunther (Hrsg.) (2000) *Die Rückgabe des zwölften Kamels: Niklas Luhmann in der Diskussion über Gerechtigkeit*. Stuttgart: Lucius & Lucius. (土方透監訳『ルーマン　法と正義のパラドクス』ミネルヴァ書房, 2006年)

Teubner, Gunther & Zumbansen, Peer (2000) Rechtsverfremdungen: Zum gesellschaftlichen Mehrwert des zwölften Kamels, S.189-215 in G. Teubner (Hrsg.), *Die Rückgabe*

Spencer Brown, George (1997) *Gesetze der Form*. Lübeck: Bohmeier. (大澤真幸・宮台真司訳『形式の法則』朝日出版社，1987年)

Sriram, Chandra Lekha (2005) Transitional Justice Comes of Age: Enduring Lessons and Challenges. *Berkleley Journal of International Law 23*: 101-118.

Stäheli, Urs (2000) *Sinnzusammenbrüche. Eine dekonstruktive lecture von Niklas Luhmanns Systemtheorie,* Weilerswist: Velbrück.

Steinbach, Peter (1999) Der Nürnberger Prozess gegen die Hauptkriegsverbrecher, S.32-44 in G. R. Überschär (Hrsg.), *Der Nationalsozialismus vor Gericht: Die alliierten Prozesse gegen Kriegsverbrecher und Soldaten 1943-1952*. Frankfurt: Fischer.

Stuttgarter Erklärungsbibel (1992) Lutherbibel mit erklärungen. Stuttgart: Deutsche Bibelgesellschaft (2. Auflage).

Suárez, Francisco (1965) Abhandlung über die Gesetz und Gott als Gesetzgeber, 2. Buch, Kap. 17.2, zitiert nach den Auszügen in: ders., *Ausgewählte Texte zum Völkerrecht,* hg. Von Josef de Vries, Tübingen: Mohr (Siebeck), S.28-79.

Sussman, Alan (2007) Introduction: Guantánamo, History, and Responsibility. *Seton Hall Law Review 37:* 691-698.

Taubes, Jacob (2006) Das stählerne Gehäuse und der Exodus daraus, ode rein Streit um Marcion einst und heute, in Jacob Taubes (Hrsg.), *Religionstheorie und Politische Theologie*. Band 2: Gnosis und Politik, S.9-15, München: Wilhelm Fink.

Taylor, Telford (1950) *Die Nürnberger Prozesse: Kriegsverbrecher und Völkerrecht*. Zürich: Europa Verlag.

Taylor, Telford (1971) *Nürnberg und Vietnam: Eine amerikanische Tragödie*. München: Praeger.

Taylor, Telford (1992) *The Anatomy of the Nuremberg Trials: A Personal Momoir*. New York: Knopf.

Teitel, Ruti G. (2000) *Transitional Justice*. Oxford et al.: Oxford University Press.

Teitel, Ruti G. (2005) The Law and Politics of Contemporary Transitional Justice. *Cornell International Law Journal 38:* 837-862.

Teubner, Gunther (1989) *Recht als Autopoietisches System*. Frankfurt/Main: Suhrkamp. (土方透・野﨑和義訳『オートポイエーシス・システムとしての法』未來社，1994年)

Teubner, Gunther (1990) Hyperzyklus in Recht und Organisation. Zum Verhältnis von Selbstbeobachtung, Selbstkonstitution und Autopoiese, S.231-256, in W. Krohn und G. Küppers (Hrsg.) *Selbstorganisation. Aspekte einer wissenschaftlichen Revolution.*

Rossbach, Stefan (2000) *The myth of the system: On the development, purpose and context of Niklas Luhmann's systems theory*. Aus dem Internet abrufbar unter: www.essex.ac.uk/ecpr/events/jointsessions/paperarchive/copenhagen/ws9/rossbach.PDF

Rottleuthner, Hubert (1988) Biological Metaphors in Legal Thought, S. 97-127 in G. Teubner (Hrsg.), *Autopoietic Law: A New Approach to Law and Society*. Berlin: De Gruyter.

Rüthers, Bernd (2007) *Rechtstheorie,* 3. Aufl., München: Beck.

Sallis, John (2007) Derniers mots: générosité et réserve. *Revue de métaphysique et de morale 114:* 47-59.

Samuelson, Norbert M. (1997) Theodicy, S. 1-18, in Dan Cohn-Sherbok (ed.), *Theodicy*. Lewiston: The Edwin Mellen Press.

Santner, Eric L. (2001) *On the Psychotheology of Everyday Live*. Chicago UP.

Schlink, Bernhard (2004) Der Preis der Gerechtigkeit. *Merkur 58:* 983-997.

Schlüter, Christian (2000) *Gleichheit—Freiheit—Gerechtigkeit: Versuch einer Ortsbestimmung in praktischer Absicht*. Abrufbar unter: http://dochost.rz.hu-berlin.de/dissertationen/schlueter-christian-2000-07-12/PDF/Schlueter.pdf.

Schmidtz, David (2006) *The Elements of Justice,* Cambridge: Cambridge UP.

Schmidtz, David (2007) When Justice Matters, *117 Ethics,* 433-459.

Schneewind, J. B. (1998) *The Invention of Autonomy. A History of Modern Moral Philosophy*. Cambridge, UK: Cambridge Universty Press.

Schneider, Michel (2007) *La confusion des sexes,* Paris: Seuil.

Schweppenhäuser, Hermann (1995) Benjamin über Gerechtigkeit: Ein Fund in Gershom Scholem's Tagebüchern, *Frankfurter Adorno Blätter. Vol. 4,* S.43-51.

Seibert, Thomas (2004) *Gerichtsrede: Wirklichkeit und Möglichkeit im forensischen Diskurs*. Berlin: Duncker & Humbolt.

Seligman, Adam B. (2003) *Modernity's Wager*. Princeton: Princeton UP.

Serpico, Joseph E. (1994) *Nuremberg: Infamy on Trial.* New York et al.: Penguin.

Slyomovics, Susan (2005) The Performance of Human Rights in Morocco. Philadelphia: University of Pennsylvania Press.

Smith, Jonathan Z. (1990) *Drudgery Divine: On the Comparison of Early Christianities and the Religion of Late Antiquity*. London: School of Oriental and African Studies.

Spector, Shmuel (1990) Aktion 1005: Effacing the Merder of Millions. *Holocaust Genocide Studies 5:* 157-173.

antwortung für den Anderen und die Frage nach Gott, Aachen: Einhard, S. 94.

Persico, Joseph E. (1994) *Nuremberg: Infamy on Trial*. New York et al.: Penguin. (白幡憲之訳『ニュルンベルク軍事裁判』上・下，原書房，1996年)

Petersen, Hanne & Zahle, Henrik (1995) *Legal Polycentricity: Consequences of Pluralism in Law,* Aldershot: Dartmouth.

Placentinus (1192) Quaestiones de iuris subtilitatibus, in H. Fitting (Hrsg.) (1894) *Quaestiones de iuris subtilitatibus des Irnerius*. Berlin: J. Guttentag, 53.

Posner, Eric A. & Vermeule, Adrian (2004) Transitional Justice as Ordinary Justice. *Harvard Law Review 117:* 761-825.

Radbruch, Gustav (1946) Gesetzliches Unrecht und übergesetzliches Recht. *Süddeutsche Juristenzeitung 5:* 105-108.

Raiser, Thomas (2007) *Grundlagen der Rechtssoziologie*. Tübingen: Mohr Siebeck.

Rasch, William (2000) Immanent Systems, Transcendental Temptations, and the Limits of Ethics, in: ders./Cary Wolfe (Hrsg.), *Observing Complexity. Systems Theory and Postmodernity,* Minneapolis: University of Minnesota Press, S.73-98.

Rawls, John (1971) *A Theory of Justice*. Cambridge, Mass.: Harvard University Press. (川本隆史・福間聡・神島裕子訳『改訂版　正義論』紀伊國屋書店，2010年)

Rawls, John (1975) *Eine Theorie der Gerechtigkeit*. Frankfurt: Suhrkamp. (大橋憲広訳『法社会学の基礎理論』法律文化社，2012年)

Reibstein, Ernst (1961) *Völkerrecht: Eine Geschichte seiner Ideen in Lehre und Praxis, Band 2: Die letzten zweihundert Jahre*. Freiburg/München: Karl Alber.

Rey, Oliver (2006) *Une folle solitude. Le fantasme de l'home auto-construit,* Paris: Seuil.

Roellecke, Gerd (2006) *Kritik ohne Ersatzvorschlag ist noch lange kein Gedöns*. Frankfurter Allgemeine Zeitung am 10.02.2006.

Roht-Arriaza, Naomi (2006) The New Landscape of Transitional Justice, S.1-16 in N. Roht-Arriaza & J. Mariezcurrena (Hrsg.), *Transitional Justice in the Twenty-First Century: Beyond Truth versus Justice*. Cambridge et al.: Cambridge University Press.

Rosen, Lawrence (1989) *The Anthropology of Justice: Law as Culture in Islamic Society*. Cambridge: Cambridge University Press.

Rosen, Lawrence (2006) *Law as Culture. An Invitation,* Princeton: Princeton University Press. (角田 猛之『文化としての法』福村出版，2011年)

Rosenzweig, Franz (1988) *Der Stern der Erlösung*, Frankfurt a. M.: Suhrkamp. (村岡晋一ほか訳『救済の星』みすず書房，2009年)

die Politik: Luhmann—Derrida, 本書所収.

Meyer, Linda Ross (2007) Catastrophe: Plowing Up the Ground of Reason, in: Austin Sarat/Lawrence Douglas/Martha M. Umphrey (Hrsg.), *Law and Catastrophe,* Stanford: Stanford UP, S.19-32.

Moeller, Hans-Georg (2006) *Luhmann Explained: From Souls to Systems*. Toronto: Open Court.

Moor, Pierre (2005) *Pour une théorie micropolitique du droit*. Paris: PUF.

Müller, Friedrich & Christensen, Ralph (2004) *Juristische Methodik, Band 1: Grundlagen, Öffentliches Recht*. 9. Auflage, Berlin: Duncker & Humbolt.

Nancy, Jean-Luc (2007a) *Die herausgeforderte Gemeinschaft,* Zürich, Berlin: diaphanes.

Nancy, Jean-Luc (2007b) Ipso facto cogitans et demens, S.118-139 in R. Major (Hrsg.), *Derrida pour les temps à venir*. Paris: Stock.

Nonet, Philippe (2007) Time and Law. *Theoretical Inquiries in Law 8:* 331-332.

Nonet, Philippe & Selznick, Philip (2001) *Law & Society in Transition: Toward Responsive Law. New Brunswick:* Transaction Publishers. (六本佳平訳『法と社会の変動理論』岩波書店，1981年)

Oettler, Anika (2004) Der Stachel der Wahrheit. Zur Geschichte und Zukunft der Wahrheitskommission in Lateinamerika, *Lateinamerida Analysen* 9: 93-127.

Ogien, Albert (2007) *Les formes sociales de la pensée. La sociologie après Wittgenstein,* Paris: Armand Collin.

Ogorek, Regina (1988) Adam Müllers Gegensatzphilosophie und die Rechtsausschweifungen des Michael Kohlhaas, S. 96-131 in H. Kreutzer (Hrsg.), *Kleist-Jahrbuch*. Berlin: Erich Schmidt.

Osiel, Mark (1997) *Mass Atrocity, Collective Memory and the Law*. New Brunswick, New Jersey: Transaction Publishers.

Pascal, Blaise (1992) Les Provinciales ou *Les Lettres écrites par Louis de Montalte à un provincial de ses amis et aux RR. PP. jésuites*. Paris: Garnier (erstv. 1656/7).

Patterson, Dennis M. (1990) Law's Pragmatism: Law as Practice and Narrative. *Virginia Law Review 76:* 937-996.

Pauer-Studer, Herlinde (2000) *Autonom leben: Reflexionen über Gleichheit und Freiheit*. Frankfurt am Main: Suhrkamp.

Paul, Robert A. (1996) *Moses and Civilisation*. New Haven: Yale University Press.

Peperzaak, Adriaan (1984) Diskussionsbeitrag, in: Hinrix, Hans Hermann (Hrsg.), *Ver-*

大学出版会，2007年所収）
Luhmann, Niklas (2005d) Inklusion und Exklusion, S. 226-251 in Luhmann, Niklas, *Soziologische Aufklärung,* Bd. 6, 2. Auflage. Wiesbaden: VS Verlag.（「インクルージョンとエクスクルージョン」，村上淳一編訳『ポストヒューマンの人間論』東京大学出版会，2007年所収）
Lukács, Georg (1970) Die Verdinglichung und Bewußtsein des Proletariats, S. 170-355 in Lukács, Georg, *Geschichte und Klassenbewußtsein*. Darmstadt/Neuwied: Luchterhand.（「物象化とプロレタリアートの意識」，城塚登ほか訳『歴史と階級意識』白水社，1991年所収）
Lutz, Ellen (2006) Transitional Justice: Lessons Learned and the Road Ahead, S.325-341 in N. Roht-Arriaza & J. Mariezcurrena (Hrsg.), *Transitional Justice in the Twenty-First Century: Beyond Truth versus Justice*. Cambridge et al.: Cambridge University Press.
Lyotard, Jean-François (1989) *Der Widerstreit. 2.* Aufl. München: Fink.
Marx, Karl (1977) Zur Kritik der Hegelschen Rechtsphilosophie. Kritik der Hegesschen Staatsrechts (§§ 261-313), S. 201-337 in Marx, Karl & Engels, Friedrich, *Werke*, Bd. I. Berlin: Dietz.（カール・マルクス著，真下信一訳『ヘーゲル法哲学批判序論　付・国法論批判ほか』国民文庫，1970年）
Maser, Werner (1979) *Nürnberg: Tribunal der Sieger*. München/Zürich: Knaur.（西義之訳『ニュルンベルク裁判―ナチス戦犯はいかにして裁かれたか』ティビーエス・ブリタニカ，1979年）
McKenna, Andrew J. (1992) Supplement to Apocalypse: Girard and Derrida, S.45-76 in F. J. Varela & J.-P. Dupuy (Hrsg.), *Understanding Origins: Contemporary Views on the Origin of Life, Mind and Society*. Dordrecht et al.: Kluwer.
Meltzer, Bernard D. (1947) A Note on Some Aspects of the Nuremberg Debate. *University of Chicago Law Review 14:* 455-469.
Menke, Christoph (1994) Für eine Politik der Dekonstruktion. Jacques Derrida üder Recht und Gerechtigkeit, S.279-287 in A. Haverkamp (Hrsg.), *Gewalt und Gerechtigkeit. Derrida-Benjamin*. Frankfurt am Main: Suhrkamp.
Menke, Christoph (1996) *Tragödie in Sittlichen. Gerechtigkeit und Freiheit nach Hegel*. Frankfurt/Main: Suhrkamp.
Menke, Christoph (2000) Spiegelungen der Gleichheit. Berlin: Akademie Verlag.
Menke, Christoph (2004) *Spiegelungen der Gleichheit. Politische Philosophie nach Adorno und Derrida*. Frankfurt/Main: Suhrkamp.
Menke, Christoph (2008) Selbstreflexion des Rechts. Die Figur subjektiver Rechte und

mantik: Studien zur Wissenssoziologie der modernen Gesellschaft, Band 4. Frankfurt am Main: Suhrkamp.

Luhmann, Niklas（1996a）*Protest: Systemtheorie und soziale Bewegungen*. hg. von Kai-Uwe Hellmann, Frankfurt am Main: Suhrkamp.（徳安彰訳『プロテスト―システム理論と社会運動』新泉社，2013年）

Luhmann, Niklas（1996b）Zeit und Gedächtnis. Soziale Systeme. Zeitschrift für soziologische Theorie 2: 307-330.

Luhmann, Niklas（1997）*Die Gesellschaft der Gesellschaft*. Frankfurt am Main: Suhrkamp.（馬場靖雄ほか訳『社会の社会』法政大学出版局，2009年）

Luhmann, Niklas（1999）Kultur als historischer Begriff, S. 31-54 in ders., *Gesellschaftsstruktur und Semantik. Studien zur Wissenssoziologie der modernen Gesellschaft, Bd. 4*. Frankfurt am Main: Suhrkamp.

Luhmann, Niklas（2000a）Die Rückgabe des zwölften Kamels, in G. Teubner（Hrsg.）, *Die Rückgabe des zwölften Kamels. Niklas Luhmann in der Diskussion über Gerechtigkeit,* Stuttgart: Lucius & Lucius.（「12頭目のラクダの返還―法の社会学的法分析」土方透監訳，G. トイプナー編『ルーマン 法と正義のパラドクス―12頭目のラクダの返還をめぐって』ミネルヴァ書房，2006年所収）

Luhmann, Niklas（2000b）*Organisation und Entscheidung*. Opladen: Westdeutscher Verlag.

Luhmann, Niklas（2001）*Legitimation durch Verfahren*（6. Auflage, erstv. 1969）. Frankfurt am Main: Suhrkamp（今井弘道『手続きを通しての正統化』風行社，1990年）.

Luhmann, Niklas（2002）Wie lassen sich latente Strukturen beobachten?, S.61-74 in P. Krieg & P. Watzlawick（Hrsg.）, *Das Auge des Betrachters: Beiträge zum Konstruktivismus, Festschrift für Heinz von Foerster*. Heidelberg: Carl-Auer-Systeme.

Luhmann, Niklas（2005a）Die gesellschaftliche Differenzierung und das Individuum, S. 121-136 in Luhmann, Niklas, *Soziologische Aufklärung*, Bd. 6, 2. Auflage. Wiesbaden: VS Verlag.（「社会分化と個人」，村上淳一編訳『ポストヒューマンの人間論』東京大学出版会，2007年所収）

Luhmann, Niklas（2005b）Die Form „Person“, S. 137-148 in Luhmann, Niklas, *Soziologische Aufklärung,* Bd. 6, 2. Auflage. Wiesbaden: VS Verlag.（「『人格』という形式」，村上淳一編訳『ポストヒューマンの人間論』東京大学出版会，2007年所収）

Luhmann, Niklas（2005c）Die Trücke des Subjekts und die Frage nach dem Menschen, S. 149-161 in Luhmann, Niklas, *Soziologische Aufklärung,* Bd. 6, 2. Auflage. Wiesbaden: VS Verlag.（「主体の奸計と，人間とは何かという問い」『ポストヒューマンの人間論』東京

訳『法システムと法解釈学』日本評論社，1988年）
Luhmann, Niklas (1981a) *Ausdifferenzierung des Rechts: Beiträge zur Rechtssoziologie und Rechtstheorie*. Frankfurt: Suhrkamp.
Luhmann, Niklas (1981b) Gerechtigkeit in den Rechtssystemen der modernen Gesellschaft, S. 374-418 in N. Luhmann (Hrsg.), *Ausdifferenzierung des Rechts: Beiträge zur Rechtssoziologie und Rechtstheorie*. Frankfurt: Suhrkamp.
Luhmann, Niklas (1981c) Ist Kunst codierbar ?, S. 245-66, *Soziologische Aufklärung 3*. Opladen: Westdeutscher Verlag (Erstv. 1976).
Luhmann, Niklas (1981d) Subjektive Rechte: Zum Umbau des Rechtsbewußtseins für die moderne Gesellschaft, S. 45-104 in Luhmann, Niklas, *Gesellschaftsstruktur und Semantik, Bd. 2*. Frankfurt/Main: Suhrkamp.
Luhmann, Niklas (1981e) Unverständliche Wissenschaft: Probleme eine theorieeigenen Sprache, S. 170-8, *Soziologische Aufklärung 3*. Opladen: Westdeutscher Verlag (Erstv. 1979).
Luhmann, Niklas (1984) *Soziale Systeme: Grundriss einer allgemeinen Theorie*. Frankfurt: Suhrkamp.（佐藤勉監訳『社会システム理論』上・下，恒星社厚生閣，1993-1995年）
Luhmann, Niklas (1987) *Rechtssoziologie*. 3.Auflage, Opladen: Westdeutscher Verlag.（村上淳一・六本佳平訳『法社会学』岩波書店，1977年）
Luhmann, Niklas (1988a) Closure and Openness: On Reality in the World of Law, S. 335-348 in G. Teubner (Hrsg.), *Autopoietic Law: A New Approach to Law and Society*. Berlin: de Gruyter.
Luhmann, Niklas (1988b) The Third Question: The Creative Use of Paradoxes in Law and Legal History. *Journal of Law and Society 15:* 153-165.（「第三の問い―法および法史におけるパラドックスの創造的活用」，河上倫逸編『社会システム理論と法の歴史と現在―ルーマン・シンポジウム』未來社，1991年所収）
Luhmann, Niklas (1992) *Beobachtungen der Moderne*. Opladen: Westdeutscher Verlag.（馬場靖雄訳『近代の観察』法政大学出版局，2003年）
Luhmann, Niklas (1993) *Das Recht der Gesellschaft*. Frankfurt am Main: Suhrkamp.（馬場靖雄・上村隆広・江口厚仁訳『社会の法』法政大学出版局，2003年）
Luhmann, Niklas (1995a) Dekonstruktion als Beobachtung zweiter Ordnung, S. 9-35 in de Berg, Henk & Prangel, Matthias (Hrsg.), *Differenzen. Systemtheorie zwischen Dekonstruktion und Konstruktivismus*. Tübingen/Basel: Francke.
Luhmann, Niklas (1995b) Jenseits von Barbarei, S. 138-150, in *Gesellschaftsstruktur und Se-*

Lévinas, Emmanuel (1987a) *Hors Sujet,* Paris: Fata Morgana.

Lévinas, Emmanuel (1987b) *Totalität und Unendlichkeit: Versuch über Exteriorität*. Freiburg: Alber. (合田正人訳『全体性と無限』国文社，1989年)

Lévinas, Emmanuel (1992) *Jenseits des Seins oder anders als Sein geschieht*. Freiburg: Alber. (合田正人訳『存在の彼方へ』講談社，1999年)

Lévinas, Emmanuel (2004a) *Autrement qu'être ou Au-delà de l'essence,* Paris: Le livre poche.

Lévinas, Emmanuel (2004b) *Totalité et infini: Essai sur l'extériorité,* Paris: Le livre poche.

Leydesdorff, Loet (2007) Scientific Communication and Cognitive Codification—Social Systems Theory and Scientific Knowledge, *European Journal of Social Theory 10:* 375-388.

Llewellin, Karl (1930) A Realistic Jurisprudence: The Next Step. *Columbia Law Review 30:* 431-465.

Longerich, Peter (2006) *„Davon haben wir nichts gewusst!": Die Deutschen und die Judenverfolgung 1933-1945*. München: Siedler.

Luhmann, Niklas (1965) *Grundrechte als Institution. Ein Betrag zur politishchen Soziologie*. Berlin: Duncker & Humblot. (今井弘道・大野達司訳『制度としての基本権』木鐸社，1989年)

Luhmann, Niklas (1968) Die Knappheit der Zeit und die Vordringlichkeit des Befristeten, *Die Verwaltung 1:* 3-30.

Luhmann, Niklas (1970a) Funktionale Methode und Systemtheorie, S. 31-53 *Soziologische Aufklärung 1.* Opladen: Westdeutscher Verlag (Erstv. 1964). (「機能的方法とシステム理論」土方昭監訳『法と社会システム』新泉社，1983年所収).

Luhmann, Niklas (1970b) Soziologische Aufklärung, S. 66-91, *Soziologische Aufklärung 1.* Opladen: Westdeutscher Verlag (Erstv. 1967). (「社会学的啓蒙」土方昭監訳『法と社会システム』新泉社，1983年所収).

Luhmann, Niklas (1970c) Soziologie als Theorie sozialer Systeme, S. 113-136, *Soziologische Aufklärung 1*. Opladen: Westdeutscher Verlag (Erstv. 1967) (「社会システム理論としての社会学」『法と社会システム』新泉社，1983年所収).

Luhmann, Niklas (1971) *Die Weltgesellschaft, Archiv für Rechts-und Sozialphilosophie* 57, S. 1-35.

Luhmann, Niklas (1973) Gerechtigkeit in den Rechtssystemen der modernen Gesellschaft, *Rechtstheorie 4:* 131-167.

Luhmann, Niklas (1974) *Rechtssystem und Rechtsdogmatik*. Stuttgart: Kohlhammer. (土方透

schreibung, S. 365-401 in R. Koselleck (Hrsg.), *Begriffsgeschichten: Studien zur Semantik und Pragmatik der politischen und sozialen Sprache*. Frankfurt: Suhrkamp.

Kramer, Matthew H. (1998) Rights Without Trimmings, S.7-111. in Matthew H. Kramer, N. E. Simmonds, Hilles Steiner, *A Debate over Rights*. Oxford: Oxford University Press.

Kuran, Timur (2004) *Islam and Mammon. The Economic Predicaments of Islamism,* Princeton: Princeton University Press.

Kushner, Harold (1981) *When Bad Things Happen to Good People*. New York: Schocken.

Ladeur, Karl-Heinz (1992) Postmoderne *Rechtstheorie: Selbstreferenz—Selbstorganisation—Prozeduralisierung*. Berlin: Duncker & Humblot.

Ladeur, Karl-Heinz (2000a) *Negative Freiheitsrechte und gesellschaftliche Organisation: Die Erzeugung von Sozialkapital durch Institutionen*. Tübingen: Mohr Siebeck.

Ladeur, Karl-Heinz (2000b) *Negative Freiheitsrechte und gesellschaftliche Selbstorganisation,* Tübingen: Mohr.

Ladeur, Karl-Heinz (2004) *Kritik der Abwägung in der Grundrechtsdogmatik: Plädoyer für eine Erneuerung der liberalen Grundrechtstheorie*. Tübingen: Mohr Siebeck.

Ladeur, Karl-Heinz (2006a) *Der Staat gegen die Gesellschaft: Zur Verteidigung der Rationalität der „Privatrechtsgesellschaft"*. Tübingen: Mohr Siebeck.

Ladeur, Karl-Heinz (2006b) The Postmodern Condition of Law and Societal 'Management of Rules'. Facts and Norms Revisited, *Zeitschrift für Rechtssoziologie 27:* 87-108.

Ladeur, Karl-Heinz & Augsberg, Ino (2005) Auslegungsparadoxien. Zur Theorie und Praxis juristischer Interpretation, *Rechtstheorie 36:* 143-184.

Larenz, Karl (1991) *Methodenlehre der Rechtswissenschaft*. 6.Auflage, Berlin et al.: Springer.(米山隆訳『法学方法論』勁草書房，1991年)

Legendre, Pierre (2007) *La balafre. À la jeunesse désireuse*…, Paris: Mille et une nuits.

Lévinas, Emmanuel (1961) *Totalité et infini: Essai sur l'extériorité*. La Haye: Nijhoff. (合田正人訳『全体性と無限―外部性についての試論』国文社, 1989年／熊野純彦訳『全体性と無限』上・下，岩波書店（岩波文庫)，2005年)

Lévinas, Emmanuel (1968) *Quatre lectures talmudiques*. Paris: Minuit. (内田樹訳『タルムード四講話』国文社，1987年)

Lévinas, Emmanuel (1976) *Difficile Liberté,* Paris: Albin Michel. (合田正人・三浦直希訳『困難な自由』法政大学出版局，2008年)

Lévinas, Emmanuel (1982) *L'au-delà du verset*. Paris: Les éditions de Minuit.

Kauppert, Michael (2005) Gesellschaftsstruktur und Gerechtigkeit in Heinrich von Kleists Michael Kohlhaas, S. 75-100 in M. Corsten, H. Rosa & R. Schrader (Hrsg.), *Die Gerechtigkeit der Gesellschaft*. Wiesbaden: Verlag für Sozialwissenschaften.

Keats, John (1958) *The Letters*. ed. by Hyder Edward Rollins, 2 vols., Cambridge (Mass.) : Harvard University Press.

Kelsen, Hans (1960) Das Problem der Gerechtigkeit, S. 335-444 in H. Kelsen (Hrsg.), *Reine Rechtslehre. 2*. Aufl. Wien: Denicke.

Kelsen, Hans, (2000) *Was ist Gerechtigkeit?*. Stuttgart: Philipp Reclam jun. (Erstv. 1923).

Kennedy, David (2007) One, Two, Three, Many Legal Orders: Legal Pluralism and the Cosmopolitan Dream. *New York University Review of Law & Social Change 31:* 641-659.

Kerchove, Michel van de & Ost, François (1992) *Le droit ou les paradoxes du jeu*. Paris: Presses Universitaires de France.

Kershaw, Ian (1979) Antisemitismus und Volksmeinung: Reaktionen auf die Judenverfolgung, S.281-348 in M. Broszat et al. (Hrsg.), *Bayern in der NS-Zeit, Band 2: Herrschaft und Gesellschaft im Konflikt*. München: Oldenbourg.

Khurana, Thomas (2007) *Sinn und Gedächtnis. Die Zeitlichkeit des Sinns und die Figuren ihrer Reflexion*. München: Fink.

Kiesow, Rainer Maria (2004) Error iudicis: Fünf Gänge und ein Rätsel, S. 29-45 in R. M. Kiesow & H. Schmidgen (Hrsg.), *Das Irrsal hilft*. Berlin: Merve.

Klee, Ernst (1983) *„Euthanasie" im NS-Staat: Die „Vernichtung lebensunwerten Lebens"*. Frankfurt: Fischer. (松下正明監訳『第三帝国と安楽死―生きるに値しない生命の抹殺』批評社, 1999年)

Kleist, Heinrich von (1963) Michael Kohlhaas, S. 81-187 in: *Kleists Werke Bd. 1*. Weimar: Volksverlag. (佐藤恵三訳『クライスト全集』第1巻, 沖積社, 1998年)

Kolakowski, Leszek (1996) *God Owes Us Nothing: A Brief Remark on Pascal's Religion and on the Spirit of Jansenism*. Chicago: University of Chicago Press.

Kommerell, Max (1956) Die Sprache und das Unaussprechliche. Eine Betrachtung über Heinrich von Kleist, S. 243-317 in ders. *Geist und Buchstabe der Dichtung. Goethe, Schiller, Kleist, Hölderlin*. 4. Aufl. Frankfurt a. M.

Koschorke, Albrecht (1999) Die Grenzen des Systems und die Rhetorik der Systemtheorie, S.49-60 in A. Koschorke & C. Vismann (Hrsg.), *Widerstände der Systemtheorie: Kulturtheoretische Analysen zum Werk von Niklas Luhmann*. Berlin: Akademie.

Koselleck, Reinhart (2006) Begriffsgeschichtliche Probleme der Verfassungsgeschichts-

Heydecker, Joe & Leeb, Johannes (2003) *Der Nürngerber Prozess*. Köln: Kiepenheuer & Witsch.

Hofstadter, Douglas R. (1979) *Goedel, Escher, Bach—an Eternal Golden Braid*. New York: Harvester Wheatsheaf. (野崎昭弘・柳瀬尚紀・はやしはじめ訳『ゲーデル，エッシャー，バッハ―あるいは不思議の環』白揚社，1985年)

Hohfeld, Wesley Newcomb (1978) *Fundamental Legal Conceptions, As Applied in Judicial Reasoning and Other Legal Essays*. Westwood (Connecticut) : Greenwood Press Reprint (first published 1919).

Holmes, Oliver Wendell, jr. (1992) The Path of the Law, S. 167-202, in Richard A. Posner (Hrsg.) *The Essential Holmes: A Selection from the Letters, Speeches, Judicial Opinions, and other Writings, of OW Holmes jr.*, Chicago, University of Chicago Press, 1992.

Honneth, Axel (2000) *Das Andere der Gerechtigkeit: Aufsätze zur praktischen Philosophie*. Frankfurt: Suhrkamp. (加藤泰史他訳『正義の他者』法政大学出版局，2005年)

Huyse, Luc (1995) Justice after Transition: On the Choices Successor Elites Make in Dealing with the Past, *Law & Social Inquiry 20:* 51-78.

Ibsen, Henrik (1994) *Die Wildente*. Stuttgart: Reclam.(原千代海訳『野鴨』岩波文庫，1996年)

Internationaler Militärgerichtshof Nürnberg (Hrsg.) (1989) *Der Nürnberger Prozess gegen die Hauptkriegsbrecher. Band 29: Urkunden und anderes Beweismaterial*. München: Delphin Verlag.

Jescheck, Hans-Heinrich (1952) *Die Verantwortlichkeit der Staatsorgane nach Völkerstrafrecht*. Bonn: Röhrscheid.

Kantorowicz, Hermann (1962) Der Aufbau der Soziologie, S. 145-168 in *Rechtwissenschaft und Soziologie, Ausgewählte Kapitel zur Wissenschaftslehre*. hg. von Thomas Würtenberger, Karlsruhe: Müller (Erstv. 1923).

Kastner, Fatima (2006) The Paradoxes of Justice: The Ultimate Difference Between a Philosophical and a Sociological Observation of Law, S. 167-180 in O. Perez & G. Teubner (Hrsg.), *Paradoxes and Inconsistencies in the Law*. Oxford: Hart Publishing.

Kastner, Fatima (2007a) Luhmanns Souveränitätsparadox. Zum generativen Mechanismus des politischen Systems der Weltgesellschaft, S. 75-98 in M. Neves & R. Voigt (Hrsg.), *Dis Staaten der Weltgesellschaft. Niklas Luhmanns Staatsverständnis*. Berlin: Nomos.

Kastner, Fatima (2007b) Weder Wahrheit noch Recht. Zuf Funktion von Wahrheitskommissionen in der *Weltgesellschaft, Mittelweg 36. Zeitschrift des Hamburger Instituts für Sozialforschung 16*: 31-50.

Zeit und Welt, in: dies. (Hrsg.), *Zeit und Welt,* Heidelberg: Universitätsverlag C. Winter, S. 31-55.

Groys, Boris (1992) *Über das Neue. Versuch einer Kulturökonomie,* München: Hanser.

Gruchmann, Lothar (Hrsg.) (1961) *Das Urteil von Nürnberg 1946: Mit einer Vorbemerkung von Lothar Gruchmann*. München: dtv Dokumente.

Gutmann, Amy & Thompson, Dennis (2000) The Moral Foundations of Truth Commissions, S. 22-44 in R. I. Rotberg & D. Thompson (Hrsg.), *Truth v. Justice. The Morality of Truth Commissions*. Princeton & Oxford: Princeton University Press.

Günther, Gotthard (1976a) Cybernetic Ontology and Transjunctional Operations, S. 249-283 in G. Günther (Hrsg.), *Beiträge zur Grundlegung einer operationsfähigen Dialektik. I.* Hamburg: Meiner.

Günther, Gotthard (1976b) Life as Poly-Contexturality, S. 283-306 in G. Günther (Hrsg.), *Beiträge zur Grundlegung einer operationsfähigen Dialektik I*. Hamburg: Meiner.

Habermas, Jürgen (1971) Vorbereitende Bemerkungen zu einer Theorie der kommunikativen Kompetez, S. 101-141 in J. Habermas & N. Luhmann (Hrsg.), *Theorie der Gesellschaft oder Sozialtechnologie—Was leistet die Systemforschung*. Frankfurt: Suhrkamp. (佐藤嘉一他訳『批判理論と社会システム理論』木鐸社, 1984年)

Habermas, Jürgen (1973) Wahrheitstheorien, S. 211-265 in: H. Fahrenbach (Hrsg.), *Wirklichkeit und Reflexion: Walter Schulz zum 60. Geburtstag*. Pfullingen: Neske.

Habermas, Jürgen (1985) Die Neue Unübersichtlichkeit: Die krise des Wohlfahrtsstaates und die Erschöpfung utopischer Energien. *Merkur 39:* 1-14.

Habermas, Jürgen (1992) *Faktizität und Geltung. Beiträge zur Diskurstheorie des Rechts und des demokratischen Rechtsstaats,* 2Bände, Frankfurt a. M.: Suhrkamp. (河上倫逸・耳野健二訳『事実性と妥当性』未來社, 2002年)

Halbwachs, Maurice (1967) *Das Kollektive Gedächtnis*. Stuttgart: Ferdinand Enke. (小関藤一郎『集合的記憶』1999年, 行路社)

Hart, H. L. A. (1958) Positivism and the Separation of Law and Morals. *Harvard Law Review 71:* 593-629.

Hart, H. L. A. (1985) Are there Any Natural Rights, S. 77-90 in Waldron, Jeremy (Hrsg.), *Theories of Rights,* Oxford University Press. (小林公訳「自然権は存在するか」, H. L. A. ハート著, 小林公・森村進訳『権利・功利・自由』木鐸社, 1987年所収)

Hayner, Priscilla B. (2001) *Unspeakable Truths: Facing the Challenge of Truth Commissions*. New York: Routledge.

Freund, Julien (1983) *Sociologie du conflit*. Paris: PUF.

Fuller, Lon L. (1958) Positivism and Fidelity to Law—A Reply to Professor Hart. *Harvard Law Review 71:* 630-672.

Fuller, Lon L. (1964) *The Morality of Law*. New Haven/London: Yale University Press. (稲垣良典訳『法と道徳』有斐閣，1968年)

Gerhardt, Uta (2005) *Soziologie der Stunde Null: Zur Gesellschaftskonzeption des amerikanischen Besatzungsregimes in Deutschland 1944-1945/1946*. Frankfurt: Suhrkamp.

Girard, René (1972) *La violence et le sacré*. Paris: Grasset. (古田幸男訳『暴力と聖なるもの』法政大学出版局，1982年)

Girard, René (1978) *Des choses cachées depuis la fondation du monde: Recherches avec Jean-Michel Oughourlian et Guy Lefort*. Paris: Grasset. (小池健男訳『世の初めから隠されていること』法政大学出版局，1984年)

Girard, René (1982) *Le bouc émissaire*. Paris: Grasset. (織田年和・富永茂樹訳『身代わりの山羊』法政大学出版局，1985年)

Girard, René (1985) *La route antique des hommes pervers*. Paris: Grasset.(小池健男訳『邪な人々の昔の道』法政大学出版局，1989年)

Girard, René (1992) Origins: A View from the Literature, S.27-42 in F. J. Varela & J.-P. Dupuy (Hrsg.), *Understanding Origins: Contemporary Views on the Origin of Life, Mind and Society*. Dordrecht et al.: Kluwer.

Girard, René (2004) *Les origines de la culture*. Paris: Hachette. (田母神顯二郎訳『文化の起源：人類と十字架』新教出版社，2008年)

Goebel, Joachim (2001) *Rechtsgespräch und kreativer Dissens: zugleich ein Beitrag zur Bedeutung der Sprache in der interpretativen Praxis des Zivilprozesses*. Berlin: Duncker & Humbolt.

Goedeking, Ulrich (2004) *Kollektive Erinnerung ohne daran zu zerbrechen. Strategien des Erinnerns in Chile, Argentinien, Peru und Südafrika, Lateinamerika Nachrichten:* 363/364.

Gogarten, Friedrich (1953) *Verhängnis und Hoffnung der Neuzeit: Die Säkularisierung als theologisches Problem*. Stuttgart: Vorwerk.

Gondek, Hans-Dieter (1994) Gesetz, Gerechtigkeit und Verantwortung bei Levinas, S. 315-330 in A. Haverkamp (Hrsg.), *Gewalt und Gerechtigkeit: Derrida-Benjamin*. Frankfurt: Suhrkamp.

Goodman, Nelson (1990) *Weisen der Welterzeugung*. Frankfurt: Suhrkamp. (菅野盾樹『世界制作の方法』筑摩書房，2008年)

Goodman-Thau, Eveline (2002) Historie, Hermeneutik, Humanität. Überlegungen zu

International Law 41: 456-458.

Fischer-Lescano, Andreas & Teubner, Gunther (2006) *Regime-Kollisionen. Zur Fragmentierung des globalen Rechts*. Frankfurt am Main: Suhrkamp.

Flasch, Kurt (1980) *Augustinus: Eine Einführung in sein Denken*. Stuttgart: Philipp Reclam jun.

Foerster, Heinz von (1993) *Wissen und Gewissen: Versuch einer Brücke*. Frankfurt: Suhrkamp.

Fogelson, Steven (1990) The Nuremberg Legacy: An Unfulfilled Promise. *Southern California Law Review 63:* 833-905.

Folkers, Horst (2000) Johannes mit Aristoteles ins Gespräch über die Gerechtigkeit vertieft: Epilegomena zum 12. Kamel des Niklas Luhmann. *Zeitschrift für Rechtssoziologie: 21:* 61-107.（「もしもヨハネがアリストテレスと正義をめぐる対話を深めたら―ニクラス・ルーマン「12頭目のラクダ」のための後書き」土方透監訳，G．トイプナー編『ルーマン 法と正義のパラドクス―12頭目のラクダの返還をめぐって』ミネルヴァ書房，2006年所収）

Forst, Rainer (1994) *Kontexte der Gerechtigkeit: Politische Philosophie jenseits von Liberalismus und Kommunitarisus*. Frankfurt: Suhrkamp.

Forst, Rainer (1999) Die Rechtfertigung der Gerechtigkeit. Rawls'Politischer Liberalismus und Habermas Diskurstheorie in der Diskussion, S. 105-168 in H. Brunkhorst & P. Niesen (Hrsg.), *Das Recht der Republik. Festschrift für Ingeborg Maus*. Frankfurt: Suhrkamp.

Foucault, Michel (1976) *Überwachen und Strafen: Die Geburt des Gefängnisses*. Frankfurt: Suhrkamp.（田村俶訳『監獄の誕生―監視と刑罰』新潮社，1977年）

Foucault, Michel (2002) *Die Ordnung der Dinge*. Frankfurt: Suhrkamp.

Fögen, Marie-Theres (2006) Rechtsverweigerungsverbot. Anmerkungen zu einer Selbstverständlichkeit, in: Cornelia Vismann/Thomas Weitin (Hrsg.), *Urteilen/Entscheiden,* München: Fink, S. 37-50.

Fögen, Marie Theres (2007a) *Das Lied vom Gesetz*. München: Siemens Stiftung.

Fögen, Marie Theres (2007b) *Die Tragödie des Entscheidens: Eine Anmerkung zu den „Eumeniden" des Aischylos*. Ancilla Juris (anci. ch) : S. 42-47.

Freeman, Mark (2006) *Truth Commissions and Procedural Fairness*. Cambridge: Cambridge University Press.

Freund, Julien (1974) Le droit comme motif et solution de conflits, S.47-62 in L. Legazy Lacambra (Hrsg.), *Die Funktionen des Rechts: Vorträge des Weltkongresses für Rechts- und Sozialphilosophie,* Madrid, 7.IX.-12.IX.1973. Wiesbaden: Franz Steiner.

Dupuy, Jean-Pierre & Varela, Francisco J. (1992) Understanding Origins: An Introduction, S.1-25 in F. J. Varela & J.-P. Dupuy (Hrsg.), *Understanding Origins: Contemporary Views on the Origin of Life, Mind and Society*. Dordrecht et al.: Kluwer.

Dupuy, Jean-Pierre & Varela, Francisco J. (2002) Kreative Zirkelschlüsse: Zum Verständnis der Ursprünge, S.247-275 in P. Krieg & P. Watzlawick (Hrsg.), *Das Auge des Betrachters: Beiträge zum Konstruktivismus, Festschrift für Heinz von Foerster*. Heidelberg: Carl-Auer-Systeme.

Durkheim, Emile (1977) *Über die Teilung der sozialen Arbeit*. Frankfurt: Suhrkamp. (Durkheim1992の独訳)

Durkheim, Emile (1992) *Über soziale Arbeitsteilung: Studie uber die Organisation höherer Gesellschaften*. Frankfurt: Suhrkamp. (Durkheim1992の独訳)

Durkheim, Emile (1998) *De la division du travail social*. Paris: Quadrige/PUF. (田原音和訳『社会分業論』青木書店, 1971年)

Düttmann, Alexander García (1992) Die Dehnbarkeit der Begriffe. Über Dekonstruktion, Kritik und Politik, S. 57-78 in Georg-Lauer, Jutta (Hrsg.), *Postmoderne und Politik,* Tübingen: edition diskord.

Dworkin, Ronald (1986) *Law's Empire*. Cambridge (Mass.), The Belknap Press of Harvard University Press. (小林公訳『法の帝国』未来社, 1995年)

Ehard, Hans (1949) The Nuremberg Trial Against the Major War Criminals and International Law. *American Journal of International Law 43:* 223-245.

Ehrlich, Eugen (1989) *Grundlegung der Soziologie des Rechts*. 4.Auflage, Berlin: Duncker & Humbolt. (河上倫逸・M. フーブリヒト訳『法社会学の基礎理論』みすず書房, 1984年)

Ellrich, Lutz (1995) Semantik und Paradoxie, S. 378-398 in Birus, Hendrik (Hrsg.), *Germanistik und Komparatistik*. Stuttgart: Metzler/Poeschel.

Elster, Jon (2004) *Closing The Books: Transitional Justice in Historical Perspective*. Cambridge: Cambridge University Press.

Eskola, Timo (1998) *Theodicy and Predestination in Pauline soteriology*. Tübingen: Mohr.

Esser, Josef (1972) *Vorverständnis und Methodenwahl in der Rechtsfindung: Rationalitätsgarantien der richterlichen Entscheidungspraxis*. 2. Aufl. Frankfurt: Athenäum.

Feinberg, Joel (1980) *Rights, Justice, and the Bounds of Liberty,* Princeton University Press.

Fikentscher, Wolfgang (1977) *Methoden des Rechts in vergleichender Darstellung*, Bd. IV. Tübingen: Mohr & Siebeck.

Finch, George A. (1947) The Nuremberg Trial and International Law. *American Journal of*

Internationale. Frankfurt am Main: Suhrkamp.（増田一夫訳『マルクスの亡霊たち―負債状況＝国家、喪の作業、新しいインターナショナル』藤原書店，2007年）

Derrida, Jacques（1999a）*Préjugés: Vor dem Gesetz*. Wien: Passagen.

Derrida, Jacques（1999b）*Randgänge der Philosophie*. Wien: Passagen.（Derrida 1972aの独訳）

Derrida, Jacques（2000a）Jahrhundert der Vergebung. Verzeihen ohne Macht—unbedingt und jenseits der Souveränität. *Lettre International 28:* 10-18.

Derrida, Jacques（2000b）Jahrhundert der Vergebung. Möglichkeiten und Grenzen des Verzeihens. *Lettre International 48:* 10-18.

Derrida, Jacques（2000c）*Politik der Freundschaft*. Frankfurt: Suhrkamp.（鵜飼哲他訳『友愛のポリティクス』みすず書房，2003年）

Derrida, Jacques（2003）Schurken. *Zwei Essays über die Vernunft*. Übers. Horst Brühmann, Frankfurt/Main: Suhrkamp.（鵜飼哲・高橋哲哉訳『ならず者たち』みすず書房，2009年）

Derrida, Jacques（2006）*Maschinen Papier*, Wien: Passagen.（中山元『パピエ・マシン』上・下，筑摩書房、2005年）

Descombes, Vincent（2004）*Le complément de sujet. Enquête sur le fait d'agir soi-même,* Paris: Gallimard.

Descombes, Vincent（2006）*Le raisonnement de l'ours et autres essais de philosophie pratique*, Paris: Seuil.

de Saussure, Ferdinand（2005）*Cours de linguistique générale*. Paris: Payot.（小林英夫訳『一般言語学講義』岩波書店，1972年）

Detienne, Marcel（2000）*Comparer l'incomparabel*. Paris: Seuil.

Dooley, Mark & Kavanagh, Liam（2007）*The Philosophy of Derrida*. Montreal et al.: McGill-Queen's University Press.

Drai, Raphael（1997）*Freud et Moise. Psychanalyse, loi juive et pouvoir,* Paris: Economica.

Dreier, Ralf（2002）Niklas Luhmanns Rechtsbegriff, *Archiv für Rechts-und Sozialphilosophie 88:* 305-322.

Dubber, Markus Dirk（1993）Judicial Positivism and Hitler's Injustice: Book Review: Hitler's Justice: The Courts of the Third Reich. By Ingo Muller. Translated from the German by Deborah Lucas Schneider. Cambridge: Harvard University Press, 1991. *Columbia Law Review 93:* 1807-1832.

Dumouchel, Paul（1992）A Morphgenetic Hypothesis on the Closure of Post-Structuralism, S.14-27 in F. J. Varela & J.-P. Dupuy（Hrsg.）, *Understanding Origins: Contemporary Views on the Origin of Life, Mind and Society*. Dordrecht et al.: Kluwer.

Clarendon.
Courtenay, William J. (1990) *Capacity and volition: A history of the distinction of absolute and ordained power*. Bergamo: Lubrina.
Courtine, Jean-François (2007) Un sombre problème de traduction. *Revue de métaphysique et de morale 114:* 33-45.
Cover, Robert M. (1983) The Supreme Court 1982 Term Foreword: Nomos and Narrative. *Harvard Law Review 97:* 4-68.
Dagerman, Stig (1980) *Automne allemand*. Paris: Actes Sud.
Dahm, Georg (1961) *Völkerrecht, Band 3: Die Formen des völkerrechtlichen Handelns; Die inhaltliche Ordnung der internationalen Gemeinschaft*. Stuttgart: Kohlhammer.
Derrida, Jacques (1967) *De la grammatologie*. Paris: Minuit.（足立和浩訳『根源の彼方に―グラマトロジーについて』上・下，現代思潮社，1970年）
Derrida, Jacques (1972a) *Marges–de la philosophie*. Paris: Minuit.（高橋允昭・藤本一勇訳『哲学の余白』上・下，法政大学出版局，2007-2008年）
Derrida, Jacques (1972b) *Positions*. Paris: Minuit.（高橋允昭訳『ポジシオン』増補新版，青土社，1992年）
Derrida, Jacques (1974) *Grammatologie*. Frankfurt: Suhrkamp.（Derrida 1967の独訳）
Derrida, Jacques (1976) *Die Schrift und die Differenz*. Übers. Rodolphe Gasché, Frankfurt/Main: Suhrkamp.（若桑毅ほか訳『エクリチュールと差異』上，法政大学出版局，1977年，梶谷温子ほか訳『同』下，1983年）
Derrida, Jacques (1986) *Positionen*. Graz & Wien. Passagen.（Derrida 1972bの独訳）
Derrida, Jacques (1987) Die Bewunderung Nelson Mandelas oder die Gesetze der Reflexion, S. 11-45 in N. Gorgimer et al. (Hrsg.), Für Nelson Mandela. Hamburg: Rowoht.
Derrida, Jacques (1990) *Limited Inc.,* Paris Galilée.（高橋哲哉ほか訳『有限責任会社』法政大学出版局，2003年）
Derrida, Jacques (1991) *Gesetzkraft. Der „mystische Grund der Autorität"*. Übers. Alexander Garcia Düttmann, Frankfurt/Main: Suhrkamp.（Derrida 1967の独訳）
Derrida, Jacques (1993) *Falschgeld: Zeitgenen I*. München: Fink.
Derrida, Jacques (1994) *Force de droit,* Paris Galilée.（堅田研一訳『法の力』法政大学出版局，1999年）
Derrida, Jacques (1995) *Marx'Gespenster: Der verschuldete Staat, die Trauerarbeit und die neue Internationale*. Frankfurt: Fischer.
Derrida, Jacques (1996) *Marx'Gespenster. Der verschuldete Staat, die Trauerarbeit und die neue*

Buckel, Sonja (2007) *Subjektivierung und Kohäsion: Zur Rekonstruktion einer materialistischen Theorie des Rechts*. Weilerswist: Velbrück.

Burchard, Christoph (2006) The Nuremberg Trial and its Impact on Germany. *Journal of International Criminal Justice 4:* 800-829.

Bush, Jonathan A. (2002) "The Supreme ... Crime" and its Origins: The Lost Legislative History of the Crime of Aggressive War. *Columbia Law Review 102:* 2324-2424.

Bydlinski, Franz (1991) *Juristische Methodenlehre und Rechtsbegriff*. 2.Auflage, Wien et al.: Springer.

Cahn, Edmond N. (1949) *The Sense of Injustice*. New York: New York University Press.

Caputo, John (2007) Avant la création: Le souvenir de Dieu de Derrida, S.140-158 in R. Major (Hrsg.), *Derrida pour les temps à venir*. Paris: Stock.

Chatiliez, Etienne (1988) *La vie est un long fleuve tranquille*. Paris: TF1 Vidéo.

Christensen, Ralph (1989) *Was heißt Gesetzesbindung? Eine rechtslinguistische Untersuchung*. Berlin: Duncker & Humbolt.

Christensen, Ralph & Fischer-Lescano, Andreas (2007) *Das Ganze des Rechts: Vom hierarchischen zum reflexiven Verständnis deutscher und europäischer Grundrechte*. Berlin: Duncker & Humbolt.

Christensen, Ralph & Kudlich, Hans (2001) *Theorie richterlichen Begründens*. Berlin: Dunkker & Humbolt.

Clam, Jean (2001) Das Problem der Kopplung von Nur-Operationen. Kopplung, Verwerfung, Verdünnung, in *Soziale Systeme 7,* S. 222- 240.

Clam, Jean (2004a) *Kontingenz Paradox, Nur-Vollzug: Grundprobleme einer Theorie der Gesellschaft*. Konstanz: UVK.

Clam, Jean (2004b) Umweltlose Weltgesellschaft. Zur Kreisschließung von Recht und Raum, in *Rechtsgeschichte 5*.

Cohen, Felix S. (1935) Transcendental Nonsense and the Functional Approach. *Columbia Law Review 35:* 809-849.

Cornell, Drucilla (2000) Rethinking the Beyond within the Real, in: William Rasch/Cary Wolfe (Hrsg.), *Observing Complexity. Systems Theory and Postmodernity,* Minneapolis: University of Minesota Press, S. 99-108.

Corsten, Michael, Rosa, Hartmut & Schrader, Ralph (Hrsg.) (2005) *Die Gerechtigkeit der Gesellschaft*. Wiesbaden: Verlag für Sozialwissenschaften.

Cotterell, Roger (2006) *Law's Community: Legal Theory in Sociological Perspective*. Oxford:

Handicapped International Criminal Justice System. *Denver Journal of International Law and Policy 30:* 244-291.

Bauman, Zygmunt (1989) *Modernity and the Holocaust*. Cambridge/Maldon, Mass.: Polity. (森田典正訳『近代とホロコースト』大月書店，2006年)

Beckett, Samuel (1989) *Worstward Ho/Aufs Schlimmste zu* (übersetzt von Erika Tophoven-Schöningh). Frankfurt am Main: Suhrkamp.

Benjamin, Walter (1975) Notizen zu einer Arbeit über die Kategorie der Gerechtigkeit, *Frankfurter Adorno Blätter 4:* 41-2.

Benjamin, Walter (1977) Zur Kritik der Gewalt, S. 179ß-203 in Benjamin, Walter, *Gesammelte Schriften,* Bd. II. Frankfurt/Main: Suhrkamp. (ヴァルター・ベンヤミン著，野村修訳『暴力批判論　他十篇』岩波文庫，1994年所収)

Benveniste, Emile (1969) *Le vocabulaire des institutions indo-européennes*. 2 Volumes, Paris: Minuit.

Blanchot, Maurice (1980) *L'écriture du désastre*. Paris: Gallimard.

Blumenberg, Hans (1988) *Der Prozess der theoretischen Neugierde*. Frankfurt am Main: Suhrkamp.

Bohlender, Matthias (2001) Metamorphosen des Gemeinwohls. Von der Herrschaft guter polizey zur Regierung durch Freiheit und Sicherheit, in: Herfried Münkler/Harald Bluhm (Hrsg.), *Gemeinwohl und Gemeinsinn. Historische Semantiken politischer Leitbegriffe,* Berlin: Akademie-Verlag, S. 247-274.

Boraine, Alex (2000) *A Country Unmasked: Inside South Africa's Truth and Reconciliation Commission*. Oxford and New York.: Oxford University Press.

Borgwardt, Elizabeth (2005) Re-Examining Nuremberg as a New Deal Institution: Politics, Culture and the Limits of Law in Generating Human Rights Norms. *Berkely Journal of International Law 23*: 401-462.

Bourguignon, André (1981) Fondements neurobiologiques de pour une théorie de la psychopathologie. Un nouveau modèle, in: *Psychiatrie de l'enfant XXIV*, S. 445-540.

Bourguignon, André (1989) L'homme imprévu. Bd.1: *Histoire naturelle de l'homme,* Paris: PUF.

Böhl, Klaus F. (2001) *Allgemeine Rechtslehre: Ein Lehrbuch*. 2. Aufl. Köln: Heymann.

Breckmann, Warren (2007) Creatio ex nihilo. Zur postmodernen Wiederbelebung einer theologischen Metapher, in: *Zeitschrift für Ideengeschichte 1,* S. 13-28.

Broadie, Sarah (1991) *Ethics with Aristotle,* Oxford: OUP.

Antelme, Robert (1957) *L'espèce humaine*. Paris: Gallimard. (宇京頼三訳『人類──ブーヘンヴァルトからダッハウ強制収容所へ』未來社, 1993年)

Arendt, Hannah (2003) *Vita active oder Vom tätigen Leben*. München: Piper.

Aristoteles (2003) *Metaphysik*. übersetzt und eingeleitet von Thomas Alexander Szlezák, Berlin: Akademie-Verlag. (出隆訳『形而上学』上・下, 岩波書店, 1959/1961年)

Ash, Timothy G. (1997) True Confessions, *The New York Review of Books 44:* 33-38.

Assmann, Alaida (2003) *Erinnerungsräume. Formen und Wandlungen des kulturellen Gedächtnisses*. München: Beck.

Assmann, Alaida (2006a) Trauma und Tabu. Schattierungen zwischen Täter-und Opfergedächtnis, S. 235-255 in J. Landkammer et al. (Hrsg.), *Erinnerungs-Management. Systemtransformation und Vergangenheitspolitik im internationalen Vergleich*. Paderborn: Wilhelm Fink.

Assmann, Alaida (2006b) *Der lange Schatten der Vergangenheit. Erinnerungskultur und Geschichtspolitik*. München: Beck.

Assmann, Jan (1997) *Das kulturelle Gedächtnis. Schrift, Erinnerung und politische Identität in frühen Hochkulturen*. München: Beck.

Atlan, Henri (1986) *À tort et à raison: Intercritique de la science et du mythe*. Editions du Seuil: Paris.

Atlan, Henri (1991a) L'intuition du complexe et ses théorisations, in: Françoise Foglman Soulié (Hrsg.) : *Les théories de la complexité: Autour de l'oeuvre de Henri Atlan, Colloque de Cerisy*, Paris: Seuil, S. 9-41.

Atlan, Henri (1991b) *Tout non peut-être*, Paris: Seuil.

Aubenque, Pierre (2002) *La prudence chez Aristote*, 5. Aufl., Paris: PUF.

Augsberg, Ino (2008) *Die Lesbarkeit des Rechts*. Diss jur., Hamburg.

Baecker, Dirk (1992) Soziale Hilfe als Funktionssystem der Gesellschaft, *Zeitschrift für Soziologie 23*, S. 93-110.

Barjiji-Kastner, Fatime (2007) *Ohnmachtssemantiken: Systemtheorie und Dekonstruktion. Weilerswist:* Velbrück.

Barth, Karl (1967) *Der Römerbrief*. 10. Autlage, Zürich: Theologischer Verlag. (1919/1922). (吉村善夫訳『ローマ書』信教出版, 1998年)

Bass, Alan (2007) Répétition dans la zone, S.408-422 in R. Major (Hrsg.), *Derrida pour les temps à venir*. Paris: Stock.

Bassiouni, Cherif (2002) World War I: "The War to End All Wars" and the Birth of

参考文献

Adorno, Theodor W.（1973）*Negative Dialektik*. Frankfurt am Main: Suhrkamp.（木田元他訳『否定弁証法』作品社，1996年）

Adorno, Theodor W.（1996）*Nachgelassene Schriften Bd. 10: Problem der Moralphilosophie*. Frankfurt am Main: Suhrkamp.

Adorno, Theodor（2003）*Minima Moralia: Reflexionen aus dem beschädigten Leben*. Frankfurt: Suhrkamp.（三光長治訳『ミニマ・モラリア』法政大学出版局，2009年）

Agamben, Giorgio（2001）*Mittel ohne Zweck: Noten Zur Politik*. Berlin: Diaphanes.

Agamben, Giorgio（2002）*Homo Sacer: Die souveräne Macht und das nackte Leben*. Frankfurt: Suhrkamp.（高桑和巳訳『ホモ・サケル——主権権力と剝き出しの生』以文社，2007年）

Agamben, Giorgio（2004）*Ausnahmezustand*（Homo Sacer II.I）. Frankfurt: Suhrkamp.（上村忠男・中村勝己訳『例外状態』未來社，2007年）

Agamben, Giorgio（2007）*Il Regno e la Gloria: Per una genealogia teologica dell' oikonomia e del governo*. Mailand: Neri Pozza.（高桑和巳訳『王国と栄光——オイコノミアと統治の神学的系譜のために』青土社，2010年）

Albert, Hans（1991）Das Problem der Begründung, S. 9-34 in H. Albert（Hrsg.）, *Traktat über kritische Vernunft*. 5. Aufl. Tübingen: Mohr Siebeck.（萩原能久訳『批判的理性論考』御茶の水書房，1985年）

Amstutz, Marc（2001）*Evolutorisches Wirtschaftsrechit: Vorstudien zum Recht und seiner Methode in den Diskurskollisionen der Marktgesellschaft*. Baden-Baden: Nomos.

Amstutz, Marc（2003）Das Gesetz, S.155-165 in P. Gauch & P. Pichonnas（Hrsg.）, *Figures juridiques/Rechtsfiguren: Mélanges dissociés pour Pierre Tercier/K（l）eine Festschrift für Pierre Tercier*. Zürich: Schulthess.

Amstutz, Marc（2007）Der Text des Gesetzes: Genealogie und Evolution vn Art. 1 ZGB. *Zeitschrift für Schweizerisches Recht 126*: 237-286.

Amstutz, Marc（2008）Rechtsgenesis: Ursprungsparadox und supplément, 本書所収.

Anderson, Benedict（2005）*Die Erfindung der Nation. Zur Karriere eines folgenreichen Konzepts*. Frankfurt am Main: Campus.

編著者

グンター・トイプナー ◎ Gunther Teubner

1944年生まれ。現代ドイツを代表する法社会学者，私法学者。

ブレーメン大学，ヨーロッパ大学（フィレンツェ，イタリア），ロンドン大学（Otto Kahn Freund Professor, LSE），フランクフルト大学教授等を経て，現在，トリノ国際大学教授。イタリア，オランダ，スイス，カナダ，米国，中国他でも研究・教育を展開し，世界各国から名誉博士号を贈られる。John Diefenbaker賞，Gay-Lussac Humboldt賞など受賞。

邦訳／『オートポイエーシス・システムとしての法』（土方透，野﨑和義訳，未來社，1994年），『グローバル化と法』（ハンス・ペーター・マルチュケ，村上淳一訳，信山社，2006年），『システム複合時代の法』（瀬川信久編，信山社，2012年），編著／『ルーマン　法と正義のパラドクス――12頭目のラクダの返還をめぐって　』（土方透監訳，ミネルヴァ書房，2006年），『結果志向の法思考――利益衡量と法律家的論証』（村上淳一・小川浩三訳，東京大学出版会，2011年）ほか

監訳者

土方 透 ◎ ひじかた・とおる

1956年生まれ。中央大学法学部法律学科卒，同大学院文学研究科社会学専攻修了。現在，聖学院大学政治経済学部教授。ハノーファー哲学研究所，ヴュルツブルク大学客員教授など歴任。社会学博士。
著書／*Das positives Recht als soziales Phänomen,* Berlin, 2013 (Duncker & Humblot)，『法という現象――実定法の社会学的解明』（ミネルヴァ書房，2007年），編著／*Riskante Strategien: Beiträge zur Soziologie des Risikos,* (Hrsg. mit Armin) Springer Verlag, 1997,『ルーマン―来るべき知』（勁草書房，1990年），『リスク――制御のパラドクス』（アルミン・ナセヒと共編，新泉社，2002年），『宗教システム／政治システム――正統性のパラドクス』（新泉社，2004年），『現代社会におけるポスト合理性の問題――マックス・ヴェーバーの遺したもの』（聖学院大学出版会，2012年）ほか

デリダ、ルーマン後の正義論

正義は〈不〉可能か

2014年4月3日　第1版第1刷発行

編著者／グンター・トイプナー

監訳者／土方 透

発行／株式会社 新泉社

東京都文京区本郷2-5-12

電話 03.3815.1662　ファックス 03.3815.1422

印刷・製本／三秀舎

ISBN978-4-7877-1405-3 C1010

新泉社の本
…

リスク 制御のパラドクス
土方 透、アルミン・ナセヒ編著　三五〇〇円＋税

宗教システム／政治システム 正統性のパラドクス
土方 透編著　三二〇〇円＋税

プロテスト システム理論と社会運動
ニクラス・ルーマン著／カイ‐ウーヴェ・ヘルマン編／徳安 彰訳　二八〇〇円＋税

エコロジーのコミュニケーション 現代社会はエコロジーの危機に対応できるか？
ニクラス・ルーマン著／庄司 信訳　三〇〇〇円＋税

システム理論入門 ニクラス・ルーマン講義録［1］
ニクラス・ルーマン著／ディルク・ベッカー編／土方 透監訳　四二〇〇円＋税

社会理論入門 ニクラス・ルーマン講義録［2］
ニクラス・ルーマン著／ディルク・ベッカー編／土方 透監訳　四二〇〇円＋税

ブルデューとルーマン 理論比較の試み
アルミン・ナセヒ、ゲルト・ノルマン編／森川剛光訳　三五〇〇円＋税

ルーマン・システム理論 何が問題なのか システム理性批判
ギュンター・シュルテ著／青山治城訳　四二〇〇円＋税